KB070431

심理学から考えるヒューマンファクターズ 安全で快適な新時代へ

재난 대비 안전심리학

篠原一光 · 中村隆宏 편 ㅣ 채정민 · 김현아 · 김요완 공역

학지사

역자 서문

　　2019년 말부터 시작된 코로나19(국제적인 정식 명칭은 '코로나바이러스 감염증-19'이고 약칭은 COVID-19이며, 한국에서는 코로나19로 명명했다.)는 저자들이 이 책의 역자 서문을 쓰는 시점에서도 전 세계적으로 기승을 부리고 있다. 여전히 진행 중인 이 코로나19로 현재 전 세계에서 6천만 명이 감염되고 백만 명 이상이 사망하였다(2020. 12. 2. 기준). 앞으로도 이 재난이 언제 종식될지, 얼마나 많은 사망자가 발생할지, 얼마나 많은 경제적 피해를 줄지 알 수가 없다. 인류가 아무리 발전했다고 해도 지금 아주 작은 바이러스에 안전이 위협당하고 있을 뿐만 아니라 생명까지 빼앗기는 상황을 면하지 못하고 있다. 코로나19와 같은 감염증뿐만 아니라 비행기 추락사고, 건물 붕괴사고, 원자력 발전소 폭발사고, 대형건물 화재사고 등 무수히 다양한 재난, 지진이나 태풍 같은 자연 재난, 에스컬레이터 끼임 사고, 교통사고 등과 같은 생활안전 사고 등이 지속적으로 발생하고 있다. 미래에도 이와 유사한 재난은 언제든지 나타날 수 있다. 따라서 이 재난과 생활안전 사고마다 나타나는 심리학적 문제를 해결해 나가야 한다.

　　그동안 재난과 생활안전 사고에 대한 심리학적 연구는 많은 학자에 의해 이루

어져 왔으며, 미국이나 일본과 같은 외국뿐만 아니라 국내에서도 여러 연구가 진행되어 상당한 성과를 내고 있다. 이러한 성과 중 역자들의 강한 관심을 끈 서적은 바로 시노하라 카즈미츠(篠原一光)와 나카무라 타카히로(中村隆宏)가 저술한 『心理学から考える ヒューマンファクターズ 安全で快適な新時代へ』이었다. 역자들은 독자에게 보다 편하게 다가가기 위해 제목을 조금 달리해서 『재난 대비 안전심리학』으로 번역하였다.

이 책은 **인간 요인**(haman factors)이라고 불리는 학문 영역을 다루고 있어서 심리학자인 역자들에게 개인적으로도 매력적이지만, 심리학이나 공학 전공자로 안전심리학 분야에 관심을 가진 대학생과 대학원생, 연구자들에게도 상당히 유익할 것이다. 이 책은 심리학적 측면에서 인간 요인을 다루기 위해 인지심리학·생리심리학·사회심리학·조직심리학 연구의 내용을 담고 있으며, 안전심리학적 연구 결과를 현장에 어떻게 적용할지를 다루고 있다. 이러한 내용을 다룸으로써 안전심리학의 이론과 실제를 모두 아우르고 있다고 평가할 수 있다.

이 책의 장점은, 저자들이 안전심리학 분야의 다양한 세부 전공의 권위자들이어서 내용의 기술이 거시적 안목을 가지고 있으면서도 미시적 실제를 다루고 있다는 점이다. 특히 흔히 하는 말로 '디테일이 살아 있다'고 볼 수 있는 대목이 많다. 이 내용은 그 자체로도 후속 연구의 중요한 주춧돌과 디딤돌이 될 것이다.

이러한 장점을 보다 더 살리기 위해 역자들은 원서에 제공된 긱주뿐만 아니라 추가로 역주를 제시하였다. 역주의 내용은 심리학 전문 내용뿐만 아니라 사례나 설명으로 제시된 내용에 대한 이해를 돕도록 하는 것들이다.

처음에는 일본어가 다른 언어들에 비하면 한국어와 제일 가까운 언어에 속해서 어렵지 않게 번역할 수 있을 것 같았지만 현실적으로는 적지 않은 어려움이 있었다. 서로 문화가 다르고 어법이 다른 부분이 많았기 때문이다. 이러한 점을 최대한 극복하려고 노력했지만 그렇지 못해서 발생되는 문제는 역자들의 책임임을 밝히고 차후 지속적으로 개선할 것을 다짐한다.

마지막으로, 이 책이 출간되기까지 많은 분의 아낌없는 헌신이 있었음을 밝히고 이분들께 감사의 말씀을 올린다. 특히 '재난이 있는 곳에 심리학이 있다. 심리학

적으로 꼭 안전해지자.'라는 관점을 가진 역자들의 뜻을 기꺼이 받아들여 이 책의
가치를 높이 평가하여 지원해 주신 학지사의 김진환 사장님께 진심으로 감사한 마
음을 갖고 있음을 밝힌다. 그리고 학지사 이영민 대리님의 애정 어린 편집으로 이
책이 좀 더 다듬어지게 된 점에 대해 이 자리를 빌려 진심으로 감사드린다.

2021년 1월
역자 일동

저자 서문

우리가 사는 현대는 고도의 과학기술과 정교한 사회 시스템에 힘입어 지금까지의 어느 시대보다 훨씬 편리하고 안전하다. 그리고 일본이 세계에서 가장 안전한 나라 중 하나라는 점은 많은 사람이 인정하는 바이다. 그런 나라에서 사람들의 관심을 모으고 있는 것이 '안전·안심'이다. 최근의 어려운 경제 상황에도 불구하고 우리들은 '안전·안심'의 실현을 위해 엄청난 사회적 자원을 투입하고 있다.

우리의 삶을 지탱하고 있는 현대의 과학기술은 매우 고도화되어 많은 사람의 이해의 범위를 넘어서서 '원리는 잘 모르지만 사용하면 좋은 것'이 되었다. 하지만 어떠한 원인에 의해서든 통제가 어려워진다면 그 막대한 에너지는 엄청난 파괴를 일으킬 수도 있다. 현대 과학기술은 어떤 의미에서는 마법과 같아서 우리는 그 힘에 감탄하고 혜택을 향유하면서도 형언하기 어려운 불안을 느끼는지도 모른다.

또한 사회도 복잡하고 끊임없이 변화하였다. 그 속에서 우리는 어떻게 행동해야 할지 종종 망설인다. 사고를 '방지하는 것' '재난이나 사고 시 안전을 확보하는 것'을 실현하려고 할 때, 과학기술과 사회 시스템을 다루는 인간 측의 요소가 고려되지 않으면 안 된다. 즉, 인간과 과학기술, 사회 시스템 간의 상호작용을 생각해서 인간이 어떤 특성을 가지고 있는지, 특정 상황에서 인간이 어떻게 행동하는지를 감안할 필요가 있다. 이 문제를 연구 대상으로 하는 것이 인간 요인(haman factors)이라고 불리는 학문 영역이다. 지금까지 기계와 시스템을 설계·제작하고 운용하는 공학 전문가는 안전성을 높이려고 노력하면서 인간 문제의 중요성을 인식하고 인간 요인 연구의 주된 담당자가 되어 온 것이다.

한편, 인간의 특성과 행동 연구는 심리학의 범주에 들어간다. 심리학에서는 인간 심리에 대한 일반적인 원리나 법칙의 발견이 주된 학문적 관심이 되어 왔다. 그러나 인간 요인 연구의 맥락에서 심리학에 대한 관심이 높아지면서 심리학 연구자도 안전·안심에 관심을 가지게 되어 스스로 혹은 요청받아서 인간 요인 연구에 참여하게 되었다. 이 책의 저자 중 대부분은 바로 이러한 입장에 있다.

심리학자들이 인간 요인 연구와 안전에 관한 문제를 해결하려는 경우, 적절한 자료가 없는 것이 문제였다. 심리학 지식은 다방면에 걸쳐서 고도로 전문화되고 세분화되어 있다. 인간 요인의 문제를 이해하는 데 필요한 심리학적 지식을 효과적으로 보여 줄 문헌이 있다면 그것은 심리학자에게 큰 도움이 된다. 한편, 인간 요인 연구에 심리학적 지식을 도입하고 싶은 공학자에게는 관련이 깊은 심리학적 지식을 효과적으로 얻을 수 있는 자료가 무척 유용할 것이다. '심리학자가 인간 요인 연구의 세계에 발을 들여놓을 때, 심리학의 세계에서 갖고 있는 지식을 정리하고 싶다.' '심리학 지식을 받아들이고 싶은 인간 요인 연구자에게는 심리학자로서 자신감을 갖고 추천할 수 있는 자료를 갖고 싶다.' 이것이 이 책을 집필하게 된 최초의 동기였다. 또한 심리학이나 공학을 전공하고 있지만 자신의 전문 영역을 넘어 자신이 가진 학문 영역의 지식을 인접 학문 영역과 연결하고 싶어 하는 야심 찬 대학 학부생과 대학원생에게도 도움이 되고자 하는 목적에서 이 책을 집필하였다.

이 책의 기획이 시작된 시기는 2010년 말이었다. 새해가 밝아 2011년이 되어 전반적인 구성과 각 장의 저자가 정해지고 있던 무렵, 갑자기 동일본 대지진이 발생하였다. 이 지진을 계기로 재난 시의 피난 문제, 방재의 문제, 원자력 발전소 사고를 계기로 한 위험과 에너지 문제 등 많은 심각한 문제가 발생했으며 그 혼란은 지금도 계속되고 있다.

동일본 대지진 전에 기획된 이 책에서도 이와 관련된 문제를 많이 다루고 있다. 즉, 이러한 문제는 지진 이전부터 존재한 인간 요인에 관한 문제이지만 그 심각도와 중요성은 지진 전과는 비교가 되지 않을 정도가 되고 말았다. 이 책이 이러한 문제에 대해 명확한 답변을 제시하는 것은 아니지만, 지금 우리가 직면하고 있는 많은 문제를 고려하는 심리학적인 틀을 제공할 수 있을 것으로 생각된다. 지진 재난으로부터의 부흥은 정치적·경제적·과학기술적 관점만으로는 불충분하고, 특히 '안심'을 실현하기 위해서는 심리학적 관점이 필요하다.

이 책이 인간 요인 연구에 관한 관심으로 참여하였던 심리학자, 반대로 심리학 지식을 도입하여 기술 개발을 하고 싶을 공학자, 또한 이러한 문제에 관심을 가진 학생 여러분에게 기본 자료로 도움을 줄 수 있다면 다행이다. 또한 이 책이 지진 재난 후 일본 사회의 안전·안심을 위해 기여하기를 바란다.

마지막으로, 이 책을 출판할 기회를 주시고, 편집에 진력하신 유비각 도서 편집 제2부의 효세이 타카오(標井堂雄) 씨에게 이 자리를 빌려 진심으로 감사드린다.

2013년 2월

시노하라 카즈미츠(篠原一光)

나카무라 타카히로(中村隆宏)

차례

제12장 위험 의사소통과 인간 요인 / 297

제13장 현실 장면에서 접근 / 325

제1장 현대사회와 인간 요인

인간 요인은 현대사회의 여러 장면과 관계가 있다.

[사진 제공: 좌상은 PANA, 우상은 (주)naka-Fotolia.com,
좌하는 (주)kazoka308080-Fotolia.com, 우하는 공동통신사]

1. 현대사회와 인간 요인

현대사회에서 우리 생활은 고도로 발달한 과학기술을 기반으로 한 다양한 기계 및 서비스 없이는 성립되지 않는다. 평소 우리는 이것들을 당연한 듯이 사용하며 편리함을 누리고 있다. 그러나 갑자기 사고나 재난이 발생하여 기계나 서비스가 평소처럼 사용할 수 없는 사태에 직면했을 때, 우리는 어쩔 수 없이 자신의 생활이 얼마나 그것들에게 의존하고 있는지를 재인식하게 된다.

또한, 평상시에는 인간이 완벽하게 제어하고(control) 있다고 생각했던 기계나 시스템이 사고나 재난에 의해 곤란해져서 제어할 수 없는 사태에 이르면 우리는 자신이 사용하던 기술이 얼마나 강력했고, 그것을 제어할 수 없다는 것이 얼마나 위험한 일인지, 적절하게 제어를 계속하는 것이 얼마나 중요한지를 절감하게 된다.

과학기술의 종착점 중 하나는 인간의 제어가 전혀 필요 없는 자율적인 기계나 시스템의 실현일 것이다. 제어의 자동화는 다양한 분야에서 진행되고 실제로 우리는 그 혜택을 받고는 있지만, 현시점에서는 역시 인간이 기계와 시스템 동작의 최종적인 책임을 지고 직접적으로 제어해야 하는 경우가 많다. 그런데 제어하는 인간 역시 완벽할 수는 없다. "실패하는 것이 인간이다."라는 말이 나타내듯이 인간이 어떤 상황에서 오류(인간 오류)를 범하는 것은 불가피하다. 인간이 기계와 시스템 제어를 하는 한, 오류를 최소화하고 오류가 발생해도 그것이 심각한 결과로 이어지지 않도록 하기 위해 다양한 노력을 할 필요가 있다. 그 노력의 결실을 맺기 위해서는 먼저 인간의 오류에 대해 깊이 이해해야 한다. 인간은 어떤 오류를 범하는가, 그 오류의 원인은 무엇인가, 오류에 이르는 심리적 과정은 어떤 것인가, 어떤 궁리를 해서 오류를 막을 수 있는가, 또한 인간이 의도적으로 잘못된 행동을 취하는(위반을 범하는) 것은 어떤 경우인가 등 다양한 지식이 필요하다.

이러한 문제에 대하여 오래전부터 많은 연구가 이루어져 왔다. 또한, 우리는 새로운 기술이 개발되고 실용화되어 가는 과정에서 인간행동이 주된 원인이 되는 대형 사고를 경험하고, 그때마다 그 경험에서 사고를 막기 위한 교훈을 얻어 왔다. 또한 "하나의 중대 사고의 배후에는 29개의 경미한 사고가 있고, 그 배후에는 300개의 잠재적인 위험 사건이 있다"는 하인리히(Heinrich) 법칙이 알려져 있듯이, 사고로 이어질 수 있는 작은 위험 사례로부터도 오류를 막기 위한 다양한 교훈을 얻을 수 있었다(제11장 참조).

이러한 안전에 대한 지식의 추구가 인간 요인(human factors)의 핵심 내용이라고 할 수 있다. 이 연구 노력과 그 성과를 현실장면에서 활용하기 때문에 다양한 안전상의 문제를 인식하고 대책이 마련되어, 인간에 의한 기계와 시스템의 제어는 더욱 확실하고 안전해져 왔다. 그러한 한편으로, 우리의 생활은 앞으로 과거 어느 때보다 다양한 복잡하고 강력한 기계와 시스템에 둘러싸일 것이다. 우리의 생활을 지원하는 기계나 시스템은 앞으로 더 강력하고 복잡해지고, 또한 네트워크화되어 상호 의존적이게 될 것으로 예상된다. 그들을 문제없이 제어하는 것은 점점 더 고도화되어 더 어려워질 것이다.

앞서 언급한 바와 같이, 완전히 자율적이어서 인간의 제어를 필요로 하지 않는 기계나 시스템은 아직 실현되지 않았다. 또한, 기계나 시스템의 자동화가 부분적으로 진행되고 있는 상황에서, 예를 들어 자동화된 시스템에 의한 제어와 인간에 의한 제어 중 어느 쪽을 우선시할 것인가라는 자동화 도입과 인간행동 관련 문제도 고려해야 할 필요가 생긴다.

또한 기존의 인간 요인 연구에서는 대규모 공장, 비행기나 선박, 자동차의 조종, 의료 등 산업 노동 장면이 주요 연구 대상이었다. 그러나 현대에는 일을 떠나서 일상생활에서도 노동 장면과 마찬가지로 다양한 기계와 시스템의 상호작용 없이는 성립되지 않는다. 다양한 가정용기구, 정보통신 기기 등 과거에는 없었던 것이 일반 가정에서 이용되고 있으며, 이것은 앞으로 더욱 늘어날 것이다.

'오류에서 벗어날 수 없는 인간이, 자신의 삶과 일을 위해 기계와 시스템과 상호작용을 하며, 심각한 문제를 일으키지 않고 안전하고 확실하게 그것들을 제어하고 목적을 달성하기 위해 무엇을 해야 하는가.'라는 문제를 해결하는 것이 인간 요인이라는 학문 영역이라고 할 수 있다. 그 때문에 이 연구 영역은 앞으로 더욱 넓어지고, 그 중요성은 더욱 커질 것이다.

2. 인간 요인과 심리학

1) 인간 요인이란

인간 요인 연구는 본질적으로 인간과 기계 · 시스템 쌍방에 대한 연구가 필요하므로 인간 요인은 여러 학문으로 구성된 복합적인 학문 영역이라고 할 수 있다. 또한, 'human factors'라는 단어는 'ergonomics'와 함께 인간공학을 가리키는 것으로 간주할 수 있다. 오카다(岡田, 2005)는 인간공학의 연구 주제로서, ① 제품 설계를 생각하기 위한 인간 특성의 해명, ② 기계・환경과 인간의 관계를 고려한 제품・환경 설계, ③ 일을 위한 작업에 있어서 인간과 기계의 관계, ④ 안전, 품질, 서비스 개선 및 사고 방지 등 네 가지를 제시하고, 인간 요인은 이 중에서 특히 ④에 관련된 안전성에 주목하는 점을 특징이라고 하고 있다. 또한, 후루타(古田, 2008)는 인간 요인을 "인간의 뛰어난 특성을 살리고 마이너스 측면을 적절하게 극복하여 인간을 포함한 시스템의 안전성, 신뢰성 및 효율성 향상을 목표로 하는 학문 영역"이라고 하였다.

인간 요인은 지금까지 발전소, 항공 등 대규모 시스템을 대상으로 그 안전성 향상을 도모하는 것이 주된 연구 주제였다. 대규모 시스템은 과학기술이 발전함에 따라 고도화・복잡화됨과 동시에 그 기계적인 안정성 또한 점차 향상되어 왔다. 그러나 한편으로는 인간 오류와 그로 인한 사고가 표면화되어 왔다. 그 원인으로는 작업이 인간의 능력과 특성에 맞지 않거나, 작업자가 인간 오류 및 사고 발생으로 이어질 행동을 하는 것이 지적되었다.

이러한 문제의 발생에 대해, 인간 오류 분석이 이루어져서 작업자 훈련과 선발, 인간 오류가 일어나기 어려운 인간-기계 인터페이스 설계를 하기 위한 연구가 시작되었다. 또한, 조직 내외에서 사고의 배후에 다양한 문제가 있다는 점이 주목받음에 따라 안전문화, 조직사고라는 새로운 개념이 제시되어 주목받기 시작했다.

이러한 연구의 진전은 원자력 발전소 사고와 항공기 사고 등 중대 사고의 발생과 그 사고의 원인 분석에 밀접한 관계가 있다. 사고와 관련된 인간 요인의 중요성이 주목한 대표적인 중대 사고로는, 해외에서는 테네리페(Tenerife) 공항 비행기 충돌사고(1977년), 스리마일섬(Three Mile Island) 원자력 발전소 사고(1979년), 체르노빌(Chernobyl) 원자력 발전소 사고(1986년), 우주왕복선 챌린저(Challenger)호 사고(1986년)가 대표적이다. 일본에서 일어난 사고로는 시가라키(信楽)고원 철도열차 충돌 사고(1991년), JCO 임계 사고(1999년), 스루가(駿河)만 상공 위기일발 사고(2001년), JR 후쿠치(福知)산선 탈선 사고(2005년) 등이 있다. 각각의 사고에 대해 자세한 사고 원인 분석이 이루어져서 인간 요인과 관련된 문제가 지적되고 후속 연구와 실천에 큰 영향을 주었다.

예를 들어, 테네리페 공항 비행기 충돌 사고는 기장이 관제사로부터 이륙 허가를 받은 것으로 오인하고 이륙하려다가 같은 활주로에 있던 다른 비행기와 충돌한 사고였다. 사고에 이르는 과정의 분석을 통해 관제와 조종석 간의 의사소통 오류의 문제, 급하게 이륙해야 하는 시간압력(time pressure)의 문제, 베테랑 기장에 대해 부조종사가 의견을 제시하기 어려웠다는 권위 구배(기울어진 권위, authority gradients)의 문제가 지적되었다. 이 사고와 같은 시기에 일어난 다른 사고를 계기로 승무원 간의 의사소통의 중요성이 인식되어 CRM(cockpit / crew resource management)[1] 훈련이 개발·실시되었다.

다른 사고 역시 마찬가지로 원인 분석을 통해 얻은 교훈이 새로운 안전 대책으로 이어질 수 있다. 각 사고에 대해서는 제12장에서 설명되었으며, 각각의 사고에 대해 다양한 책이 발간되어 있으므로 참조하기 바란다.

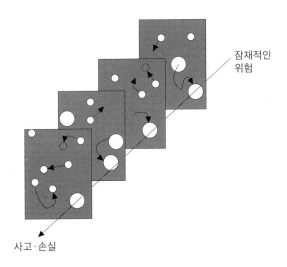

[그림 1-1] 스위스치즈 모델

---

1 (역자 주)긴급한 상황에서 직급에 상관없이 주도권을 가지고 사용 가능한 모든 자원(사람, 절차, 기자재 등)을 사용하여 대처하는 것을 말한다.

사고에 이르는 과정으로는 리즌(Reason 1990; Reason & Hobbs, 2003)이 제창한 스위스치즈 모델이 잘 알려져 있다. 스위스치즈 모델은 1980년대에 고안된 이후 점차 개선되어서 현재는 [그림 1-1]과 같다. 잠재적인 위험으로부터 사고나 손실에 이르는 과정에는 여러 가지 보호층이 설정된다. 보호층은 벽이나 문처럼 물리적 위험과 인간 사이를 가로막는 것(물리적 장벽), 암호 인증 및 화재 시 자동으로 작동하는 스프링클러처럼 일정 조건에서 작동하는 것(기능적 장벽), 경고 표시나 표식 등의 위험을 알리는 것(기호적 장벽), 작업 절차와 규칙 훈련 등 행동의 제어에 관계하는 것(무형 장벽) 등 다양한 종류가 있을 수 있다(장벽의 분류·기능, 사고 예방과의 관계에 대해서는 Hollnagel, 2006 참조). 보호층에는 여러 구멍이 뚫려 있는데, 이 구멍이 뚫려 있는 상태를 에멘탈치즈²에 뚫린 구멍에 비유하여 스위스치즈 모델이라는 이름이 붙여졌다.

이 구멍은 인간 오류 또는 위반 등 불안전행동(즉발적인 오류)에 의해 극히 짧은 시간 동안 뚫리거나, 또한 안전을 경시하는 분위기 등 잠재적인 상황 요인에 의해 비교적 긴 시간에 걸쳐 뚫리기도 한다. 또한 구멍의 위치는 늘 움직이고 있다. 사고의 발생은 여러 장벽의 구멍이 동시에 같은 위치에 잠재적인 위험으로부터 사고 손실 사이를 직선으로 관통한 상태가 되었을 때 일어난다고 설명한다. 사고를 방지하기 위해서는 장벽에 뚫린 구멍을 막거나 여러 장벽을 활용하여 원인으로부터 사고까지 일직선으로 구멍이 늘어서는 것을 방지해야 한다.

사고가 발생하는 경우, 그 사고에 앞서서 어떤 인간 오류가 존재하는 경우가 종종 있다. 인간 오류는 인간 요인의 주요 연구 영역으로 연구되어 왔다(제3장 참조). 그 결과, 인간 오류의 발생 기제가 밝혀지는 동시에 그 방지를 위해 조직이 어떻게 대처해야 할지가 제안되어 왔다.

인간 오류가 사고로 이어지는 것을 방지하기 위해서는, ① 인간 오류를 유발하는 직간접적인 요인을 추출하여 분석함으로써 인간 오류의 발생 자체를 억제하는

---

2 (역자 주)스위스 베른주의 에멘탈 지역의 이름을 따온 치즈인데, 치즈에 커다란 구멍이 숭숭 나 있는 것이 특징이다.

것, ② 인간 오류로 이어지는 행동을 억제하는 것, ③ 인간 오류가 발생해도 그 즉시 사고로 이어지지 않도록 하는 것의 세 가지 관점이 있다. ①에서는 인간의 행동에 영향을 미치는 요인과 그 과정을 분명히 하고 그들과 인간 오류의 관련성을 파악할 필요가 있다. ②는 풀 프루프(fool proof, 잘못된 조작을 하는 것을 어렵게 만드는 것)인데, 예를 들면 절단이나 가공을 하기 위한 기계에서는 칼을 움직일 때 안전한 위치에 있는 스위치를 양손으로 동시에 누르게 함으로써 작업자의 손이 칼날에 닿을 가능성을 줄일 수 있다. ③는 페일 세이프(fail safe, 인간 오류나 고장이 발생한 경우 사고로 발전하지 않도록 한다.)이다. 전기난로와 같은 전기 제품에는 넘어졌을 때 자동으로 소화시키고 전기가 흐르는 것을 차단하는 기능이 있는데, 이것이 페일 세이프 기능이다. 이 방안에서는 그 유효성을 검증하는 동시에 그들이 실제로 예상대로 작동하는지 확인할 필요가 있다.

2) 인간 요인의 여러 개념

인간 요인의 기본 개념 중 하나로서 인간계와 기계계의 개념이 있다[그림 1-2]. 인간이 어떤 목적을 가지고 기계를 작동하면 거기에 대응하여 기계가 작동하여 동작의 결과로 환경에 변화가 일어나거나 또는 기계에 조작 결과가 표시되도록 한다. 인간은 그 결과를 보고 당초 목적이 달성되었는지를 판단한다. 그 조작이 평소와 같다면, 즉 예상대로의 결과가 얻어지면 자동으로 다음 단계로 진행할 것이다. 그러나 만약 기대에 반하는 결과가 나오면 왜 그러한 결과를 낳았는지, 다음에 무엇을 해야 할지 생각해서 실행하게 될 것이다. 그리고 인간이 다음 행동을 하고, 기계는 또한 대응하는 동작을 한다. 이러한 인간행동과 기계 반응의 순환에 의해 작업이 진행된다고 파악할 수 있다. 이처럼 인간계와 기계계는 인간과 기계 간의 상호작용을 하나의 단위로 파악하여 그 시스템 전체 상태를 향상시키는 것을 목표로 한다.

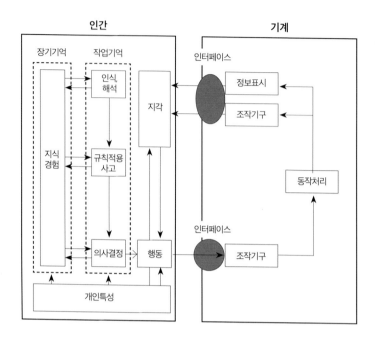

[그림 1-2] 인간계와 기계계

〈표 1-1〉 PSF 분류

PSD 분류	PSF 항목
판단상의 부담	순간적으로 판단이 필요하다. 동시에 복수의 판단이 필요하다. 경험에 기초하여 판단이 필요하다. 읽기 등의 예측이 필요하다. 구체적으로 판단기준이 없다. 가지고 있는 이미지가 실제 상태에서 어긋난다.
신체적인 부담	작업 시간이 길어진다. 작업에 대한 정밀함이 필요하다. 작업이 복잡해 숙련도를 요구한다. 신체의 일부에 큰 부담이 된다.

심리적인 부담	시간적 제약이 엄격해진다. 빠르고 완전하다는 이중목표가 임박해진다. 작업실패가 큰 손해로 이어진다. 다시 하거나 고쳐서 하기 어렵다. 작업 내용이 위험하다. 같은 작업이 계속된다. 작업이 까다롭다. 주의가 산만해지는 요인이 있다. 다른 동료들이 개입해서 작업이 중단되기 쉽다. 기록 등 부가되는 사무 처리가 많다.
확인 · 방법	기록이 불완전해서 필요한 정보를 얻기 어렵다. 작업의 진행 상황을 파악하기 어렵다. 작업 결과의 피드백이 약하다.
지시 · 연락	필요한 지시나 연락에 오류나 부적절함이 있다. 지시나 연락 방법이나 내용이 적확하지 않거나 타이밍이 나쁘며 잘 안 들린다.
기기 · 공구	기구, 공구, 측정기구 등이 부적절하다. 도구나 측정 도구 등의 값 표시가 읽기 어렵다. 전용공구 등의 종류가 너무 많다. 작업 대상에 작업이나 취급하기 어려운 부분이 있다. 조작이 사회 통념과 모순된다.
환경	온도, 습도, 환기 등이 부적절하다. 조명이 부적절하다. 소음, 진동이 크다. 정리, 정돈, 청소, 청결, 습관화가 지켜지지 않는다.
작업공간	작업공간이 좁고 불편하다. 비좁은 발판 등 작업 장소가 불안정하다. 다른 작업과 작업 장소가 겹쳐져 있다. 작업 대상에 대한 접근성이 좋지 않다. 신체적으로 무리한 동작이나 자세를 요구한다. 보호복이나 안전장치가 작업을 방해한다.

조직	작업장 분위기가 좋지 않다. 의사소통이 나쁘다. 팀 간의 관계가 좋지 않다. 감독자, 협력자, 대표자 등이 형식적인 존재가 되고 있다.
팀	팀 구성이 부적절하다. 팀 내 역할 분담이 불명확하다. 팀 내 의사소통이 잘 되지 않는다.
공정관리	공정 견적 챙기기가 불충분하다. 다음 작업 공정이 중첩되거나 맞물리기 어렵다. 작업 준비가 안 됐다. 이용하는 시설, 장비, 공구, 공급품 등이 부족하다.
신체적 요인	몸 상태가 좋지 않다. 배고프고 갈증이 심하다. 이동배치 등에 의한 일주기 교란(槪日性周期)[3]
정신적 요인	불안과 걱정이 있다. 자신감 부족이나 자신감 과잉 사기 · 동기가 부족하다. 인간관계가 좋지 않다.
경험 · 지식 · 능력	작업에 대한 경험이 얕다. 작업에 필요한 지식이 부족하다. 실기 능력이 부족하다. 잠재적 위험이나 실패에 대한 인식이나 예측 능력이 부족하다.

출처: 佐相(2009)을 일부 수정.

기계 동작의 성패가 인간의 조작에 의존하는 경우, 인간과 기계가 접하는 부분(인터페이스: interface)의 적절성이 중요하며, 조작하기 쉬워야 하고 기계에서 피드백되는 정보를 쉽게 인식하고 무리 없이 처리할 수 있어야 한다. 또한, 인간 측면에서도 얻을 수 있는 정보를 이해하고 조작이 적확하게 이루어지도록 훈련과 경험을

---

3 (역자 주)circadian rhythm이라고 하는데, 생물체가 본래 가지고 있는 리듬으로서, 주로 하루를 단위로 하는 생명현상의 리듬을 말한다.

통해 지식과 기술을 가지고 있어야 하고, 올바른 결정을 하고자 하는 태도를 가지고 의도적으로 잘못된 의사 결정이나 행동을 하지 않도록 해야 한다(인터페이스에 대해서는 제5장 참조).

인간행동과 정보처리에 영향을 미칠 수 있는 요인은 다양하다. 이 때문에 [그림 1-2]에 나타나는 인간의 심리적 과정은 유사한 상황에서도 다양한 차이를 포함하고, 개인 간에도 큰 차이를 보이는 경우가 종종 있다. 이것이 인간 요인의 연구와 실천의 어려움이 되었다.

다양한 인간행동에 영향을 미치는 요인은 (수행)행동형성 요인(Performance Shaping Factor: PSF)이라고 하며, 인간 요인의 중요한 기본 개념으로 파악되고 있다. PSF는 외적 PSF(작업장의 구조, 조명, 온도 등의 상황 요인이나 절차 등의 업무 지시), 내적 PSF(과거의 경험이나 훈련, 성격, 컨디션 등), 스트레스(작업 부하와 속도 등의 심리적 스트레스와 피로, 통증, 불쾌감 등의 생리적 스트레스)의 3종류로 분류된다. 〈표 1-1〉에는 인간 오류로 이어지는 PSF(佐相, 2009)를 제시했다. 이렇게 PSF는 매우 다양하다. 또한, 오카다(岡田, 2005)는 원하지 않는 방향으로 행동을 유발하는 요인인 나쁜 PSF, 반대로 바람직한 방향으로 행동을 유도하는 좋은 PSF로 분류하였지만, 실제로는 나쁜 PSF가 분석 대상이 되는 경우가 많다고 한다.

또한, PSF가 모두 직접적으로 행동에 연결되어 있는 것은 아니고, [그림 1-3]과 같은 계층 구조를 이루고 있으며, 행동의 직접적인 원인이 되는 PSF와 그 뒤에 간접 요인이 되는 PSF, 심지어 잠재 요인이 되는 PSF가 있다고 한다(岡田, 2005).

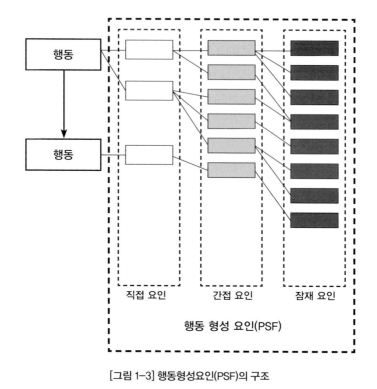

[그림 1-3] 행동형성요인(PSF)의 구조

출처: 岡田(2005).

　사고로 이어지는 직접·간접·잠재적 PSF의 일례로서, '교차로 충돌사고'를 생각해 보자(長山, 2007). 직접적으로 사고에 결합된 직접 요인은 '확인을 태만했다' '정지신호를 간과했다' 등이 있다. 다음으로는, 확인 부족이나 간과에 이르는 간접 요인으로는 '(뭔가 딴)생각을 하고 있었다' '동승자와 대화를 하고 있었다' '그 장소에서는 습관적으로 늘 그렇게 했다' 등을 생각할 수 있다. 여기서 '(뭔가 딴)생각을 하고 있었다.'라는 간접적 요인이 큰 영향을 미쳤다고 가정해 보면, 생각한 것에 대해 수치스럽게 생각하는 행동을 하게 하는 잠재 요인으로서 '생활에 고민이 있었다.' '일을 위해 운전을 하고 있고, 목적지에 도착한 후에 예정되어 있는 곤란한 작업에 대해 걱정을 했다.'라고 할 수 있다. 나가야마(長山, 2007)는 여기에서 예시한 바와 같이 실제 교통사고 사례 사고에 이르기까지의 요인을 분석했다. 그 결과, 사고 직전에 운전사가 한 인간 오류 또는 위반에 주목하는 경우가 많았으나 진정으로 효과적인 안전 대책을 실시하기 위해서는 간접 요인, 잠재 요인까지 포함하여 조치를 취할해야 한다고 지적하였다.

　인간의 행동을 규정하는 요인을 정리하고 생각하기에 유용하고 자주 사용되어 왔던 것이 SHEL 모델(Hawkins, 1987)이다. 이 장에서는 확장된 SHEL 모델을 다루고, 관리요소(management)가 부가된 m-SHEL 모델([그림 1-4] 참조: 河野, 2004)을 중심으로 생각한다. 이 모델은 인간(Liveware)을 중심으로 그 주변에 있는 소프트웨어(Software), 하드웨어(Hardware), 환경(Environment), 주변인(Liveware)과의 관계 속에서 인간 요인의 다양한 문제가 제기된다. 또한, 이러한 전체를 총괄하는 관리요소의 중요성도 명시되어 있다(m-SHEL 모델에 대해서는 제12장 참조). 각 요소(L, H, S, E, m) 자체에 대한 검토도 필요하지만 요소 간의 인터페이스가 인간의 특성에 부합하는지 여부를 고려하는 것이 더 중요하다. 그리고 이 적합성은 작업하는 인간의 심리적 특성을 감안하여 평가할 필요가 있다.

[그림 1-4] m-SHEL 모델

　[그림 1-2]에 표시된 인간과 기계의 개념은 인간과 기계의 관계에서 나아가 사람과 m-SHEL 모델 각 요소와의 관계로 확장이 가능하다. 예를 들어, 사람이 주변

에 대해 무슨 행동을 할 때, 주변에 있는 사람들은 그것에 대해 대응해서 무슨 행동이든 반응을 했고, 그 반응에 의해 먼저 행동을 한 사람은 영향을 받는다. 이것은 인간과 기계의 상호작용과 비슷한 것이고, 작업자와 주변 사람의 인적 환경과 인터페이스를 개선할 필요가 있다고 생각하게 할 수 있다.

3) 인간 요인에서의 심리학적 연구과제

인간 요인에서는 사람이 중심적인 존재이고, 사람과 그 주변에 있는 물리적 · 제도적 · 인간적 요인과 관계에 주목하면서 인간의 여러 특성을 이해하는 것이 필요하다. 그중에서도 심리학에 관한 지식은 중요하다.

후루타(古田, 2008)는 m-SHEL 모델을 가지고 인간 요인의 연구과제를 정리하고 있는데(〈표 1-2〉), 여기서는 이 연구과제의 정리의 틀을 기반으로 인간 요인에 관한 심리학적 연구과제에 대해 정리한다. 덧붙여서 이 책의 각 장에서 다루는 내용도 이 틀 안에서 자리매김한다.

(1) 인간 자신(L)에 대한 검토

m-SHEL 모델의 중앙에 위치하고 있는 인간 자신(L)에 관해서는 인간이 어떠한 행동 특성을 가지는지를 조사하는 것이 연구과제가 되며, 심리학적 연구 요구가 가장 높은 영역이라고 할 수 있다. 인간계와 기계계를 나타내는 [그림 1-2]의 '인간'의 영역에는 인간 내부에서 정보의 입력에서 반응 출력에 이르는 정보처리 과정이 나타나 있다. 이 정보처리 과정의 각 단계에서 어떤 작업이 수행되는지, 또한 인간의 인지기능(장기기억, 작업기억, 주의 등)이 어떤 특성을 가지고 어떻게 움직이는지를 연구한다. 이 책의 제2~4장에서는 개인의 심리적 과정에 대해 논하고 있다.

또한, 인간에게는 성격이나 지능, 기타 다양한 행동 특성과 같이 개인마다 많은 차이가 있다. 이러한 개인 특성을 조사하고 평가하는 것은 성격심리학이나 교육심리학, 임상심리학의 연구 영역에 포함된다. 또한 산업 장면에서는 개인차는 작업자의 적성 문제와 관계가 있다. 제7장에서는 이 적성 개념과 평가방법이 설명되어 있다.

<표 1-2> m-SHEL 모델을 기반으로 한 연구과제의 분류

m-SHEL 요소	L	L-H	L-S
연구과제	• 인간의 인지 행동 특성 • 심적 부하 평가 • 인지 모델 개발 • 인간 신뢰도 분석기법 • 직원의 인지 상태 추정 • 신뢰도에 영향을 미치는 요인 평가	• 제어반 · 조작반 · 조종실 등의 설계 평가기법 • 정보표시면의 설계 평가기법 • 경보시스템의 개량 • 공구의 인지공학적 설계 • 인간과 기계의 역할 분담 • 선진적인 인터페이스 개념 개발	• 운전, 보수 등 업무의 적절한 순서 설계 • 절차지침서 · 체크리스트 등의 스타일 설계 • 전자화 절차지침서 개발 • 운전 · 보수 등 업무 지원 시스템 개발 • 오조작 방지에 효과적인 시간, 시스템 • 효과적인 주의 환기법 • 기술정보의 관리 · 활용 시스템
이 책에서 연관된 장	제2~4장, 제7~10장	제2장, 제5장	제4장

m-SHEL 요소	L	L-H	L-S
연구과제	• 시뮬레이터 실험 등을 사용한 팀 행동 설명 • 팀 · 성과를 향상시키는 훈련 기법 • 팀 행동을 고려한 인지 모델 개발 • 공동작업의 정보통신기술에 관한 지원 • 리더십 · 훈련 • 집단행동의 신뢰성	• 쾌적한 노동환경 설계 평가 • 제어실 · 조종실 · 작업실 등의 거주성 개선 • 기기 배치 설계 평가	• 당직 근무 부담 완화 방책 • 인적 과오 사례 분석평가와 데이터베이스화 • 사고 · 고장 정보시스템 고도화 • 비상시 대응력에 우수한 종업원 · 조직 육성법 • 안전 우량 조직 분석 • 안전문화 평가지표와 모니터링 • 효과적인 기술 전승 • 자발적인 학습을 촉진하는 교재
이 책에서 연관된 장	제6장, 제11장	제5장	제11장, 제13장

출처: 古田(2008)를 바탕으로 작성.

고령자나 장애인이 사회에 참여하는 기회는 앞으로 더욱더 늘어날 것으로 예상된다. 고령이라는 것이나 어떤 장애를 가진 것도 하나의 특징으로 볼 수 있다. 이러한 사람들의 특징을 밝히는 것이나, 현재 기계나 시스템은 노인과 장애인에게 어떤 문제점이 있고, 그것을 어떻게 개선할지 검토하는 것은 다양한 특성을 가진 사람이 일에 종사할 수 있는 환경을 갖추는 데 필수적이다(정보복지기초연구회, 2008). 이러한 내용은 제8장과 제9장에서 논의된다.

한편, 각성·피로·감정 상태 등 인간의 상태는 항상 변화하고 있으며, 이를 측정하는 방법이 필요하다. 인간의 상태와 행동의 관계를 밝히고, 행동이 부적절한 상태에 빠진 경우에 어떤 지원을 해야 좋을지도 중요한 연구 개발 과제이다. 이것은 생리심리학이나 인지심리학의 과제이며, 공학과 협력하여 연구해야 하는 주제이다. 이 책은 제10장에서 생리학적 지표를 따라 행동하는 동안의 인간 상태를 측정하는 방법을 설명한다.

인간의 행동이 어떤 인지 과정에 따라 이루어는지를 검토하고 모델링하는 것은 인지심리학의 연구 영역에 포함된다. 인간 요인에서는 다양한 인간 신뢰도 분석기법이 고안되어 있는데, 이것은 규정된 작업을 달성할 확률을 구함으로써 행동의 신뢰성을 정량적으로 평가하는 것이다. 그러나 계산을 위한 과오율을 적절하게 얻는 데 어려움이 있기 때문에 현재는 앞의 PSF를 평가하여 행동의 신뢰성을 질적으로 평가하는 것이 중시되고 있다(岡田, 2005). PSF가 어떻게 인식되는지와 그에 대해 인간이 취하는 반응을 공식화하는 것은 인지 과정의 모델화에 가까운 과제라고 여겨진다. 이 책에서는 제3장에서 인간 오류 문제를 설명하고 있다. 주의와 작업기억의 움직임은 인간 오류 발생의 직접적인 요인이 된다. 인간 오류 발생에 이르는 인지 과정에 대한 설명은 행동의 모델화의 일례로 간주된다.

〈표 1-2〉에는 나와 있지 않지만, 행동에 있어서 적절한 의사결정을 내리는 것이 필요하며, 이를 위해서는 역동적으로 변화하는 상황을 파악하는 상황 인식(situation awareness)이 중요하다. 상황 인식은 다양한 산업 장면에서 작업자의 행동을 설명하기 위해 1980년대부터 사용하게 되었던 개념이다(高橋, 2011). 상황 인식의 문제는 기본적으로 인간 자신의 검토 영역에 위치하고 있으며, 인간 주위의 모

든 요소(H, S, E, L, m)와의 관계를 포괄적으로 다루는 것이 요구되는 연구과제라고 할 수 있다.

(2) 인간과 하드웨어의 관계(L-H)

기계로부터 제공되는 정보를 인간이 어떻게 인식할 것인가 하는 것은 기계의 사용 편리성을 결정하는 중요한 문제이며, 인간 인터페이스 연구로 활발하게 진행되고 있다(岡田 et al., 2002; 北原, 2011 참조). 제공되는 정보가 가진 특성을 눈치채기 쉽고, 그 의미를 이해하기 쉬운지, 그 기억을 유지하기 쉬운 것인지는 지각심리학이나 인지심리학에 관련된 문제이다. 또한, 제공 정보의 배치와 조작 대상이 되는 스위치류의 배치 관계에 따라서도 조작의 용이성이 다르듯이 정보의 입력뿐만 아니라 행동의 출력에 대해서도 심리적 문제가 포함된다. 실제로 이러한 설계나 평가는 심리학적인 지식과 실험 기법이 활용되고 있다. 또한, 정보처리 기술의 발달보다 가상현실감(Virtual Reality: VR), 증강현실감(Augmented Reality: AR), 뇌-컴퓨터 인터페이스(Brain-Machine Interface: BMI)과 같은 새로운 인터페이스가 속속 개발되고 있다. 이러한 것이 인간의 인지적 특성에 적합하고 진정으로 유용하기 위해서는 인간의 지각적 특성과 인지적 특성을 고려한 평가 연구가 필수적이다.

이 책은 제2장에서 정보의 인식 용이성을 규정하는 인간의 시각 인지 특성과 행동 용이성을 규정하는 자극과 반응의 관계에 대해 설명하고 있다. 또한 제5장에서는 기계의 사용 편리성 문제를 설명한다.

(3) 인간과 소프트웨어의 관계(L-S)

작업 절차와 그것을 설명하는 매뉴얼들이 이해하기 쉽고 기억하기 쉽게 되어 있는지의 문제는 인간과 소프트웨어 간의 관계 영역에 관련된 연구과제라고 할 수 있다. 정보가 알기 쉽게 제시된다는 것은, 그 정보가 양적으로나 질적으로나 수신자의 인지기능에 적합하고, 특히 기억기능에 밀접한 관계가 있는 것을 말한다. 이 책은 제4장에서 이 '알기' 관련 문제들을 주로 기억기능과 연관시켜 설명한다.

이 밖에 위험을 알리거나 오작동을 막기 위한 표지판의 인지 용이성 문제나, 또는 이중 점검과 손가락 호칭 등의 확실한 확인을 위해 마련된 절차의 유효성 검증도 이 영역에 포함된 문제로 여겨진다. 또한, 설정된 절차를 지키지 않는 위반행동은 사고로 이어지는 심각한 불안전행동이지만, 그러한 불안전행동을 하기 어렵게 만드는 절차를 고안하는 것은 인간과 소프트웨어의 관계에 포함된 과제라고 할 수 있다.

(4) 작업자 본인과 주변 사람들과의 관계(L-L)

작업자 본인과 주변 사람들과의 관계에 대한 문제는 사회심리학이나 산업조직심리학의 영역에 관련된 많은 연구 주제가 포함되어 있다. 레빈(K. Lewin)의 고전적인 '장 이론(Field theory)'에서는 인간의 행동은 인간(P)과 환경(E)의 함수라고 간주하였으며, [B = f (PE)이라는 이론식으로 알려진] 인간의 행동은 개인의 특성과 환경 · 상황의 쌍방에 의해 규정된다고 하였다. 인간이 집단 내에서 행동하는 경우에 단독으로 행동할 때와는 다른 행동을 하는 현상을 볼 수 있다(예를 들어, 사회적 촉진, 사회적 태만). 또한, 집단 내 의사결정의 특징으로서 불합리하고 위험한 의사결정이 이루어지는 집단사고(group think)와 집단에서 토의한 결과로서 개개인의 행동이 더 극단적인 방향으로 강화되는 집단극화(group polarization)가 일어날 수 있다는 것도 잘 알려져 있다. 이처럼 개인의 행동은 집단의 영향을 강하게 받기 때문에 '집단 속에서의 개인 행동'은 매우 중요하다.

팀 내의 분위기, 팀 내외의 의사소통 개선을 도모하는 경우, 이러한 사회심리학적 관점은 필수적이다. 또한, 개별 작업자 간의 언어적 또는 비언어적인 의사소통이 어떻게 이루어지는지도 중요한 연구 주제라고 할 수 있다. 사람과 사람의 관계는 개인 간 의사소통이라는 미시적인 수준에서부터 조직풍토라는 거시적인 수준까지 중층적인 구조를 가진 문제이다.

이 책은 제6장에서 의사소통 행동에 관련된 지식과 최근 중요성이 커지고 있는 컴퓨터 매개형 의사소통에 대해 논하고 있다. 또한, 제11장에서 집단이나 조직에서의 행동에 대한 집단역학과 사회심리학적 연구 결과가 설명된다.

(5) 사람과 환경의 관계(L-E)

조명, 소음, 온도, 습도, 작업공간의 넓이 등 물리적 환경은 노동안전 위생 규칙과 기준, 지침 등에 많은 규정이 있는 것에서 알 수 있듯이 안전에 직접적인 영향을 준다. 또한, 안전상의 문제가 없는 상태라도 인간의 행동에 영향을 줄 수 있다. 예를 들어, 인간의 시각 특성에 적합한 조명을 사용하여 보기 쉽도록 개선할 수 있지만, 조명 방식에 따라서도 환경의 쾌적성에 대한 평가가 달라질 수 있다. 그리고 방범조명의 연구에서 알 수 있듯이 조명 방식이 행동에 영향을 미칠 수도 있다. 이것들은 환경심리학의 영역에 해당되는 연구과제이다. 또한, 장비배치 설계의 평가에 관해서는 제5장에서 논의되는 기계의 용이성 관점이 중요할 것이다.

(6) 사람과 관리요소의 관계(L-m)

사람과 관리요소의 관계 영역은 개인 수준으로부터 집단·조직 수준에서의 다양한 심리학적 요인이 관여하는 가장 복잡한 문제 영역이다. 예를 들어, 이 영역의 과제인 안전문화는 안전을 제일로 하고 사고를 내지 않기 위해 노력한다는 가치관을 경영진부터 일반 직원까지 공유하는 것이며, 그 구성 요소는 조직통솔, 책임관여, 상호이해, 위험인식, 학습전승, 작업관리, 자원관리, 동기부여의 여덟 가지 축이라고 되어 있다(占田, 2008). 이들은 모든 심리학적 과제를 포함하고 있다고 할 수 있다. 또한 이것은 단순히 포괄적인 심리학적 지식만 가지고 있으면 충분하다는 것이 아니라, 경영학, 경제학, 공학 등 관련 분야의 지식과 연결할 수 있어야 하며, L-m 영역의 과제를 해결하는 학제적인 안목을 갖추어야 한다고 할 수 있다.

이 책은 제11장에서 리더십과 팀워크, 인전관리 등과 같이 조직관리에 직결되는 문제들에 대해 설명하고 있다. 또한, 제13장에서는 실제 산업장면에서의 사고방지 노력에 대해 언급하고 있다. 조직 내에서 관리요소가 사고방지를 선도하고, 교육훈련과 조직·체제의 정비 등 다양한 대처를 해야 하는 것은 당연하다.

(7) 조직과 조직을 둘러싼 사회 간의 관계(L-(m)-사회)

이 책은 기존의 m-SHEL 모델 내에 위치하기 어려운 영역을 새로운 인간 요인 연구 영역으로 제안하고 싶다. 그것은 L-(m)- 사회라고 말하는 관계이다.

[그림 1-5]는 기존 m-SHEL 모델을 확장한 m-SHEL-S 모델이다. 중간의 점선으로 둘러싸여 있는 m-SHEL 모델은 기본적으로 조직 내에서 행동하는 인간과 그 인간을 둘러싸고 있는 요소의 관계를 정리한 것이다. [그림 1-5]에서는 하나의 퍼즐 조각이 하나의 조직을 표현하고 있다. 그리고 그 중앙 조각에 인접한 다른 조각 군이 사회의 존재를 나타내고 있다. [그림 1-5]에서는 표준 조각의 형태를 나타내고 있지만, 실제로는 그 조직의 성립 경위와 활동 내용에 따라 다양한 형태를 하고 있다. 조직 간의 경계도 여기에 표현되듯이 직선적이지 않고 주위와의 관계하는 방식에 따라 복잡한 모양을 하고 있을지도 모른다. 조직이 주변 조직과 좋은 관계를 유지하고 있는 경우는 그 조각이 사회의 퍼즐 중간에 딱 들어맞는다.

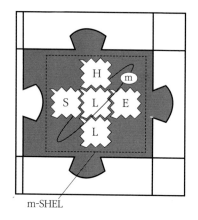

m-SHEL

[그림 1-5] m-SHEL-S 모델

그러나 조직 내에서 어떤 문제가 발생하면 주변에서의 압력이 높아진다. 최악의 경우 자기 조직의 조각을 끼워 공간이 좁아지고 퍼즐 안에서 튕겨져 나온다. 또한 인접하지 않은 장소에서 사회적 문제가 생겼을 때, 그 영향이 늘어서 있는 조각을 통해 전파되어 의외의 영향을 받을 수도 있다. 심지어 자기 조직에서는 문제가 없지만 인접 조직에 문제가 발생하여 그 조직의 조각이 탈락해 버린 경우, 탈락한 조직에 의한 지원을 잃어 불안정 상태에 빠질 수도 있다.

즉, 기업이나 단체 같은 조직은 통상적으로 조직 주변 사회와 밀접한 관계를 유지하지 않으면 안정적으로 존재할 수 없기 때문에 모든 조직이 사회의 일원으로서의 역할과 책임을 가지고 있다고 생각할 수 있다. 최근 그것은 기업의 사회적 책임(Corporate Social Responsibility: CSR)으로서 가시화되었다. 또한, 중대한 사고를 일으킬 수 있는 위험한 물질과 큰 에너지를 취급하는 산업에서는 이해관계자(stakeholder, 사고가 일어났을 때 영향이 미치는 범위의 지역 주민과 단체, 감독관청 등)에 대해 스스로의 사업이 갖는 위험에 대해 설명하고, 그 사업 내용이 이해되고 받아들여지는 것이 필수가 되어 왔다. 즉, 다양한 사람이 포함된 사회와의 의사소통을 채택하고, 리스크에 대한 이해를 얻을 필요가 있다.

〈표 1-3〉 L-(m)-사회에 관한 연구과제

m-SHEL 요소	L-(m)-사회
연구과제	• (기업의) 사회적 책임 • 법령준수 • 설명책임 • 위험 의사소통 • 사회공헌
이 책에서 연관된 장	제12장

이 의사소통은 기본적으로 조직 경영상의 문제로 간주되어 조직적으로 진행된다. 그러나 조직이 가진 정책에 따라 구체적인 의사소통은 조직에 속한 개인들이 수행하게 된다. 이 때문에 조직의 구성 중 사람(L)이 관리요소(m)의 간섭하에 사회(society)와 관계를 맺는다는 의미에서 L-(m)-사회라는 표현을 사용하고 있다. 다만 인터넷으로 인해 개개인이 자유롭게 정보를 발신할 수 있게 된 것도 고려하면 관리요소가 개입하지 않는 상황에서 이런 종류의 의사소통이 이루어질 수도 있으므로 m에 괄호가 붙었다.

적절한 위험 의사소통이 이루어지지 않고 조직과 주변사회와의 관계가 악화되면 조직운영 자체에 지장이 발생하는 것으로 이어진다. 그것은 인간 요인과 관련

된 여러 문제를 일으킬 잠재요인이 될 수도 있다. 예를 들어, 동기부여 문제 등으로
인해서 주변 사회의 일원인 작업자 개인의 행동에 직접적인 영향을 미칠 가능성을
생각해 볼 수 있다. 또한, 그 사업의 사회적 이익을 이해할 수 없다면 과학적·경제
적으로 합리적인 의사결정이 거부됨으로써 결과적으로 사회 전체의 손실로 이어
질 수도 있다. 이들은 기존의 m-SHEL 모델에 특정할 수 없는 요인이다.

이 L-(m)-사회 영역의 심리학적 과제로는 위험인식, 위험 의사소통, 의사결정
등을 생각할 수 있다(<표1-3>). 이 책에서는 이러한 문제에 대해 제12장에서 설명
하였다. 이들은 인간 요인 연구에서 명확하게 자리매김할 가능성이 적었던 문제라
고 여겨졌으나, 특히 인간 요인 연구의 지식을 실천함에 있어서 향후 불가피한 관
점이 될 것으로 생각된다.

3. 이 책의 목적

여기까지 설명한 바와 같이, 인간 요인에서 대상이 되는 인간의 행동은 개인 수
준에서 집단·조직 수준까지 다양하다. 예를 들어, 회사 전체의 오류관리처럼 인
간 요인의 포괄적인 노력에 참여하려고 생각한다면, 심리학의 모든 분야에 대한
지식이 필요할 것이다. 예를 들면, 어떤 부서에서 도구의 잘못된 사용 방지와 같이
제한적인 상황에서의 인간 요인 과제를 해결하는 경우라면, 적어도 그 문제와 관
련된 심리학적 지식이 필요하다.

한편, 심리학은 광범위한 학문 체계이다. 그중에는 산업조직심리학, 응용심리
학 등 인간 요인과 관련성을 인식하기 쉬운 분야도 있지만, 한편으로는 전혀 관계
가 없어 보이는 분야도 많다. '심리학'이라는 단어가 들어간 제목의 책을 손에 들고
봐도 그중 어느 부분이 인간 요인의 이해와 실천에 필요한 부분인지 이해하기는
쉽지 않다.

그래서 인간 요인을 이해하는 데 유용하다고 생각되는 심리학의 지식을 정리하
여 제공하기 위해 이 책이 편집되었다. 내용은 심리학 개론서에서 자주 사용하는

구성을 취하고 각각의 장에서 인간 요인의 문제에 연결되도록 했다. 이를 통해 향후 보다 본격적이고 상세한 심리학 서적을 읽는 경우에도 각부의 순수 심리학적인 내용을 인간 요인과 관련지어 이해하기 쉬울 것이라고 생각한다.

　개인 수준에서의 인간 오류 방지하려는 경우, 개인 과정을 취급하는 지각·인지·생리 등 심리학 영역의 지식을 얻을 필요가 있다. 인간 요인 연구에서 비교적 간단한 내용이고, 오류 뒤에 심리학적 과정의 설명도 비교적 간단하게 이해하기 쉽다.

　한편, 최근 주목받고 있는 조직사고(계획 및 관리 등 조직 과정의 부정적인 영향과 조직 내 문화가 오류로 연결되는 잠재적 요인을 일으키고, 오류와 위반 행위를 다중장벽에 구멍을 뚫어 사고가 되는 것: Reason & Hobbs, 2003), **안전문화**(안전 업무에 관한 조직 구성원의 신념, 태도, 가치관, 안전 달성을 위한 내부 구조, 관습, 관리 시책: Reason & Hobbs, 2003), **탄력성**(문제의 발생 방지, 문제 발생 시의 악화 방지 문제 상황에서 복구)과 같은 개념이 심리학적 지식의 어떤 것과 관련이 있는지는 겉으로 알기 어렵다. 예를 들어, 리즌(Reason, 2008)은 레질리언스(탄력적) 조직을 설명하기 위해 몇 가지 사례에 대해 자세히 설명하고 있지만 그 사례의 스토리는 이해할 수 있어도 배후의 심리 과정을 자세히 설명하기는 어려울 것이다.

　매우 복잡한 사건은 관련된 심리학적 요인도 개인 수준에서 사회 집단 수준까지 다양하여 간단한 심리학적 법칙이나 지식으로는 그 사건을 설명할 수 없다. 즉, 어떤 하나의 심리학적 영역에 대해 지식을 가진 것만으로는 대응하지 못하고, 널리 심리학 전반에 걸친 지식을 가지는 것이 필요하다. 이 책은 바로 인간 요인의 다양한 개념을 이해하는 데 필요한 광범위한 심리학적 지식을 알기 위한 도움을 주도록 계획되어 있다.

북 가이드 ───────── ●

인간 요인에 관해서는 여러 종류의 교과서가 출판되어 있다. 인간 요인 일반에 대해 서술한 것 외에 각 산업 영역에 특화된 책도 여럿 출판되어 있기 때문에 자신의 관심이 있는 산업 영역을 다룬 책을 선택할 수도 있다.

岡田有策(2005). 인간 요인 개론 조치 인간과 기계의 조화를 목표로. 慶應義塾大学出版会.
  → 인간계와 기계계라는 생각을 중심에 놓고 인간 요인의 제 개념을 설명하는 책이다.

吉田一雄 편(2008). 인간 요인 10원칙-인간의 오류를 방지 기초 지식과 기술. 日科技連出版社.
  → 원자력 발전소에서의 인간 요인 연구에 근거한 책이다. 구체적인 업무와 관련 있는 내용이 기술되어 있지만, 원자력 이외의 분야에서도 도움이 될 수 있도록 고안된 내용이다.

河野龍太郎(2010). 의료안전에 대한 인간 요인 접근-인간 중심의 의료시스템 구축을 위해. 日本規格協会.
  → 책 이름에서 알 수 있듯이 의료분야에서의 인간 요인에 관한 책이다. 인간 요인의 기본적 사고에서 의료현장에서의 대책이라는 실무내용까지 광범위한 내용이 간결하게 정리되어 있다.

Reason, J. / 佐相邦英 감역(2010). 조직사고와 레질리언스-인간은 사고를 일으키는가, 위기를 구할 것인가. 日科技連出版社.
  → 인간 오류나 위반 행위에 대한 연구의 연구 결과부터 최근 주목되는 탄력성의 개념을 이해하는 데 유용한 자료이다.

참고문헌 ————————— ●

岡田謙一, 西田正吾, 葛岡英明, 仲谷美江, 塩澤秀和(2002). ヒューマンコンピュータインタラクション. オーム社.

岡田有策(2005). ヒューマンファクターズ概論―人間と機械の調和を目指して, 慶應義塾大学出版会.

高橋誠(2011). 複雑な人間―機械系における状況認識と安全・注意. 日本認知心理学会監修, 原田悦子, 篠原一光 編. 注意と安全, 現代の認知心理学 4, 北大路書房, pp. 250-274.

古田一雄 編(2008). ヒューマンファクター10の原則―ヒューマンエラーを防ぐ基礎知識と手法, 日科技連出版社.

北原義典(2011). イラストで学ぶヒューマンインタフェース. 講談社.

長山泰久(2007). ヒューマンファクターと効果的教育, 三浦利章・原田悦子 編 事故と安全の心理学―リスクとヒューマンエラー, 東京大学出版会, pp. 83-107.

情報福祉の基礎研究会 編(2008). 情報福祉の基礎知識―障害者・高齢者が使いやすいインタフェース, ジアース教育新社.

佐相邦英(2009). 原子力教科書 ヒューマンファクター概論. オーム社.

河野龍太郎(2004). 医療におけるヒューマンエラー―なぜ間違える どう防ぐ, 医学書院.

Hawkins, H. F. (1987). *Human factors in flight*. Gower Technical Press. (黒田勲 監修, 石川好美監訳, 1992. ヒューマン・ファクター――航空の分野を中心として. 成山堂書店).

Hollinagel, E. (2006). *Barriers and accident prevention*. Ashgate. (小松原明哲 監修, 2006. ヒューマンファクターと事故防止―"当たり前"の重なりが事故を起こす. 海文堂出版).

Reason, J. (1990). *Human error*. Cambridge University Press. (林喜勇 監役, 1994. ヒューマンエラー―認知科学的アプローチ. 海文堂出版).

Reason, J. (2008). *The human contribution. Unsafe acts, accidents, and heroic recoveries.* Ashgate(佐相邦英 監訳. 2010. 組織事故とレジリエンス—人間は事故を起こすのか, 危機を救うのか. 日科技連出版社).

Reason, J., & Hobbs, A. (2003). *Managing maintenance error: A practical guide.* Ashgate(高野研一 監訳, 佐相邦英, 弘津祐子, 上野彰 訳, 2005. 保守事故—ヒューマンエラーの未然防止のマネジメント. 日科技連出版社).

제2장 지각·인지 특성과 인간 요인

우리는 어떻게 외부(자신의 밖)를 파악하고 있는 것일까?

1. 지각·인지 특성: 외부 환경 이해와 인간 특성

1) 소개: 외부 환경의 이해란 무엇인가

앞의 사진을 봐 주길 바란다. 어떤 느낌이 드는가? 구도가 좋고 나쁘거나 취향의 문제가 아니라, 외부 환경의 구성 요소에 대해 어떤 느낌이 드는지라는 의미이다. 예를 들어, 왼쪽 사진은 꽤 긴 에스컬레이터를 찍은 것이지만, 본래 평행해야 할 난간이 그렇게 보이지 않을지도 모르고, 각각의 단 길이가 실제로는 같은 길이

임에도 불구하고 다른 것처럼 느껴질지도 모른다. 또는 올라가는 사진인지 내려가는 사진인지 판단하기 어렵다는 사람도 있을지도 모른다. 또한, 오른쪽 사진을 보고 현실의 풍경이 아니라 모형을 촬영한 것처럼 자동차와 사람을 작게 느낄지도 모른다.

군이 말할 필요도 없이 이 사진은 실제 풍경의 한 장면을 잘라낸 것이지만 이 사진을 봤을 때 느끼는 방식을 통해 매우 흥미로운 생각이 떠오르지는 않을까? 즉, '우리가 어떻게 외부를 파악하고 있는 것인가'라거나 '외부 정보는 어떤 역할을 하는 것일까' 같은 것이다. 좀 더 구체적으로 생각하면, 예를 들어 현실 세계는 3차원인 반면, 그것을 사진과 같은 2차원의 평면으로 표현하고 있는 것이 느낌에 영향을 주고 있는지도 모르고, 오른쪽 사진과 같이 우리가 일상생활하고 있을 때의 시선 방향과는 다른 내려다보고 있는 듯 찍는 방법이 관계하고 있을지도 모른다. 어쨌든간에 이것들은 우리가 외부를 어떻게 이해하는가 하는 문제와 깊은 관련이 있다고 할 수 있다.

이렇게 간단한 두 장의 사진만으로 앞서 언급한 바와 같이 다양한 생각을 할 수 있는 이유 중 하나는, 우리가 외부를 파악할 때 실제로는 복잡한 과정이 존재하며, 게다가 물리적인 세계와 실제로 알고 있는 (인식하고 있는)세계가 반드시 동일하지는 않다는 것이다. 즉, 우리는 자기 외부 환경을 그 자리의 상황에 따라 심리적으로 어떤 처리 · 해석을 수행한 후 그 존재를 이해한다. 이것은 심리학의 중요한 영역인 지각과 인지와 깊게 관련된 문제인 동시에 현실장면에서 인간행동의 이해에도 연결되어 있기 때문에 산업과 공학, 디자인 등 인간 요인 관련 분야에도 깊이 관련된 문제이다.

아무리 정교한 장비나 시스템 디자인도 그것이 사용자에게 있어서 안전하고 알기 쉬우며, 작업 시에는 가급적 효율적이지 않으면 대부분 쓸모없는 것이 될 수도 있다. 예를 들어, 다양한 기능이 구비된 휴대전화나 전자사전이라고 하더라도 실제로 사용하는 기능은 훨씬 적을 수도 있고, 여러 번 버튼을 누르지 않으면 작동되지 않는 ATM이나 발권기에 당황하는 사람도 많을 것이다. 즉, 기초적이고 학술적인 지식을 바탕으로 응용적이고 실제적인 목적으로의 적용을 목표로 하기 위해서는 인간 특성의 이해가 불가피하다. 그 기반 중 하나가 지각 · 인지 과정이다. 이 장에서는 이러한 인간이 외부를 이해하는 처리 과정의 일면을 소개한다.

2) 지각 · 인지 특성과 인간 요인의 관계

인간의 지각 특성과 인지 특성을 이해하는 것이 구체적으로 어떻게 인간 요인과 결합되는 것일까? 우리는 외부에 존재하는 다양한 정보를 바탕으로 행동을 실현하고 있다. 바꾸어 말하면, 외부 정보는 행동을 산출하기 위한 자극(stimulus)이라고 할 수 있고, 그 결과로서 얻어지는 행동이 반응(response)이라고 할 수 있다. 예를 들어, 산업용 기계 등에 비치되어 있는 버튼에는 빨간색이 '정지', 파란색이 '시작'이라는 식으로 기계의 동작을 색상을 이용해 규정하고 있다. 만약 이러한 관계가 반대로 되어 있으면 어떨까? 빨간색을 누르면 기계가 움직이고, 파란색인 경우에는 멈추면, 아마 원활한 작업이 곤란할 것이다. 또 버튼을 잘못 눌러 실수, 즉 오류가 발생할 수도 있다.

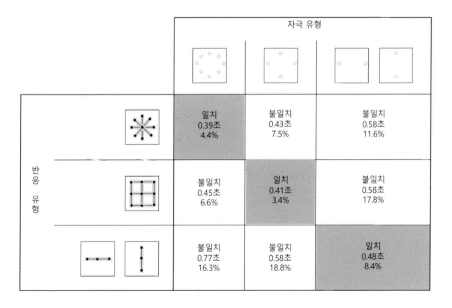

[그림 2-1] Fitts와 Seeger(1953)에서 이용된 자극과 반응의 조합 결과

이러한 자극과 반응 조합의 차이에 의한 행동의 용이성과 효율성에 관련되는 것은, 자극과 반응 적합성(Stimulus-Response compatibility: S-R compatibility)이라고 불리며, 이전부터 관심을 받아 왔다. 예를 들어, 피츠와 시거(Fitts & Seeger, 1953)는 공간적 배치 관계에 대해, 반응의 유형과 일치하는 자극의 유형과 일치하지 않는 자극의 유형을 준비하여 철제 막대를 빛이 나는 방향으로 움직였을 때의 반응시간과 오류의 빈도를 측정한 결과([그림 2-1]), 제시된 자극과 해야 할 반응 조합이 적합할 때 반응이 빨리 나타났으며 오류도 적었다고 보고하고 있다. 이 사실은, 우리가 작업을 수행할 때 주어진 정보와 행동에 대한 공간 매핑을 활용하고 있으며, 그 관계가 적합했을 때보다 더 빠르고 정확하게 행동할 수 있음을 시사한다.

우리의 삶에서 자극과 반응의 조합이 행동에 영향을 미치는 경우는 쉽게 찾아볼 수 있다. 앞서 언급한 바와 같이 산업 장면에서 기계나 시스템 등의 배색(配色)뿐만 아니라 방향, 조작반의 배치 설계, 또는 버튼이나 스위치에 주어진 의미나 실제로 하지 않으면 안 되는 조작의 조합 등이 행동의 확실성과 안전성에 영향을 주고 있다. 이는 인간이 지닌 지각 특성, 인지 특성을 이해한 후 제품 개발 및 시스템 구축을 하는 것이 인과성(causality)의 향상에 공헌함을 보여 준다. 즉, 인간 특성에 대해 주도적으로 배려하는 것이 최종적으로는 이용자의 원활한 행동을 촉구하고, 결과적으로 작업의 부담을 줄여 주는 것이다. 한편, 지각적 요인이 관여하여 일어나는 인간 오류 기제에 관해서는 제3장에서 상세하게 설명하고 있으므로 참고하기 바란다.

2. 시각 특성과 인간 요인

1) 착각

인간은 시각에 대한 의존도가 다른 동물에 비해 높기 때문에 시각은 오래전부터 관심의 대상이 되어 왔다. 그 예로 심리학의 전통적인 연구 대상 중 하나인 시각계에 관한 착각(illusion)인 착시(visual illusion)를 들 수 있다.

환경 내 정보를 부분만이 아니라 전체적으로 파악하는지를 보여 주는 가현운동 (apparent motion)은 누구나 한 번쯤 본 적이 있는 현상일 것이다. 이것은 실제로 운동이 제시되어 있지 않음에도 '공간적 배치가 다른[1]' 이미지나 물체를 지속적으로 제시함으로써 관찰자에게는 마치 이것들이 운동하고 있는 것처럼 느껴지는 현상을 말한다. 구체적인 예로는, 철도 건널목에 구비되어 있는 경고등을 들 수 있다. 철도 건널목의 경고등은 언뜻 보면 좌우에 붉은 광점이 움직이는 것처럼 느껴지지만 실제로는 좌우에 배치된 광점이 번갈아 깜박임을 반복하고 있을 뿐이다.

최근에는 역 플랫폼의 가장자리에 작은 광원을 나란히 배치하여 점선 모양(파선형)으로 만들어 전철이 가까이 들어올 때 그들을 차례로 점멸시킴으로써 운동을 지각시켜 전철의 접근을 알리기도 한다. 1개의 점선을 보고 있으면 깜박임의 반복에 불과하지만 전체를 바라보면 흐르는 듯한 움직임으로 인식된다. 이러한 현상은 우리의 시각이 각각의 부분적인 사건(깜박임)만을 인식하는 것이 아니라 발생된 전체적인 사건(다른 공간 위치에서 일어나는 교차되는 깜박임)을 포착하여 분석한 결과로서 지각하기 때문이다.

가현운동은 주어진 정보가 간단한 광점의 깜박임이었다 해도 정보를 받는 인간이 그것을 명백한 움직임으로 인식할 수 있음을 보여 준다. 움직임을 포함한 정보는 의식을 향하기 용이하기 때문에 예에서 보여 준 것처럼 안전성 확보 등을 위해 이용된다.

2) 항상성

우리의 지각은 물리적 크기와 밝기를 항상 그대로 파악하고 있는 것이 아니라 과거의 경험과 지금까지 얻은 지식 등을 바탕으로 이른바 외부를 해석하고 인식하고 있는 것으로 알려져 있다. 예를 들어, 크기를 생각해 보면 교실을 전방에서 바라

---

1 (역자 주) 네온사인과 같이 그림이나 글자 등이 위치를 변화하는 것을 말한다.

볼 때 맨 앞에 앉은 사람과 가장 안쪽에 앉은 사람이 망막에 투영되는 크기가 몇 배 정도 차이가 있다고 생각할 수 있지만, 사실 우리는 두 사람의 크기가 그렇게 큰 차이가 있다고 생각하지는 않는다. 생각해 보면 이것은 매우 흥미로운 일이다. 우리는 인간의 크기가 '이 정도'라고 미리 알고 있기 때문에 그 지식을 바탕으로 망막상의 크기를 조정해서 이해하는 것이다. 이런 현상의 배경에는 지각의 항상성(constancy)의 작용이 있다. 항상성은 크기에 국한된 것이 아니라 색상과 밝기 등 다방면에 걸쳐 확인할 수 있는데, 우리에게 항상성이 갖춰진 이유 중 하나는 인식의 안정성을 유지하기 위해서라고 생각된다. 이러한 지각의 안정성에 변화가 나타나는 상황으로는 (이 장의 맨 앞의 두 사진 중) 오른쪽과 같이 건물이나 비행기 등의 매우 높은 곳에서 내려다보았을 때를 예로 들 수 있다. 사람이나 자동차가 평소 알고 있던 크기와 다른 것처럼 느껴진다.

여기서의 안정성이라는 것은 우리가 해석하고 있는 외부는 물리적 변화와 비교하면 느슨한 것이며, 지각에 흔들림이 없다는 것을 의미한다. 만약 우리에게 항상성이 갖춰져 있지 않고 지각이 외부 정보 자체에 기초한다면, 외부 환경에서 얻는 정보의 양이 엄청나게 늘어 우리의 처리 시스템의 부담이 매우 커질 것이라고 생각된다.

항상성의 존재부터 알 수 있는 사실은 우선 지각이 성립하기 위해서는 상황에 따라 유연하고 적응적으로 외부 환경을 해석하며, 이 해석이 반드시 물리적 규칙에 따라 존재하는 외부와 일치하지 않아도 된다는 것이다. 또한, 지각이 기능하는 궁극적인 목적 중 하나는 적응적인 행동을 이끌어 내기 위해서라는 점을 보여 준다.

지각에 있어서 외부 세계의 이해는 부분적인 세부사항을 파악할 뿐만 아니라, 경험과 지식에 기반한 정리 및 의미 부여를 포함한다고 할 수 있다. 이로부터 제품 개발과 마을 만들기, 건축물 설계 등 인간행동의 이해가 필요한 인간 요인 적용 장면에 있어서 인간의 지각 특성을 이해하는 것이 매우 중요하다는 점을 알 수 있다. 왜냐하면 인간은 환경을 지각하고 환경 내에서 행동을 실현하기 위해 잘못된 지각을 성립하거나 지각의 성립이 불가능하면 설계자의 본래 의도와 동떨어진 상황이 발생해 원활한 행동을 방해하고, 오류나 불안전행동의 원인이 될 수 있기 때문이다.

3) 시각과 다른 감각과 상호작용

지각이 시각만으로 이루어지지 않는다는 것은 당연하다. 다만 앞에서도 밝힌 것처럼 인간은 시각에 대한 의존도가 높다. 그런 의미에서는 시각과 다른 지각 간의 관계성을 생각할 필요가 있다. 이러한 여러 지각의 관계를 고려하는 것을 감각통합(cross-modal) 연구[2]라고 하며, 최근에는 자동차 운전자에 대한 정보 제공이나 공장 혹은 작업 현장에서의 경고음 등으로 적용 범위가 확대되고 있다.

흥미로운 예로서, 영화관에서 일어나는 일을 생각해 보자. 우리는 영화를 볼 때 등장인물이 말하는 음성이 당연히 그 입에서 나온다고 느낀다. 그런데 조금만 더 생각해 보면 알 수 있듯이 음성은 스크린 뒤나 옆에 설치된 스피커에서 나오는 것이지, 등장인물들의 입에서 음성이 발화되는 것이 아니다.

이것은 청각의 음원 정위가 관여하는 것으로 간주되며, 시각 정보(여기에서는 등장인물의 입)가 주어졌을 때 실제 음원의 공간적 위치(스피커 위치)에서 벗어나 지각됨을 보여 준다. 이것은 마치 복화술사가 인형을 조종하고 마치 이야기를 하는 것처럼 보이기 때문에 복화술사 효과(ventriloquist effect)라고 불린다. 이 현상에서 알 수 있는 것은 우리가 시각을 우위에 두고 외부 세계를 파악한다는 것이다. 이를 통해 시각과 청각 사이에 일치하지 않는 공간 정보가 주어진 경우에 그 위치의 정위는 시각에 의존하는 경향이 있음을 알 수 있다.

이러한 시각과 청각의 상호작용에 있어서 시각에 대한 의존은 공간 정위에 국한되지 않는다. 예를 들어, 맥굴크 효과(McGurk effect)가 그 대표적인 예이다 (McGurk & MacDonald, 1976). 그 효과란, 화면에 얼굴이 제시될 때 그 입에서 소리가 나오지만 입 모양과 소리의 종류가 일치하지 않는 경우, 시각 정보인 입 모양이 소

---

2 (역자 주) '교차모달 연구'라고도 한다.

리의 종류를 판단하는 데 영향을 준다는 것이다. 구체적으로는 'ba'(바)라는 소리가 울릴 때의 입 모양이 'ga'(가)라면 관찰자는 'da'(다)라고 지각할 확률이 높고, 이러한 경향은 유아에서 성인(30~40세)까지 넓은 범위에서 확인할 수 있다고 보고되고 있다. 맥굴크 효과는 시각에 의해 제공되는 정보와 청각에 의해 제공되는 정보가 일치하는지 여부가 중요하게 작용한다.

이 일은 기기를 조작하는 도중 등 시각 자극과 청각 자극이 동시에 제시되고, 그 내용이 일치하지 않는 경우에는 정보를 제대로 얻을 수 없는 경우가 있음을 고려해야 한다는 것을 보여 준다. 예를 들어, 헤드업 디스플레이(Head Up Display: HUD)는 종래의 계기와 같은 정보의 제시에 비해 시선 이동을 경감하고 정보를 제공할 수 있기 때문에 최근 항공기와 자동차에서의 적용이 확산되고 있다. 항공기 조종 등의 경우에 음성 경고나 방향 지시 정보가 동시에 제시될 가능성이 있기 때문에 여러 지각을 이용하는 상황의 반응 신속성은 안전에 있어서 매우 중요한 점이라고 할 수 있다(Selcon 1999).

이와 같이, 우리의 지각은 각자가 독립적으로 기능하고 있는 것처럼 보이지만 실제로는 뇌 내에 적어도 어느 정도 공통된 처리 경로를 가지고 있어서 서로 영향을 주고 있다고 볼 수 있다.

3. 주의

1) 주의란 무엇인가

'주의(attention)란 무엇인가'라는 화제는 최근 인지심리학에서 주목받는 매우 어려운 문제 중 하나이다. 그 어려움은 각각의 사람들이 주의라는 말에서 생각하는 구체적 내용이 일치하지 않고 주의 자체가 색상과 모양으로 측정할 수 없기 때문이다. 예를 들어, 주의 연구자 이외의 사람과 주의에 대한 이야기를 하는 경우 "사고에 주의 하십시오."라거나, "조작을 실수하지 않도록 주의 깊게" 등처럼 조작의 신중성 등 행동 그 자체로 간주될 수 있다. 물론 그와 같이 주의를 정의하고 파악하는 것도 가능하며 잘못된 것이라고 말하는 것은 아니지만 인지심리학에서 주의의 기본적인 아이디어는 처리계에서 정보를 획득할 때 필요한 정보를 취사선택하는 필터와 같은 역할을 함으로써 주의가 행동을 이끄는 기능을 한다고도 할 수 있다.

주의는 행동에 이르기까지의 인지 과정에서 중심적인 역할을 한다고 해도 과언이 아닐 만큼 우리의 일상에 깊게 관련된다. 따라서 어떤 이유로 주의가 방해되거나 기능하지 않는 경우 오류가 발생하거나 사고로 직결된다. 이런 점에서 자동차, 항공기, 산업 기기와 같은 운전자나 조종사가 개입하는 장면이나 어떤 작업에서의 미숙자과 숙련자의 차이 등 주의의 다양한 측면에 많은 관심을 받아 왔다. 이 절에서는 주의의 기초적인 연구를 개관하고, 실제 장면에서 주의 연구의 전개 과정을 살펴보도록 한다.

2) 주의가 갖는 특징

주의에는 어떤 특징이 있을까? 역이나 파티장처럼 소란스러운 환경에서도 우리가 이야기하는 상대방과 대화하는 것은 가능하다. 이것은 칵테일파티 효과(cocktail party effect)라고 불리는 현상이다(Cherry, 1953). 이는 바로 주의가 필터같이 작동하여 대화에 필요한 정보만을 처리하고 불필요한 정보를 배제하고 있음을 보여 주며, 정보를 선택한다는 의미에서 선택적 주의(selective attention)의 일례라고 할 수 있다.

또한 작업에 따라서는 여러 가지를 병렬적으로 수행해야 하는 경우도 있다. 그때 주의의 작용은 분할적 주의(divided attention)라고 한다. 예를 들어, 자동차 운전을 생각해 보면, 운전을 하면서 자동차 내비게이션 정보에 주의를 기울이거나 휴대전화기의 조작을 하는 것이 그 예이다. 이때 이용 가능한 주의의 양에는 한계가 있어서 운전을 주요 과제(primary task), 다른 것을 부차 과제(secondary task)라고 생각하고 이에 어떻게 주의를 배분하느냐에 따라 안전성에 큰 차이가 생길 수 있다. 예를 들어, 부차 과제에 많은 주의를 기울여야 하는 상황이 되면 주요 과제에 배분되는 주의가 감소하고, 그것을 간과하거나 불안전한 행동으로 연결될 수 있다. 따라서 장비 배치나 장비의 이용에 있어서는 가급적 주의를 분할하지 않는 것이 바람직하다. 그런 의미에서는 운전 시에 차량의 기기(예를 들어, 자동차 내비게이션과 헤드 업 디스플레이)에 복잡한 시각 정보가 동시에 제시되는 것은 운전이 주요 과제인 상황에서 안전성을 보장하지 않는다고 할 수 있다.

여기까지의 내용에서 알 수 있듯이, 주의가 갖는 기본 특성 중 하나는 주의가 향하는 공간 또는 그 공간에 있는 대상이나 정보에 대해 처리가 촉진된다는 것이다. 이러한 주의의 측면은 공간적 주의(spatial attention)로 간주할 수 있다. 공간적 주의의 움직임을 생각하는 것의 중요한 의미는 정보가 처리되는 범위가 어느 정도인가 하는 것이다. 이 일과 관련된 실제적인 사례는 사용자에게 제공되는 정보가 제대로 인지되기 위해서는 설계자가 필요한 정보를 주의가 미치는 범위 안에 제공해 주어야 한다는 것이다. 왜냐하면 무엇인가의 이유로 주의가 배분되지 않은 부분에 정보가 제시되어 있으면 사용자가 그 정보를 파악할 수 없거나 파악이 어렵기 때문이다.

3) 주의를 조사하는 기법

(1) 손실이득법

그렇다면 주의는 어떤 방식으로 공간에 향해 있는 것일까? 앞에 기술된 것처럼 주의가 이동하는 모습을 직접 볼 수는 없다. 그렇기에 주의의 이동을 검토하기 위한 방법의 하나로서 이용되는 것이 손실이득법(공간단서법이라고 하는 경우도 있다.)이다(Posner et al., 1978, 1980). 이 방법은 [그림 2-2]에 나타난 바와 같이, 실험참가자가 고정 시점(+)에 시선을 향한 상태에서 자극을 관찰한다. 그 상태에서 표적자극(★)에 앞서서 단서(→ 등)를 제시하여 주의를 미리 특정 공간으로 향하도록 하게 한다. 그때 단서가 가리키는 방향과 같은 방향으로 제시되는 정(正, 진짜) 단서 시행과, 단서가 가리키는 방향과는 반대 방향으로 제시되는 가짜 단서 시행이 혼합되어 제시된다. 이때 각 시행의 반응시간을 분석하면 [그림 2-2]의 아래에 나타나는 것처럼 표적자극에 대한 단서가 주어지지 않고, 통제조건으로 취급되는 중립 시행에 비해 정 단서 시행은 반응시간의 단축이 나타났으며, 가짜 단서 시행에서는 지연이 보이는 것이 여러 연구에서 보고되고 있다. 이러한 점에서 공간에 배분된 주의는 항상 같은 위치에 머물러 있는 것은 아니고, 공간 내에서 주의의 이동(attentional shift)과 주의의 재분배(reallocation of attention)를 하고 있다는 점을 알 수 있다.

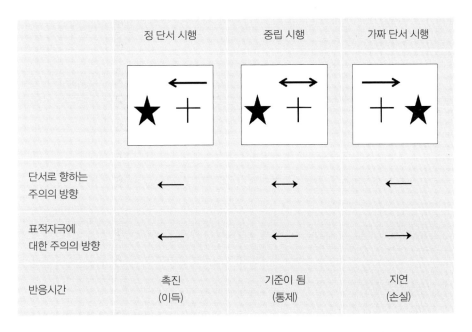

[그림 2-2] 선행 단서로서 화살표 모양이 사용된 손실이득법(공간 단서 방법)의 예
※ +는 고정점, 화살표는 선행 단서, ★는 표적자극을 나타낸다.

인간 요인이 관련된 보다 실제적인 관점에서 보면, 손실이득법에서는 일상생활 중에서 우리가 사용하는 기댓값(expectancy)의 측면을 고려하고 있다고 생각된다. 예를 들어, 기계 조작반 등에서 어느 위치에 다음에 일어날 것에 대한 예고 신호가 나와 있는 경우, 보통은 그대로 그 신호에 따라 작업을 수행하면 문제없이 원활하게 작업을 완료할 수 있지만, 무엇인가의 이유로 예고신호가 나타내는 것과 다른 위치에서 갑자기 버튼이 켜지고, 본래의 절차 이외의 긴급 조작을 요구받는 경우에는 필요한 반응이 지연될 것이다. 선행 단서를 이용한 손실이득법에 의한 주의 특성을 고려함으로써 이러한 인지 과정을 밝혀 나갈 수 있다.

(2) 시각탐색

주의를 조사하기 위한 다른 대표적인 기법으로서는 시각탐색(visual search)을 들 수 있다(참고 대상은 熊田, 2003). 일반적인 시각탐색에서 화면상에 표적자극(대상: target)과 방해자극(디스트랙터: distractor)으로 구성된 탐색화면에서 표적자극을 최대한 빠르고 정확하게 알아내는 것이 요구된다.

예를 들어, 흰색 방해자극 중에서 검은색 표적자극을 찾는 경우와 같이 하나의 특징(이 경우 색)에서 탐색화면을 구성하는 자극의 특징이 정의된 사태는 특징탐색(feature search)이라고 부른다. 또한 '경사' 등의 다른 특징을 이전 색상의 특징에 추가한 경우와 같이 여러 자극의 특징으로 탐색화면이 정의된 경우는 결합탐색(conjunction search)이라고 부른다. 특징탐색과 결합탐색을 수행했을 때의 큰 차이점은 표적자극을 탐색하는 시간에 있다. 특징탐색의 경우에는 탐색해야 하는 자극 수가 증가하더라도 표적자극의 탐색 시간은 그만큼 증가하지 않으나, 결합탐색에서는 탐색해야 하는 자극 수가 증가함에 따라 표적자극의 탐색 시간도 증가하는 것이 일반적이다.

여기에는 탐색을 위한 효율에 다른 요소가 관련되어 있다고 여겨지는데, 특징탐색의 경우에는 주위의 방해자극과 다른 표적자극을 즉시 알 수 있는 반면, 결합탐색의 경우는 순차적으로 주의를 기울여 표적자극을 찾는 것이 자극 수와 탐색 시간의 관계에 반영된다. 최근에는 측정된 시각탐색에 대한 반응시간의 절편과 기울기에 따라 표적자극을 탐색할 때의 효율성에 대한 효율적인 탐색, 비효율적인 담색을 구별하는 검토도 이루어지고 있다.

우리의 일상생활에서 시각탐색이 관련된 장면으로, 예를 들면 주차장에 늘어선 다양한 크기와 색상의 차 중에서 자신의 차를 찾는 장면과 낯선 도시에서 원하는 상점의 간판을 찾으면서 걷는 장면을 떠올릴 수 있는데, 이는 복잡한 상황을 단순화하면서 비슷한 상황을 설정하여 주의 특성을 검토하는 것이라 할 수 있다.

우리의 현실 상황에서의 행동 관찰을 바탕으로 복잡한 요인을 성리하고 조사할 내용을 선택하여 정교한 실험을 실시하려는 시도는, 언뜻 보면 궁금증을 밝히는 것과는 거리가 먼 듯하지만 실제로는 인간 요인 연구의 실천으로써 착실한 방법 중 하나이다.

4) 정보 획득의 높이기 위한 주의 기능

주의에는 큰 제한이 있다. 즉, 사용 가능한 주의의 양(주의자원이라고 한다. 자세한 내용은 제3장 참조)에 한계가 있다. 이러한 제약을 가지는 것으로부터 환경에서 효율적으로 정보를 획득하기 위해 주의는 다양한 특징을 보인다. 그중 하나로서 복귀억제(Inhibition of Return: IOR)라고 하는 현상이 알려져 있다(Posner & Cohen, 1984).

복귀억제는 한번 주의를 향한 공간에 다시 주의를 기울이는 것을 억제함으로써 유한한 주의자원을 효율적으로 작동시킨다. 구체적인 예를 생각해 보면, 단서나 경고에 의해 한 곳에 향한 주의[이것을 주의포착(attentional capture)이라고 함]는 원래 그 공간에 대한 처리를 촉진하지만, 잠시 후 그 공간에서 아무것도 일어나지 않는다면 그 공간에 대해 우선순위를 낮추고 처리를 억제하여 다른 공간에 대한 우선순위를 높이는 식으로 효율화를 도모한다. 이 기능이 있기 때문에 우리는 공간 내에서 효율적으로 정보를 획득할 수 있다.

복귀억제는 효율적인 처리를 위해 일단 주의가 향한 곳보다 아직 향하지 않은 곳을 우선한다는 것을 의미하며, 예를 들어 인터페이스를 설계할 때 경고 등의 필요한 정보의 제시 위치와 시점을 어떻게 설정할 것인가 하는 문제와 관련되어 있다.

5) 주의의 3차원 특성

우리의 실제 생활에서 주의는 정보를 얻는 것이나 외부를 해석하고 행동으로 연결하는 것에 기여하고 있다. 이것을 좀 더 깊게 이해하기 위해서는 우리의 행동

공간인 3차원 공간에서 주의가 어떻게 작동하는지 검토할 필요가 있다(木村, 三浦, 2003). 2차원 평면 디스플레이를 이용하여 검토한 주의 연구는 방대하지만, 3차원 공간에서의 주의행동에 대한 검토는 그리 많지 않다. 특히 깊이 단서 중 하나인 양안시차(disparity)를 이용하여 생성한 입체시에 의한 공간이 아니라, 모든 깊이 단서가 포함된 실제 공간에 주의 기능과 행동을 연결하여 검토한 연구는 그 중요성에 비해 적다.

깊이 방향에서의 주의의 이동 특성이 관련된 인간 요인상의 문제로는 항공기와 선박, 자동차 등 인간의 조종 · 운전이 요구되는 상황에서 최근 진행되고 있는 정보화가 있다. 제공되는 정보의 복잡화와 수많은 정보 제시 장치의 사용이 요구되는 가운데, 조종사와 운전자에게 보다 안전하고 효과적으로 정보를 제공하기 위해 3차원 공간에서의 주의 특성의 이해는 빼놓을 수 없는 문제라고 할 수 있다.

예를 들어, 자동차 운전 시에 주의는 원근의 공간을 자주 이동해야 한다. 먼 신호에 주의를 향한 직후에 선행 차량의 브레이크 램프를 인식하고 브레이크를 밟거나, 또는 옆길에서 아이들이 갑자기 나타나지 않는지 주의를 기울이는데 자동차 옆을 자전거가 지나가는 등, 자동차를 운전한 경험이 있는 사람이라면 이를 쉽게 이해할 수 있을 것이다. 또한, 최근에는 자동차 장비에 필요 이상의 주의를 기울인 탓에 차 밖의 중요한 정보에 대한 주의가 방해받아 사고로 이어지는 사례도 지적되고 있어 3차원 공간에서의 주의 연구에 대한 중요성이 높다고 할 수 있다. 특히 실험참가자가 앞으로 이동하는 동안 주의가 어떻게 기능하고 있는지를 파악하는 것은 생태학적 타당성(ecological validity)이 높고, 자동차 운전의 안전성 검토에도 직결된 문제이다(木村 et al., 2010).

관찰자가 움직일 때의 주의 특성을 검토하기 위해서는 관찰자가 이동하면서 과제를 수행할 수 있는 환경을 구축할 필요가 있다. 미우라 등(三浦 et al., 2002)에서 사용되었던 실험장치(3D attention measurement system for a moving observer)는 길이가 약 13m이며 좌석에 앉은 관찰자를 임의의 속도로 앞으로 이동시킬 수 있다([그림 2-3]). 색상 단서(예를 들어, 빨간색은 가까이, 녹색은 멀리)를 이용한 손실이득법에 의한 주의의 원근 이동 특성의 검토 결과, 주의가 '가까이에서 멀리' 이동하는 경우에 비

(A)   (B)

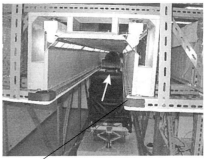

대차(전방으로 이동)

[그림 2-3] 관찰자가 움직일 때 3차원 공간에 관한 주의 특성을 조사하기 위한 실험 장치

※ (A) 옆쪽에서 본 외관, (B) 뒤쪽에서 본 그림.
대차 위의 의자가 장치 내부로 전진해 나가는 모습을 보여 주고 있다.

해 '멀리서 가까이' 이동하는 경우가 반응시간이 더 짧아진 것이 나타났다. 이것은 주의 이동의 이방성(rubber band metaphor of attention, asymmetrical viewer centered mode of attentional shift)[3]이라 불리고, 물리적으로 같은 정도의 거리를 주의 이동하는 경우에도 그 방향이 다르면 반응시간이 다른 것을 의미한다.

또한 기무라 등(木村 et al., 2009)은 표적자극이 제시되는 공간 위치를 나타내는 단서가 가진 특성의 차이가 주의 배분에 미치는 영향을 조사하였다. 그 결과, 미우라 등(三浦 et al., 2002)처럼 색상을 이용하여 전후 관계를 나타내는 상대적 단서도, 표적자극이 제시되는 공간 위치를 휘도 변화로 나타난 절대적인 단서도 먼 공간에서 가까운 공간으로 주의가 이동하는 데 우위를 보였다. 또한 그 특성은 관찰자가 움직일 때 눈에 띄는 것이 밝혀졌다.

이러한 결과는 주의가 3차원 공간 내에서 깊이 위치에 배분되었을 때 다른 깊이 위치로 재분배해야 하는 상황에는 근처의 공간으로의 재분배가 먼 공간으로 재분

---

3 (역자 주) 다른 방향으로 이동하는 성질.

배하는 것보다 신속할 수 있다는 것을 보여 준다. 즉, 자동차 내비게이터[4]와 같은 정보제공장치(가까운 공간)에 주의를 돌릴 때 선행 차량이 급브레이크를 밟는(먼 공간) 등 예기치 않은 사태가 발생하면 브레이크 반응이 지연될 가능성이 있다.

4. 유효시야

1) 유효시야란

유효시야(useful field of view, functional field view)란, 시야 내에서 어떤 위치를 주시하고 있을 때 그 주위에 정보를 처리할 수 있는 범위라고 할 수 있다(Mackworth, 1965; 三浦, 1982). 유효시야는 심적인 과정을 반영하고 있다. 그 특징으로는 크기 변화가 가능하고, 시야각에 약 4도에서 20도 정도의 범위를 가지고 있다(약 57cm의 거리에서 1cm가 약 1도이다). 유효시야의 크기 변화와 관련된 요인으로는 경험과 지식 등 개인이 가진 요인 외에도 수행하고 있는 과제 내용의 난도[5] 등이 영향을 미친다고 보고되었다.

예를 들어, 교통사고와 유효시야 간의 관계는 예전부터 관심을 받아 왔다. 교통사고의 약 80%, 핸들 조작 등으로 사고 회피가 필요했던 위태로운 사고로 이어진 사태의 약 65%는 어떤 이유로든 주의가 방해를 받았기 때문이라는 보고가 있다(Ashley, 2001). 미우라(Miura, 1986, 1990; 三浦, 1996)는 실제 차량을 이용한 교통 환경에서 혼잡한 운전 상황과 혼잡하지 않은 운전 상황의 유효시야를 검토하였다. 여기에서는 운전 중에 앞유리에 설치된 광점이 켜졌을 때 검출까지의 반응시간을 측정

---

4 (역자 주) 원래는 navigation은 '항해'나 '항법'을 말하므로 기기 자체를 말하거나 시스템을 말하려면 'navigator'나 'navigation system'이라고 해야 함. 따라서 이 책에서 번역 시 내비게이터로 정정해서 표시했음.

5 (역자 주) 통상 영어의 'difficulty'를 흔히 '난이도'라고 번역해서 사용하고 있으나 '난도'가 옳은 표현임.

하였다. 그 결과, 혼잡한 도로를 운전하고 있을 때 유효시야가 좁아지며 안구 운동
을 함으로써 정보 획득을 원활하게 하려는 것이 밝혀졌다.

2) 유효시야와 인간 요인

유효시야를 고려할 때, 인간 요인과 깊은 관계를 갖는다고 생각되는 것이 정신
부하(mental workload)이다(제3, 10장 참조). 예를 들어, 시야의 중심에 주의를 집중했
을 때 주변 영역의 정보를 어느 정도 획득할 수 있는지 검토함으로써 유효시야의
크기를 조사하는 것이 가능하지만, 이 경우에 자주 이용되는 절차가 중심 시야 영
역에서 과제 난도에 높낮이를 마련하는 것이다. 앞서 언급한 바와 같이 이용 가능
한 주의자원에는 제한이 있기 때문에 중심 시야 영역에서 어려운 작업을 해야 할
필요가 있으면, 주변 시야 영역에 향하는 주의의 양이 줄어든다고 볼 수 있다. 반대
로, 중심 시야 영역에서의 작업이 용이하다면 주변 시야 영역을 향하는 주의의 양
에 여유가 있다. 그 결과, 중심 시야 영역의 과제가 곤란한 경우에는 유효시야가 좁
고, 쉬운 경우에는 유효시야가 넓어진다. 유효시야의 크기는 가변적이어서 과제의
난도에 영향을 받는다는 것이 실험적으로도 밝혀졌고(Leibowitz & Appelle, 1969; Ikeda
& Takeuchi, 1975), 앞서 미우라(三浦)의 연구에서는 혼란한 환경에서 유효시야가 좁
아진 원인의 하나로, 어려운 상황에서 운전으로 인해 정신부하가 높아졌기 때문이
라고 하였다.

[그림 2-4] 운전 시뮬레이터에 보이는 영상

또한 유효시야에 대한 청각 정보의 영향도 검토되고 있다. 기무라 등(木村 et al., 2006)의 연구에서는 운전 시뮬레이터를 이용한 운전 환경([그림 2-4])에서, 청각을 이용한 과제로 숫자 자극을 기억하여 적절하게 상기해 내는 작업기억(제3, 4장을 참조)을 요구하는 과제를 진행하면서, 선행 차량을 추적할 때 시야 내에서 광점 검출을 동시에 진행시키는 실험을 실시하였다. 그 결과, 시야의 주변 영역에 제시된 광점 검출 시간이 늦었고, 청각 과제를 수행하는 조건에서 검출 시간이 늘어진 것으로 나타났다. 이것은 유효시야 내에서 자극 검출 효율성이 변화하는 것과, 청각 자극에 의한 정신부하의 증가가 시각적 과제에 영향을 미친다는 것을 보여 준다. 또 작업기억과 주의 사이에는 밀접한 관련이 있는데 이에 대해서는 제3장을 참조하기 바란다.

또한 교통사회의 큰 문제 중 하나로 일본을 비롯하여 고령화를 맞이한 국가에서 발생하는 고령운전자에 의한 사고를 꼽을 수 있다. 예를 들면, 일본에서는 인구 10만 명당 사망자 수가 16세에서 24세까지의 청소년은 3.98명인 데 반해 65세 이상 고령자는 8.45명이다(경찰청교통국, 2011). 고령운전자는 앞으로 점점 늘어나고 있으므로 매우 심각한 이 문제의 초점 중 하나는, 주의와 인지의 특성을 이해하고 고령운전자의 안전을 향상시키기 위한 정보 제공과 자동차 장비의 개발을 어떻게 진행하여 안전을 확보할 것인가이다. 유효시야 기능의 변화는 노화 요인 중 하나로 평가되며, 고령운전자의 사고 역시 유효시야와 관련이 있는 것으로 지적되고 있다(Owsley et al., 1991).

유효시야는 망막상에 시각적 자극이 투영된 경우에 인지처리가 되지 않아, 결과적으로 적절한 행동으로 연결되지 못하는 상황을 보여 주는 하나의 예이다. 그런 의미에서 열심히 작업을 하는 경우에도 어떤 원인으로든 주의가 방해받거나 처리해야 할 내용이 지나치게 복잡하면 원활한 인지처리가 저해되거나 간과나 오인 등의 오류를 일으킬 수 있다. 즉, 인간의 인지 특성을 고려한 최적의 작업 환경을 구축할 필요가 있다.

5. 맺음말

장비 설계나 배치를 할 때 어떻게 작업 효율을 향상시켜 나갈지가 가장 큰 관심이었던 시대가 있었다. 그런데 장비 성능의 향상으로 장비에 의해 실현 가능한 일이 비약적으로 확대됨에 따라, 최근에는 어떻게 인간이 편안하고 안심할 수 있는 작업환경을 실현해 나갈 것인지가 매우 중요해지고 있다. 이것은 사용자인 인간이 안전하고 편안하게 기기를 사용하는 것을 목표로 하는 인간중심 디자인(human-centered design)에 기반한 배려와, 이를 위한 기반을 보다 확고히 하기 위한 지각·인지 연구가 진행되어야 할 필요성을 보여 준다. 또한 지각·인지를 연구하면서, 실제 장면에서 일어나는 문제나 사건에 관심을 가지는 연구과제가 될 수 있음을 확인하고, 실험이나 조사를 실시하여 얻은 지식을 우리의 일상에 도움이 될 수 있도록 의식해 나가는 것이 중요하다.

이를 위해 생각해 볼 수 있는 것 중 하나는 지각·인지기구를 명확히 하려는 기초적인 관심과 인간과 기계의 상호작용을 적절하게 실현하는 등의 인간 요인에 관련된 실천적 연구 양쪽에 대한 의식을 가지고 연구에 임하는 것이다. 이러한 접근 방식을 서로 주고받으며 발판을 확실히 하여 그 관계를 점차 강화해 나감으로써 인간의 지각·인지 특성을 고려한 기기 및 시스템의 실현이 다가오면 어느 때보다 안전하고 효율적인 작업환경, 일상생활의 장을 가져올 것이다.

북 가이드 ─────────── ●

이 장에 관한 책 가이드로 비교적 입수가 용이한 일본 서적을 중심으로 거론했다. 인간의 지각 · 인지 특성은 최근의 제조 현장을 비롯한 인간 요인이 관련된 장소에서도 중요시되고 있다.

날마다 새로운 연구 결과가 보고되는 분야이기 때문에 이 책이나 북 가이드에 꼽힌 인용문헌 등을 참고로 더 새로운 문헌을 만들 필요가 있음을 말해 두고자 한다.

岡田有策(2005). 인간 요인 개론 조치 인간과 기계의 조화를 목표로. 慶應義塾大学出版会.

→ 인간계와 기계계의 생각을 중심에 놓고 인간 요인의 제 개념을 설명하는 책이다.

일본인지심리학회 감수, 三浦佳世編 편(2010). 지각과 감성. 현대인지심리학 1, 北大路書房.

일본인지심리학회 감수, 原田悦子, 篠原一光 편(2011). 주의와 안전. 현대인지심리학 4, 北大路書房.

→ 이 두 권은 일본인지심리학회가 감수하여 출판된 시리즈에 포함된다. 모두 '기초와 이론'과 '전개와 실천'의 2부 구성으로 되어 있는 것이 특징이다. 따라서 심리학 및 인간공학을 공부하는 학생뿐만 아니라, 인간 요인의 실무자에게도 기초적인 지식과 실무 연구를 맺기의 중요성과 필요성을 체계적으로 이해할 수 있다.

松田隆夫(1995). 視知覚. 培風館.

Findlay, J. M., Gilchrist, I. D. / 本田仁視 감역(2006). 액티브 · 비전-안구 운동의 심리적 · 신경 과학. 北大路書房.

→ 이 장은 인간 요인과 지각 · 인지 특성의 관계에 초점을 두었기 때문에 시지각에 관한 기초적인 기전, 신경심리학적 지식에 대해서는 소개하지 않았다. 이 두

책은 심리학 · 신경과학의 폭넓은 지식을 제공할 것이다.

三浦利章, 原田悦子 편(2007). 사고와 안전의 심리학 위험과 인간의 오류. 東京大学出版会.

　→ 현실장면에서 기여하는 심리학에 초점을 맞추어 심리학 및 인간 요인의 관계를 직접적으로 다룬 책이라고 할 수 있다. 초심자는 심리학의 새로운 전개를 볼 수 있고, 실무자는 안전성과 효율성의 양립에 심리학이 어떻게 기여하고 있는지를 이해할 수 있을 것이다.

村上郁也 편(2010). 일러스트럭쳐-인지신경과학: 심리학과 뇌 과학이 푸는 마음의 구조. 옴社.

　→ 최근의 실증적인 접근에 의한 심리학은 뇌 기능의 이해와 깊이 결부되어 있다. 이 책은 광범위한 내용을 비교적 짧게 정리한 것이다.

참고문헌 ●

警察庁交通局(2011). 平成22年中の交通死亡事故の特徴及び道路交通法違反取締り状況について.

木村貴彦, 三浦利章(2003). 奥行き注意における手がかりと行為の役割. 心理学評論, 46, 297-313.

木村貴彦, 三浦利章, 篠原一光 , 土居俊一(2010). 注意の遠近移動特性と交通行動における安全性上町交通科学, 41, 52-57.

木村貴彦, 篠原一光, 駒田悠一, 三浦利章(2006). 聴覚刺激提示による記憶負荷が運転時の光点検出課題に及ぼす影響, 交通科学, 37, 21-26.

三浦利章(1982). 視覚的行動・研究ノートー注視時間と有効視野を中心として. 大阪大学人闇科学部箱記要, 8, 171-206.

三浦利章(1996). 行動七視寛的注意. 風間書房.

熊田孝恒(2003). 視覚探索. 心理学証翰. 46, 426-443.

Ashley, S. (2001). Driving the info highway. *Scientific American, 285*, 52-58.

Cherry, E. C. (1953). Some experiments on the recognition of speech, with one and with two ears. *Journal of the Acoustical Society of America, 25*, 975-979.

Fitts, P. M., & Seeger, C. M. (1953). S-R compatibility: Spatial characteristics of stimulus and response codes. *Journal of Experimental Psychology, 46*, 199-210.

Ikeda, M., & Takeuchi, T. (1975). Influence of foveal load on the functional visual field. *Perception & Psychophysics, 18*, 255-260.

Kimura, T., Miura, T., Doi, S., & Yamamoto, Y. (2009). Effects of self-motion on attention in real 3D Space. *Acta Psychologica, 131*, 194-201.

Leibowitz, H. W., & Appelle, S. (1969). The effect of a central task on luminance thresholds for peripherally presented stimuli. *Human Factors, 11*, 387-392.

Mackworth, N. H. (1965). Visual noise causes tunnel vision. *Psychonomic Science, 3*, 67-68.

McGurk, H., & MacDonald, J. (1976). Hearing lips and seeing voices. *Nature, 264*, 746-748.

Miura, T. (1986). Coping with situational demands: A study of eye movements and peripheral vision performance. In A. G. Gale, M. H. Freeman, C. M. Haslegrave, P. Smith & S. P. Taylor (Eds.), *Vision in vehicles* (pp. 205-216). North-Holland.

Miura, T. (1990). Active function of eye movement and useful field of view in a realistic setting. In R. Groner, G. d'Ydewalle & P. Parham (Eds.), *From eye to mind: Information acquisition in perception, Search, and reading* (pp. 119-127). North-Holland.

Miura, T., Shinohara, K., & Kanda, K. (2002). Shift of attention in depth in a semi-realistic Setting. *Japanese Psychological Research, 44*, 124-133.

Owsley, C., Ball, K., Sloane, M. E., Roenker, D. L., & Bruni, J. R. (1991). Visual/cognitive correlates of vehicle accidents in older drivers. *Psychology and Aging, 6*, 403-415.

Posner, M. I., & Cohen, Y. (1984). Components of visual Orienting. In H. Bouma & D. G. Bouwhuis (Eds.), *Attention and performance X* (pp. 531-556). Lawrence Erlbaum Associates.

Posner, M. I., Nissen, M. J., & Ogden, W. C. (1978). Attended and unattended processing modes: The role of set for spatial location. In H. L. Pick & E. J. Saltzman (Eds.), *Modes of perceiving and processing information* (pp. 137-157). Lawrence Erlbaum Associates.

Posner, M. I., Snyder, C. R., & Davidson, B. J. (1980). Attention and the detection of Signals. *Journal of Experimental Psychology: General, 109*, 160-174.

Selcon, S. J. (1999). Using redundancy in the design of time-critical warnings: A theory driven approach. In N. A. Stanton & J. Edworthy (Eds.), *Human factors in auditory warnings* (pp. 201-224). Ashgate.

Stroop, J. R. (1935). Studies of interference in serial verbal reactions. *Journal of Experimental Psychology, 18*, 643-662.

제3장 인지와 인간 오류

고속도로 요금소(왼쪽)와 대학의 정문 게이트(오른쪽)

1. 시작하며

1) 인간 오류와 인간

앞서 제시한 사진은 고속도로 요금소(사진 왼쪽 상단)와 필자가 소속된 대학의 정문 게이트(사진 오른쪽 상단)를 찍은 것이다. 필자는 출퇴근 시 이 요금소에서 회수권(사진 왼쪽 하단)을 직원에게 건네고 고속도로를 통해 대학까지 가서 대학의 정문 게이트에 구내 출입증(사진 오른쪽 하단)을 제시하고 캠퍼스 안으로 들어간다. 그런데 어느 날, 고속도로 요금소 직원에게 대학의 구내 출입증을 보여 주고 통과할 뻔했다. 요금소의 직원은 부스에서 손을 뻗은 채 괴이한 얼굴로 필자를 보고 있었다. 필자는 대학 정문 게이트 앞에서도 하던 대로 계속 서행하면서 '평소에는 힐끗 보고 손짓으로 가라는 신호를 보내는데 (오늘은) 이상하다.'라고 생각한 다음 순간, 자신이 회수권을 내야 할 곳에서 구내 출입증을 들고 있는 것을 깨달았다. 하마터면 고속도로를 무단통행할 뻔 했다. 회수권과 구내 출입증은 모두 종이이지만 지질도 크기도 전혀 다르다. 그러나 그 차이를 깨닫기까지는 상당한 시간이 걸렸다.

이처럼 우리는 매일 다양한 실수를 거듭하면서 살고 있다. 그러한 일들은 종종 동정의 여지도 없이 실수해도 신경 쓰지 않거나 반대로 우스운 이야기로 만들어 버리기도 한다. 그야말로 '실수는 일상다반사'이다.

한편, 잠깐의 실수가 계기가 되어 큰 사고나 손해로 이어질 수도 있다. 매일 보도되는 뉴스를 살펴보자. 인터넷 검색 사이트에서 '실수' '오류' '실패'라는 검색어를 검색해 보면, 실로 다양한 실수가 보도되고 있다는 것을 알 것이다.

- 대학입시센터 시험에서 시험문제의 배포 실수가 계속되었다. 대학입시센터 시험 실시에 관한 검증위원회를 조직하여 재발방지책을 만들게 했다.
- 복구 작업 중인 원자력 발전소 냉각 장치의 누수가 계속해서 발생했다. 배관 동결에 의한 것이지만, 보온재를 감지 않고 배관의 물 흐름을 중지하는 작업 실수가 근본적인 원인이었다.
- 증권거래소에서 서버 고장이 일어나, 거기에 대응하기 위한 데이터 오독이나 보고 지연으로 거래가 중단되는 사태가 일어났다.
- 올림픽 출전이 기대되었던 마라톤 선수가 선발경기에서 예상된 결과를 낼 수 없었다. 급수 포인트에서 자신의 병에 붙인 이름표가 뒤쪽으로 돌려 놓여 있어 병을 발견하지 못한 것이 원인이었다.

이처럼 산업노동, 사무업무, 스포츠 경기와 같은 다양한 장면에서의 실패가 결과에 큰 영향을 미치고 있음을 알 수 있다.

인간 오류로 인한 심각한 사고도 있다. 예를 들면, 제트 여객기가 활주로에서 충돌해 583명이 사망한 테네리페 공항 비행기 충돌 사고(1977년), 항공기 관제사가 여러 항공기를 관제할 때 실수로 다른 항공편명을 불러, 결과적으로 상공에서 서로 10여 미터까지 접근하여 큰 사고로 이어질 뻔했던 스루 상공 위기일발(near miss) 사고(2001년) 등이 대표적인 사례로 소개된다. 어떤 실패가 계기가 되어 발생한 사고는 그 결과의 중대성에 차이가 있다고는 해도 실패에 이르는 과정에 공통점이 많다. 심각한 사고가 발생할 경우, 그 사고에 대해 철저한 검증을 하여 사고재발방지대책이 검토된다. 한편, 평범한 일상에서의 실패 경험이 인간의 어떤 행동적·심리적 특성과 관련하여 발생하는지 생각하는 것도 사고방지책을 생각하는 데 중요하다.

일상적 실패 경험으로 이어지는 요인을 생각하기 위해서는 먼저 인간의 정보처리 과정(인지 과정)을 알고 행동의 배후에서 어떤 정보처리가 이루어지고 있는지를 분석적으로 생각하는 것이 필요하다. 따라서 이 장에서는 인간 오류와 관련된 깊은 인간 정보처리 과정에 대해 살펴보기로 한다.

2) 인간 오류의 정의와 분류

인간 오류의 정의로서 공학적 관점에서는 '일련의 행위에 대한 허용 한계를 초과하는 행위, 즉 시스템에 의해 규정된 허용 범위를 벗어나는 행위'(岡田, 2005)라고 정의한다. 한편, 심리학적 관점에서는 '계획된 지적 또는 물리적 활동 과정에서 의도한 결과를 얻지 못한 경우'(Reason, 1990)로 정의할 수 있다. 공학적인 정의에는 행위를 하는 인간의 의도가 고려되어 있지 않지만, 심리학적 관점에서는 행위자의 의도가 중시되고 있다.

인간 오류는 몇 가지 유형으로 분류할 수 있다. 행동 내용에 따라 쉽게 분류할 수 있는 것으로는 행위의 생략 및 망각에 의한 생략 오류(omission error), 행동을 잘못 하는 것에 의한 의뢰 오류(commission error), 본래 하지 말아야 하는 부적절한 행동을 해 버리는 부당 처리 오류(extraneous error), 과제의 순서를 잘못하는 순서 오류(sequential error), 또한 행동의 타이밍이 적절하지 않은 시간 오류(time error)로 분류하는 것이 가장 간단한 분류 방법이라고 할 수 있다.

리즌(Reason, 1990)은 작업자의 의도와 결과의 관계에 따라 인간의 정보처리 과정과 오류의 관련성을 강조하는 불안전행동의 분류를 실시하였다([그림 3-1]). 우선, 불안전행동을 의도하지 않고 행한 행위와 의도적으로 행한 행위로 분류한다. 다음으로 의도하지 않고 행한 결과로 발생한 오류의 분류로, 의도와는 반하는 행동을 자동·무의식적으로 하는 '슬립'(slip), 행동의 도중에 필요한 정보(작업의 의도, 규칙, 위험 등)를 깜박 잊는 '랩스'(lapse)를 들고 있다. 또 의도적인 행위의 결과 생기는 오류로 의도 자체가 잘못되어 그 의도대로 행동한 결과 실패하는 '미스테이크'(mistake)를 들고 있다. 미스테이크는 다시 인지 과정의 질적 차이에 따라 규칙기반 미스테이크와 지식기반 미스테이크로 분류된다(이 차이에 관해서는 후술한다). 그리고 바이얼레이션(violation)은 '규칙 위반'을 말하며, 의도적으로 잘못된 행동을 함으로써 안전을 위협하는 것이다. 이를 비롯하여 위험감행 등 관련 문제에 대해서는 제13장을 참조하길 바란다.

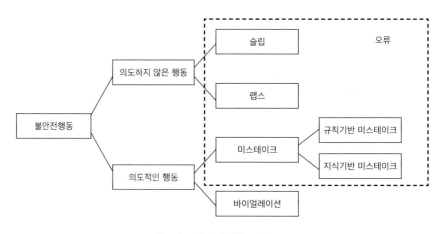

[그림 3-1] 불안전행동의 분류

출처: Reason (1990).

2. 인간의 정보처리 과정

1) 인간의 정보처리 모델

인지심리학에서는 인간이 자극을 지각하고 이후에 그에 대한 어떤 행동을 취하는 사이 동안 정보처리가 행해진다고 생각한다. 이 정보처리 과정 중에 문제가 발생하면 행동이 부적절해져서 오류가 발생할 가능성이 높아진다.

가장 단순한 인간의 정보처리 과정의 도식은 '지각' '인지' '반응'이라는 세 단계로 분리된다. 그러나 인간 오류 뒤에 있는 인지과정을 생각하기 위해서는 행동의 의도, 행동에 대한 주의와 자동성이라는 점을 고려하고, 인간의 정보처리 과정을 보다 상세하게 설명하는 모델이 필요하다. 그러므로 여기에서는 라스무센(Rasmussen, 1986)에 의한 행동제어에 관한 모델을 소개하고, 이후 오류의 분류에 이용하고자 한다.

이 모델([그림 3-2])에서는 외부의 정보가 입력되고 나서 행위로 출력되기까지의 동안에 기술기반 단계(skill-based level), 규칙기반 단계(rule-based level), 지식기반 단계(knowledge-based level)라고 불리는 세 단계의 정보처리가 있다고 생각한다(이후 이 모델을 SRK 모델이라고 부른다). 기술기반 단계란 자극이 직접적으로 대응하는 행동을 유도하는 것으로서, 무의식적·자동적 행위가 발생하여 의도적으로 통제하기 어렵다. 이 단계에서의 처리는 고도로 숙련된 행동으로 이루어지므로 자극의 특성과 행위가 밀접하게 연관된 경우에 일어난다. 규칙기반 단계는 자극을 인식하고 그에 대응하는 규칙을 기억 속에서 검색하여 적용 행위를 발생시킨다는 점에서 어느 정도 의식적으로 통제되는 것이라고 할 수 있다. 지식기반 단계는 지금까지 경험한 적이 거의 없는 상황에서 사용되는 수준이며, 지각된 자극으로 상황을 인식하고 적절하다고 판단되는 행위를 새로 구성할 필요가 있다. 이 과정은 여러 인지기능을 사용해야 하는 복잡한 것이다.

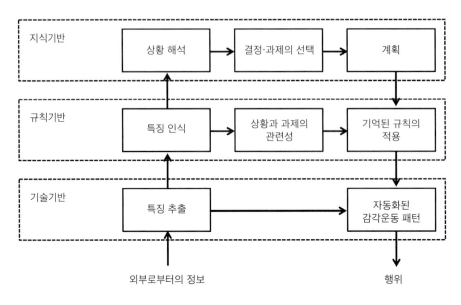

[그림 3-2] SRK 모델

출처: Rasmussen (1986).

라스무센(Rasmussen, 1986)은 실제 작업을 할 때 이 세 단계에서 각각 어떤 정보처리가 이루어지는지를 분석하기 위하여 '단계 사다리 모델(stepladder model)'을 제안하였다. 이 모델은 인간이 결정을 내릴 경우의 정보처리 개시부터 행위 실행에 이르는 과정을 8단계로 나누어 처리 수준이 낮은 단계(기술기반 단계)와 상위 단계(지식기반 단계) 사이를 전이하는 흐름을 설명한다. 이러한 인간의 정보처리 모델은 행동의 배후에서 어떻게 정보처리를 하고 그것들이 어떤 문제에 관련될 수 있는지를 고찰하는 데 유용하다.

정보처리의 각 단계에서 주의가 다른 형태로 작용하는 점에도 유의할 필요가 있다. 주의의 분류로는 정보의 선택과 관련된 '초점적 주의'와, 인식처리를 하기 위한 자원으로 다양한 인지처리 과정에 분배되는 '분할적 주의'로 나눌 수 있다(Eysenck & Keane, 2005). 시노하라(篠原, 2011)는 초점적 주의와 분할적 주의가 SRK 모델에서 어떻게 자리매김을 하는지 정리하여, 초점적 주의가 기술기반 단계에서 특징 추출과 특징의 인식과 관련하여 움직이고, 분할적인 주의는 그런 것 이외의 지식기반 단계, 규칙기반 단계의 각 단계에서 사용되는 것으로 하고 있다.

다음으로는 인간의 정보처리 과정의 각 단계에서 발생하는 오류와 배후의 처리와 관련된 것에 대해 기술한다.

2) 지각 단계의 오류

하이먼 등(Hyman et al., 2010)은 도로에서 흥미로운 실험을 실시했다. 대학 캠퍼스의 교차로에서 기예인에게 화려한 복장을 하고 외발자전거에 태워 도로를 달리게 했다. 그 교차로를 지나던 일반인을 불러 세워 교차로에서 뭔가 바뀐 것을 보지 않았는가라고 물었을 때, 휴대전화로 이야기하면서 걷고 있던 사람이 거리 공연을 알아차릴 확률이 유의미하게 낮다는 결과를 얻었다. 이 결과는 휴대전화에 신경을 빼앗겨서 비의도적 간과(inattentional blindness)가 일어난 것을 나타낸다고 해석되며 이것이 지각 단계의 오류라고 할 수 있다. 부주의에 의한 간과는 당연하게 보이는 것을 간과한다는 점에서 정말로 그런 일이 일어나는지 의문을 가질 수도 있다. 그러나 이 현상은 기초적인 실험을 통해서도 확인할 수 있으며 실제 사건이나 사고의 배후에서 발생할 수 있다고 생각되고 있다. 예를 들어, 2001년에 일어난 일본의 연습선 에히메마루와 고속으로 부상한 미군 잠수함 그린빌호의 충돌사고의 배후에도 똑같은 간과가 있었다고 지적하였다(Chabris & Simons, 2010).

SRK 모델에서는 지각의 문제가 특징 추출, 특징의 인식 등의 단계에 포함된다. 지각 단계의 오류로는 '간과' '착각'이 문제가 된다. 지각하려면, ① 지각할 대상에 주의한다, ② 대상을 정확하게 인식한다는 두 개의 단계가 필요하다.

대상에 주의하기 위해서 시각적 대상의 경우는 먼저 시선을 보내야 하지만, 의도적이든 자동적이든 시선 제어가 이루어져야 한다. 또한, 대상을 중앙 시각으로 파악하지 않더라도 시각적 대상이 유효시야 내에 들어와야 한다. 청각적 정보를 파악하는 경우에는 감각기관의 방향이 시각만큼 중요하지는 않지만, 인간은 소리의 발생 위치를 정해서 주의를 기울일 수도 있다.

시각적 대상의 주의 용이성에 대해서는 시각탐색(visual search) 연구의 결과를 참고해 볼 수 있다. 시각 탐색에서는 대상을 탐색할 자극의 수에 관계없이 즉시 발견할 수 있는 경우를 특징탐색이라고 부르고, 탐색해야 할 자극의 수에 따라 탐색 시간이 길어지는 경우를 결합탐색이라고 부른다. 어떤 대상에 대한 지각적 오류가 일어나 간과해 버리면 되는 심각한 결과가 발생하는 경우, 그 대상이 특징탐색을 통해 발견될 수 있도록 시각적 디자인을 도입하는 것이 유용하다.

또 시각적 대상에 국한되는 것은 아니지만 무엇을 지각하는가에 대한 지식과 적절한 예상도 필요하다. 감각기관을 통해 무엇인가의 정보를 얻더라도, 지식과 예상이 없으면 상황을 인식하지 못하고 적절한 행동을 할 수 없다. 같은 정보를 접하더라도 지식 · 예상에 의해 다른 것으로 해석될 수도 있다. 그러나 무엇이 지각되는가라는 강한 예상이 다른 결과, 예상에 반하는 일로 나타난 경우에는 그것을 간과하는 수도 있다. 앞서 언급한 부주의에 의한 간과에 관한 연구에서도 그 작업에 숙달된 사람도 예상치 못한 대상을 간과한다고 보고되었다.

지각 단계의 오류에 대한 인간의 지각 특성에 대해서는 제2장을 참조하기 바란다.

3) 인지 단계의 오류

인지 단계는 SRK 모델에서는 지식기반 단계 및 규칙기반 단계에서 제어가 이루어진다. 여기에서는 행동은 자동으로 이루어지는 것이 아니라 각 인지처리에 대해 주의 배분이 이뤄진다고 여겨진다.

(1) 작업기억

리즌은 인지과정을 주의 제어가 이루어지는 작업기억(의식하 작업공간)과 스키마 제어를 통한 장기기억 간의 복잡한 상호작용에 따라서 이루어지고 있다([그림 3-3]). 작업기억[1]은 유한한 주의자원을 이용하여 순차적으로 느리지만 힘차게 정보처리를 함으로써 행동을 방향 짓는다. 한편 장기기억으로는 저장된 지식의 정리인 스키마가 활성화되어 빠르고 자동적인 행동이 이루어진다(작업기억과 장기기억에 관하여는 제4장 참조).

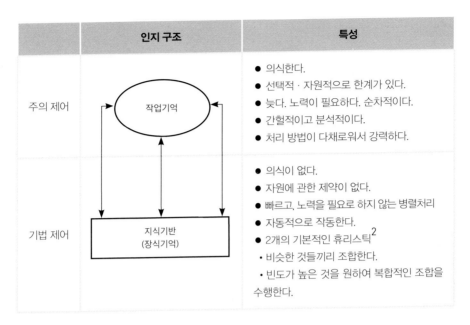

	인지 구조	특성
주의 제어	작업기억	● 의식한다. ● 선택적 · 자원적으로 한계가 있다. ● 늦다. 노력이 필요하다. 순차적이다. ● 간헐적이고 분석적이다. ● 처리 방법이 다채로워서 강력하다.
기법 제어	지식기반 (장식기억)	● 의식이 없다. ● 자원에 관한 제약이 없다. ● 빠르고, 노력을 필요로 하지 않는 병렬처리 ● 자동적으로 작동한다. ● 2개의 기본적인 휴리스틱[2] 　• 비슷한 것들끼리 조합한다. 　• 빈도가 높은 것을 원하여 복합적인 조합을 수행한다.

[그림 3-3] 작업기억과 지식기반 인지 제어

출처: Reason (1990).

　작업기억은 '기억'인데 주의 제어와 관련이 깊은 것이 기이하게 느껴질지도 모른다. 기억 시스템은 일시적으로 제한된 정보를 보유하는 단기기억과 반영구적으로 대량의 정보를 저장하는 장기기억으로 이루어져 있다고 여겨 왔다. 그러나 기억에 대한 처리가 장기기억으로의 정보 전송과 관련이 있다는 연구 결과를 얻으면서 정보의 보유와 처리의 양방향 기능을 가진 작업기억의 개념이 등장하게 되었다.

　작업기억은 인지 과제의 수행 중에 일시적으로 필요한 기억기능과 기제를 지원하는 시스템을 의미하며(奮藤, 2011), 이 모델로는 바델리(Baddeley, 2000)의 모델이 대표적

1　리즌은 자신의 저서(Reason, 1990)에서 장기기억을 지식 베이스(knowledge base)라고 부르며, 자동적인 스키마 제어가 가능하다고 하였다. 한편, 라스무센의 SRK 모델에서는 지식 베이스의 정보처리는 의식적 처리에 의해 곤란한 판단을 내리는 것이라고 하였다.

2　(역자 주) heuristic을 말하는데, 정확한 필요한 정보가 모두 없어도 어림짐작하여 판단하는 것을 말한다.

이다([그림 3-4]). 이 모델은 시스템 전체를 총괄하는 중앙실행계와 정보의 유지를 위한 하위 시스템으로서 언어적·음운적 정보의 보유하는 음운 루프(phonological loop), 시공간적 정보를 보유하는 시공간 스케치패드(visuo-spatial sketchpad), 복수의 정보를 통합시켜 보유하는 에피소드 버퍼(episode buffer)를 생각할 수 있다.

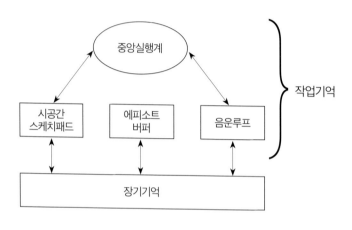

[그림 3-4] 작업기억 모델

출처: Baddeley (2000).

중앙실행계(central executive)는 주의의 초점화, 주의분할, 과제 사이에서의 전환, 작업기억과 장기기억을 잇기 위한 주의의 이용과 같은 기능을 가진다(Baddeley, 1996). 중앙실행계는 복잡한 기능을 갖는데, 노먼과 샬리스(Norman & Shallice, 1986)가 제안했던 주의감시 시스템(Supervisory Attentional System: SAS)이 중앙실행계의 모델로 이용되고 있다. 주의감시 시스템 모델에서는 지각된 정보에 의해 대응하는 스키마가 자동으로 활성화됨으로써 자동적인 행동을 하지만 행동의 의식적 통제가 필요한 경우에는 주의감시 시스템이 개입한다고 하였다.

(2) 주의자원

모국어로 대화하는 경우 상당히 어려운 주제가 아니라면 그 내용을 이해하는 것은 어렵지 않지만, 외국어로 대화하면 완전한 이중언어자가 아니라면 모국어와 달리 대화를 듣는 데 집중해야 한다. 이처럼 어려운 과제를 수행하기 위한 의식적인 정보처리를 할 때 주의를 사용할 필요가 있는데, 이것을 '주의자원의 배분'이라고 부른다. 이것은 주의를 '인지적 처리를 위한 심리 에너지'로 보는 관점으로, 앞서 말한 주의의 분류에 따르면 분할적인 주의가 이 주의자원의 개념에 해당한다.

주의자원은 과제 수행에 사용될 수 있는 양에 한계가 있다는 특징이 있다. 과제가 더 어려워질수록 그 문제에 더 많은 주의를 배분해서 어려움에 대응하지만, 주의자원의 한계량까지 배분하면 주의 배분량을 더 이상 늘릴 수 없으며, 결과적으로 과제의 수행 성적이 떨어진다.

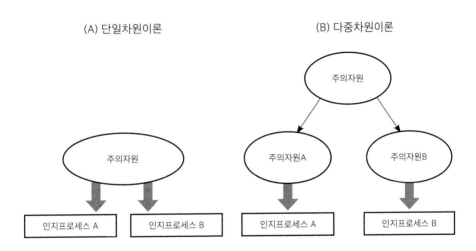

[그림 3-5] 단일자원이론과 다중자원이론

또한 모든 인지적 과정에 동일한 주의자원이 사용된다는 단일자원이론(Kahneman, 1973)과 인지처리의 질적 차이에 따라 사용되는 주의자원이 다르다고 하는 다중자원이론(Wickens, 1984)이 있다([그림 3-5]). 이것은 여러 과제를 동시에 수행하는 경우에 문제가 된다.

단일자원이론에 근거하면, 어떤 과제를 수행하든 단순히 과제의 수가 증가하거나 난도가 높아지면 주의자원이 부족해서 과제가 잘 실행되지 못할 것으로 예상된다. 한편, 다중자원이론에 근거한 경우에 여러 과제가 다른 인지적 특성을 가지고 있다면 그들이 서로 방해할 가능성은 낮다. 예를 들어, 자동차 운전을 하면서 라디오를 들어도 운전에 별로 영향을 주지 않는 듯 보이는 것은 자동차 운전(시각적 과제)과 라디오 청취(청각적 과제)가 다른 성질의 주의자원을 사용하기 때문에 동시에 수행해도 충돌하지 않기 때문이다. 따라서 안전상의 문제에서 생각해 보면, 여러 과제를 동시에 수행하지 않으면 안 되는 경우에는 각자 다른 주의자원을 이용하는 과제의 조합이 바람직하다. 일본에서는 2004년에 자동차 운전 중에 휴대전화를 손에 들고 통화하는 것이 금지되었으나 핸즈프리(hands free) 장치를 사용하는 통화는 허용되었다. 이것은 이 장치로 인해 단순히 곁눈질 운전의 가능성을 줄일 뿐만 아니라 '스티어링(steering; 자동차 핸들) 조작'과 '휴대 단말기를 손으로 잡고 있다'는 운동적 측면에서의 주의자원 충돌, 그리고 '운전 과제의 수행'과 '키 조작'에 따른 공간적 주의자원의 충돌을 해결하기 때문이라고 할 수 있다. 그러나 핸즈프리 장치는 '운전 관련 사고'와 '대화를 위한 생각' 사이에서 일어나는 주의자원 충돌을 해소할 수는 없다.

앞서 언급한 바델리의 작업기억 모델은 주의 관점에서 단일자원이론과 다중자원이론의 하이브리드(혼합)라고 생각할 수도 있다. 언어적·음운적 정보와 시공간적 정보는 다른 하위 시스템에 저장되므로 정보 저장을 동시에 수행해도 문제가 없을 것이다. 이것은 다중자원이론적 특징이라고 할 수 있다. 한편, 중앙실행계는 각 하위 시스템으로 주의자원을 배분하기 때문에, 예를 들어 각 하위 시스템의 정보 업데이트를 자주 할 필요가 있거나, 정보를 통합하여 어떤 판단을 해야 할 필요가 있는 경우에는 정보의 특성에 관계없이 중앙실행 시스템을 작동시키기 위한 주의자원이 부족해질 가능성이 있다. 이것은 단일자원이론적 특징이라고 할 수 있다.

(3) 정신부하

어떤 작업을 할 때, 그 작업을 하는 것이 얼마나 힘든지는 작업에 따라 차이가 있다. 여기서 육체노동인 '짐을 싣는' 작업에 대해 생각해 보면, 그 작업의 '힘듦'은 짐 무게 자체와 그 짐을 날랐을 때 느끼는 힘듦의 두 가지 측면이 있음을 알 수 있다. 정신적 작업이 작업자에게 가져다주는 '힘듦'에 관한 개념인 정신부하(mental workload)에서도 이 두 가지는 명확히 구분되어 있고, ISO 10075(JIS Z8502)에서는 전자를 정신적 스트레스(mental stress), 후자를 정신적 긴장(mental strain)이라고 부르고 있다. 그리고 새로운 규격인 ISO 26800에서는 각각 외적 부하(external load)과 내적 부하(internal load)이라고 부르고 있다.

정신부하가 너무 높거나 너무 낮아도 작업 성능을 해치고, 인간 오류의 원인이 된다. 정신부하가 높을 경우에는 작업을 수행하기 위해서 필요한 주의자원이 부족해지고 그 결과 작업 성과가 저하되는데, 이는 교통안전에 관한 문제로서 최근 주목받고 있다(디스트랙션, distraction). 디스트랙션이 생기는 상태에서는 운전이나 보행에 어느 정도의 영향을 미치고, 디스트랙션이 안전상 어느 정도까지 허용될 수 있는지, 디스트랙션이 일어나기 어려운 기기와 인터페이스 디자인을 어떻게 실현하는지 등이 연구과제가 되고 있다.

한편, 장시간에 걸쳐 변화가 적어 단조롭고 반복적인 작업을 하는 등 정신부하가 너무 낮은 경우에는 활성화 저하, 주의력 저하, 심적 포화라는 과제 수행에 대한 의지 감퇴 등 피로증상이 생긴다. 각종 기술에 의한 작업지원의 결과, 작업 부하가 저하되는 것에 의해 역으로 문제가 생기는 것은 정신부하가 현대적인 문제라고 할 수 있을지도 모른다.

정신부하가 측정법 개발은 현재도 진행되고 있는데, 크게 나누면 행동기법, 주관적 기법, 생리적 기법으로 분류된다.

행동기법이란, 작업자에게 주 작업과는 다른 과제를 수행하게 하고 다른 과제의 성적이 주 작업 상황에 따라 어떻게 변화하는지를 측정하는 것이다. 예를 들어, 자동차 운전 중 정신부하를 측정하기 위해 운전과는 직접적인 관계가 없는 자극을 제시하고 그에 대한 반응의 속도와 정확성에서 정신 작업의 수준을 측정하는 방법이 있다. 이 방법의 전제는 주 작업의 난도가 올라가면 주의자원의 여유가 적어지고 시각 자극에 대한 탐지 반응에 할당할 주의자원이 부족해져서 그 결과 탐지 반응이 지연되거나 반응할 수 없는 것이다. 예를 들면, 시노하라 등(2012)은 드라이빙 시뮬레이터를 운전하면서 자동차의 내비게이터 작업을 수행할 때 정신부하 측정을 시각·청각·촉각 자극의 탐지 과제를 사용하여 수행 자극에서 하고, 감지 반응 시간이나 지연율을 통해 내비게이터 조작의 차이에 의한 정신부하의 변화를 측정할 수 있음을 보여 주었다.

주관적 기법이란, 작업자에게 작업에서 느낀 부담을 평가해 달라고 하는 것으로, 측정 기법 중에서는 가장 쉬운 것이라고 할 수 있다. 모든 작업에 공통적으로 적용할 수 있는 기법으로는 NASA-TLX(Hart & Staveland, 1988), SWAT(Reid & Nygren, 1988)이 자주 이용되고 있다. NASA-TLX는 '정신적 요구' '신체적 요구' '시간적 압박감' '작업 달성도' '노력' '불만'이라는 6개 차원에 관해 각 부담의 정도를 평가하고, 각 차원의 상대적 중요성을 쌍 비교법[3] 등으로 평가하여 각 차원의 부담도 평가에 가중치를 주어 하나의 정신부하 점수를 산출하는 것이다. SWAT는 '시간 절박성' '정신적 노력' '심리적 스트레스'라는 세 가지 차원에 대한 각 차원의 상대적인 중요성을 산출하는 방법에 따라 각 차원에 대해 0~100의 값으로 평가한다. 각 방법의 구체적인 실시 방법에 대해서는 미야케와 신요(1993) 등을 참조하기 바란다.

생리적 기법이란, 정신부하의 변동을 반영하는 것으로 보이는 생리적 지표를 측정하는 것이며, 구체적으로는 혈압, 심장 박동, 심장 박동의 변화, 호흡, 뇌파, 눈 깜빡임, 피부 온도, 카테콜아민이나 코르티솔 등 생화학 물질의 수치가 측정치로 사용된다. 생리 측정치에 대해서는 제10장을 참조하기 바란다.

4) 반응 단계의 오류

(1) 의도적인 처리와 자동적 처리

일상적인 작업에서 보통 사람과는 격이 다른 달인의 '기술'까지, 숙달되기 위해서는 무엇인가의 연습이 필요한 것이 많지만, 연습을 이제 막 시작했을 때와 어느 정도 연습이 진행된 경우는 그것을 하고 있을 때의 느낌이 사뭇 다르다. 최근에 100%의 주의를 집중해서 필사적으로 하고 있던 것도, 연습이 진행되면 '어딘지 모르게' 가능해진다. 전자의 상태에서 이루어지는 인지적 처리는 의도적 처리, 후자

---

3 (역자 주) paired comparison으로서 6개의 요소를 한 개의 요소 대 다른 한 개의 요소를 서로 비교해서 종합적으로 상대적 우선순위를 정하는 것이다.

의 상태에서 이루어지는 인지적 처리는 자동적 처리로 불린다.

반복연습과 경험을 통해 행동을 학습되어 가는 과정을 기술 획득이라고 부른다. 기술 획득 단계로는 지식과 경험(연습)에 의해 동작하는 방법을 학습하는 단계, 개별 지식과 동작이 융합되어 더 큰 단위로 정리하는 단계, 더 큰 단계로 정리 빨리 행동할 수 있는 단계가 있다고 한다(森淸, 1981). 이들은 각각 인지적 단계, 연합적 단계, 자율적 단계라고 불린다.

또한, 각 단계의 행동을 지지하는 기억도 질적으로 변화해 간다. 인지적 단계의 지식은 선언적 지식이라고 불리는 언어적으로 표현·전달 가능한 사물에 관한 지식이다. 이것이 연합적 단계에서 절차 지식으로 변환되며 자율적 단계에서는 절차적 지식에 따라 행동이 이루어진다. 이것은 언어적으로 기술 불가능한 실시 방법에 관한 지식이다. 자전거 타는 법을 설명하는 경우를 예로 들면 '페달을 교대로 밟아 앞으로 나아가'라고 설명할 수 있지만(선언적 지식), 몸의 균형을 잡는 법을 언어적으로 설명하기는 어렵다(절차적 지식). 또한, 행동의 자동화는 행동의 구체적인 경험의 반복을 통해 행동 사례가 기억에 축적되어, 그 검색이 빨라지는 것에 의해서 자동화를 달성할 수 있다고 설명한다(Logan, 1988).

자동적 처리라는 것은, 이른바 '몸이 마음대로 움직인다'는 것이며, 주의자원을 배분하지 않고 자극에 대응하여 행동이 신속하게 나타나는 것이기 때문에 우리의 일상적인 행동에 불가결한 것이다. 그러나 이 특성은 앞서 언급한 슬립을 일으키는 요인이 되기도 한다. 자동적 처리는 상향식이며, 외부의 자극 등을 신호로 하여 해당되는 행동이 자동으로 실행되는 것이기 때문이다. 어떤 자극에 대응하는 행동이 지금 상황에서 옳은지의 여부를 계속 모니터링하는 데는 많은 주의자원이 필요하다. 또한, 자동적 처리를 굳이 억제하는 것도 어렵다. 예를 들어, 색을 의미하는 단어가 그 의미와는 다른 색깔로 작성된 경우, 문자의 색상을 대답하려고 해도 무심코 문자 자체를 읽어 버리는 오류가 생긴다는 스트루프 효과(stroop effect)는 잘 알려져 있다. 이것은 '문자 읽기'라는 언어 처리가 고도로 자동화되어서 문자의 색상을 대답하는 것보다 먼저 처리하고 그 반응을 억제하기가 어렵기 때문에 일어난다고 여겨진다.

(2) 스키마

외부로부터 얻은 정보를 해석하고 적절하게 반응하기 위해서는 장기기억 중에 해당하는 정보(지식)가 저장되어 적절한 시기에 그것이 활성화될 필요가 있다. 이 지식은 사건, 활동, 사물에 대한 과거의 경험에서 얻은 일반화된 여러 개념이 구조화된 것으로 스키마(schema)[4]라고 불린다.

스키마는 획득한 정보를 정리하여 그것이 무엇을 의미하는지를 해석하고 선택적이고 효율적으로 처리하는 하향식 정보처리를 위해 사용된다. 나카지마(2006)는 스키마가 정보처리 과정에서, ① 정보 추출 시에 처리의 효율적 배분과 특정 주제에 초점화를 실시한다. ② 개별 사건 간의 구조를 체계화하여 이해·기억을 촉진한다는 두 가지를 들고 있다.

스키마는 그 대상이 되는 사물에 관련된 변수인 슬롯[5]을 가진다. 이 슬롯은 고정된 값이 들어 있는 경우도 있고, 임의의 값이 들어 있는 경우도 있다. 또한, 정보가 누락된 경우에는 기본값이 사용된다. 또한, 스키마는 계층 구조를 가지고 있어서 다양한 추상화 정도를 가진다.

예를 들어, '사무실 풍경'을 생각해 보자([그림 3-6]). 사무실은 '사무적인 업무'보다는 더 큰 범위를 포함하는 스키마의 일부이며, 그 위에는 또한 '사회생활'이라는 상위의 스키마가 있다. 사무실이라고 하는 경우 그것이 어디에 있는지, 어떤 설비와 장비가 있고, 어떤 모습의 사람이 무엇을 하고 있는가 하는 것으로 그 내용을 설명할 수 있다. 이들이 사무실 스키마의 슬롯이다. 각 슬롯에는 그 값밖에 취할 수 없는 기본값(예를 들어, '사무실은 실내에 있다' '그림에서는 음영으로 되어 있다')과, 그 값을 취할 가능성이 높은 가정치가 들어 있다(사무실에 양복을 입은 사람들이 있고, 책상이나 전화 등의 기재가 있을 가능성이 높다'). 또한, 기업에 따라 사무실의 모습도 다양하다. 예를 들어, 개별 부스가 설치되어 있는 사무실은 일본에서는 반드시 일반적이지 않은 것으로 보이는데 이것은 그 대상이 되는 사무실의 특정치라고 할 수 있다.

---

4 (역자 주) 쉐마라고도 함.
5 (역자 주) slot, 자리라는 의미로 여기서는 지식표현 틀의 구성요소 중 하나임.

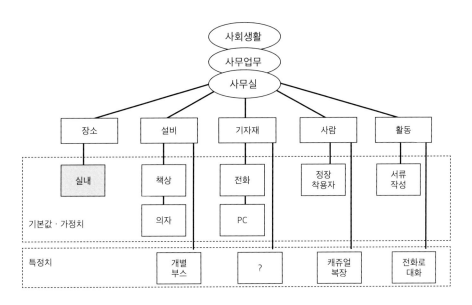

[그림 3-6] 스키마 구조(사무실 스키마)

　　이 스키마의 작용에 의해 우리는 정보가 불완전하더라도 대상이나 상황을 인식할 수 있다. 예를 들어, 사무실의 모습을 직접 볼 수 없어도 거기에 전화나 PC가 있는 것은 쉽게 상상할 수 있다. 이것은 슬롯의 가정치가 직접 확인하지 못해 정보를 얻지 못하는 특정치의 대안이 되기 때문이다. 또한, 사무실에 지금껏 출근해서 하는 일이 무엇인가를 생각해 볼 수 있다. 예를 들어, 누구보다 일찍 출근하는 사람이라면 잠금장치를 해제하여 문을 열고, 조명을 켜고, 공기를 환기시키는 것처럼 대체로 정해진 일을 정해진 순서대로 실시할 것이다. 이러한 몇몇 장면에서 정해진 순서대로 실시하는 일련의 행동 지식을 스크립트(script)라고 부른다.

　　스키마의 작용에 의해 우리는 모든 정보를 일일이 취득하여 처리하지 않고도, 일상적인 행동을 할 수 있다. 이를 통해 우리는 일상적인 행동을 위한 노력을 절약할 수 있기 때문에 스키마는 매우 효과적이라고 할 수 있다. 그러나 이것은 다시 말해 우리가 외부의 정보를 스키마에 의해 보완하기 때문에 외부에서 불규칙한 일이 일어난 경우에 그것을 눈치채지 못하고 행동할 수도 있다. 이것은 '믿음'이며, 오류로 이어지는 하나의 요인이라고 할 수 있다.

인간의 오류 중에서도 특히 슬립의 발생을 설명하는 경우에 스키마는 다른 식으로 사용되는데, 노먼(Norman, 1981)에 따른 ATS(activation-trigger scheme) 모델과 리즌(Reason, 1990)에 따른 포괄적인 오류 모델 시스템(generic error modelling System; GEMS)에서는 슬립[6]이 생기는 것에 대해 스키마를 중심 개념으로 이용하고 있다.

ATS 모델에서는 행동을 일으키는 경우, ① 먼저 의도가 형성되고, ② 그 의도를 실현하기 위해 필요한 행동 스키마를 활성화하고, ③ 그 활성화 수준이 일정 수준에 도달하면 행위가 실행된다. 이 각각의 세 단계에서 문제가 발생하면 슬립으로 이어진다.

또한, 리즌의 GEMS에서는 라스무센의 모델과 같은 세 가지 계층(기술기반 단계, 규칙기반 단계, 지식기반 단계)에 의해 오류 기제를 통일해서 설명한다. 스키마와 관련해서 기술기반 단계에서는 행동 스키마에 의한 자동적인 행위 실행이, 규칙기반 단계에서는 의도에 대응하는 스키마(규칙을 내포하고 있다.)의 활성화가, 지식기반 단계에서는 주의 제어에 의해 여러 스키마의 활성화 단계를 제어하여 문제를 해결한다. 또한, 스키마의 활성화는 그때그때의 의도와 맥락에 따른 특정 활성화 요인과 스키마를 사용한 빈도나 다른 스키마와의 공통성 등 현재의 맥락과는 관계없는 일반 활성화 요인 양쪽에 의해 일어난다고 한다.

(3) 슬립

노먼(Norman, 1988)은 6종류의 슬립을 제시하였다. 우리는 여러 스키마를 장기기억 속에 가지고 있어서, 그것들이 얼마나 일상적으로 이루어지고 있는지에 따라 각각 숙련도가 다르고 활성화의 용이성에서 차이가 있다. 어떤 행동을 하는 경우 그중에서 의도를 기반으로 하는 스키마를 선택적으로 활성화시켜 행동한다. 모든 슬립은 이 스키마의 활성화와 주의를 동반한 행동의 제어에 부차적으로 일어나고 있다([그림 3-7]).

---

6 (역자 주) slip. 실수를 의미함.

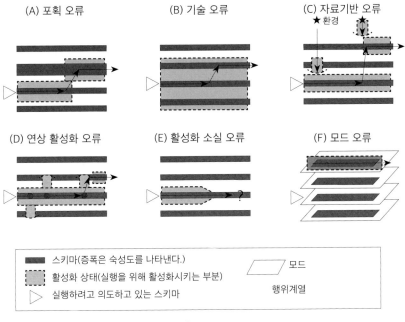

[그림 3-7] 슬립의 분류

- 포획 오류(capture error): 평상시 별로 실시하지 않고 숙련도가 보다 낮게 의도된 행위가 일상적으로 잘 이루어져서 숙련도가 높은 활동에 의해 포획되어 버린다.

- 기술 오류(description error): 의도된 것이 상세하게 특정되지 않았기 때문에 비슷한 특징을 가진 다른 의도하지 않은 행동을 하고 만다. 비슷한 특징을 가진 행동은 실행하려고 생각하고 있지 않아도 어느 정도 활성화된다.

- 자료기반 오류(data driven error): 현재 실행 중인 행동과 관계없는 자극을 인식함으로써 그 자극과 관련된 행동이 자동으로 시작되어 현재 실행 중인 행동에 끼어들어 버린다.

- 연상 활성화 오류(associative activation error): 연상함으로써 행동이 발생한다.

- 활성화 소실 오류(loss of activation error): 행동이 이루어지는 데도 불

구하고 그 행동의 목적을 잊어버린다.
- 모드 오류(moder error): 몇 개의 작업 모드(예를 들어, 디지털 카메라로 촬영하려는 경우 '사진 모드'와 '동영상 모드'가 있다.)가 있고, 모드에 따라 동일한 작업이 다른 의미를 지니고 있는 경우에 자신의 현재 모드를 인식하지 못하고, 본래의 의도와는 다른 행동을 하고 만다.

서두에서 소개한 필자의 경험도 슬립의 일종이다. 앞서 언급한 분류 속에서는 관련 직원에게 어떤 행위를 해야 할 필요가 있는 장소(요금소 게이트)에서 손에 잡히는 것이 회수권인지 구내 출입증인지 분명하게 인식되지 않았다는 점에서 기술 오류라고 할 수 있다.

슬립을 유발하기 쉬운 환경적 요인이 있다. 예를 들면, 식별하기 어려운 조작대상 스위치가 나란히 있는 경우, 자극과 반응의 적합성의 배치가 좋지 않은 경우, 목적과 관련이 없는 정보가 인식되기 쉬운 상태로 제시되는 경우, 여러 과제를 병행하여 실시하거나 서두르지 않으면 안 되는 경우 등 주의가 의도하는 행동에서 벗어난 경우 등이 있다.

3. 오류를 방지하기 위해

구체적으로 어떤 조치를 취하는 작업인지에 따라 다른 것은 당연하지만, 일반적이고 포괄적인 오류 방지 대책의 원칙도 주창되고 있다. 여기에서는 고노(河野, 2010)에 따라 '전략적 오류 대책의 4M'을 소개한다. 이 사고방식에서는 우선 대책의 4단계로서 '오류와 위험한 작업을 줄이기' '오류 발생 확률을 감소시킨다' '다중오류 검출 방법을 마련한다' '오류에 대비한다'가 있고, 이를 보다 구체적인 11단계(① 종료한다, ② 못하게 한다, ③ 알기 쉽게 한다, ④ 쉬워한다, ⑤ 인식시킨다, ⑥ 예측한다, ⑦ 안전을 우선해서 판단한다, ⑧ 능력을 갖춘다, ⑨ 스스로 알아차리게 한다, ⑩ 오류를 검출한다, ⑪ 오류에 대비한다.)로 나누고 있다. 이 중에서 ③과 ⑤ ~ ⑩은 작업자의 인지 작동이 문제가 되는 부분이다.

지각적인 처리에 따른 부분으로는 조작 대상의 색과 단서 첨부, 이상이 있을 경우에는 이상한 부분이 지각적으로 눈에 띄도록 배치를 이용한다는 아이디어가 있을 수 있다. 어떤 특징이 있으면 지각적으로 눈에 띄고 시각적 주의를 이용한 탐색을 필요로 하지 않고 발견될지는 지각과 주의 연구에 밝혀져 있다(제2장 참조). 이것들을 이용함으로써 이해도를 높이고, 오류 탐지의 가능성도 증가할 수 있다.

인지적 처리에 따른 부분으로는, 작업 시의 위험을 알고 적절한 조치를 취할 수 있도록 하는 것이 필요한데 이는 위험예지훈련과 반복연습을 통해 스키마를 만들어내는 것이다. 스키마를 사용하면 작업자는 적절하게 예측하고 대응하는 능력을 가질 수 있다. 또 훈련을 통해 안전 우선 판단을 할 수 있는 습관화가 가능하다.

또한, 성수기 때문에 여유가 없거나 작업에 익숙한 경우에는 스키마에 의해 자동적·무의식적으로 행동이 이루어지는 경우가 많기 때문에, 특히 자신의 오류를 알아차리기 어렵다. 이러한 경우에는 지시 호칭, 복창, 확인 대화라고 하는 방안을 취하는 것도 중요하다. 손가락으로 지시하며 호칭하는 것은 널리 사용되고 그 효과가 인정된 확인 방법이면서, 그 효과는 심리학적 실험에서도 검증되었고, 손가락으로 가리키는 것에 의해 시각적 주의의 작용이 촉진되는 것(篠原 et al., 2009)과 수행 과제의 마음속에서의 전환이 촉진되는 것(Shinohara et al., 2013)이 실험으로도 나타나고 있다.

4. 맺음말

노먼의 『누구를 위한 디자인?』(Norman, 1988)이라는 대단히 유명한 저작에서 '디자인이라는 어려운 과제'라는 장이 있다. 그중에서 컴퓨터 사용의 용이성이 논의되고, 그 마지막 부분에 노먼이 생각했던 '이상적인 컴퓨터의 스케줄 노트'가 소개되고 있다. 이것은 다음과 같은 것이다.

- 스케줄의 중복을 알려 주는 기능을 가지고
- 크기는 종이 한 장 정도에 보통 노트처럼 보인다.
- 정보를 30분~1년 동안이라는 다양한 형식으로 표시할 수 있다.
- 주소록, 메모장, 출납장으로서의 기능도 있다.
- 다른 시스템과 연결되어 있고, 입력 내용은 다른 시스템에도 반영된다.

이 책이 쓰이기까지 약 25년이 지난 지금, 우리한테는 태블릿tablet 단말기가 있다. 종이 정도는 아니지만 컴퓨터임을 의식하지 않을 정도로 충분히 얇고, 다양한 기능을 가지고 있고, 정보의 표시 형태도 자유롭게 바꿀 수 있다. 클라우드cloud 서비스를 사용하면 태블릿 단말기, PC, 스마트폰 등으로 항상 업데이트된 최신 정보를 볼 수 있다. 심지어는 전화를 걸고 화상 채팅을 하는 것도 가능하다. 우리가 지금 사용하는 정보통신기술(ICT)은 25년 전 노먼의 이상을 간단히 뛰어넘은 수준이다.

그러나 그 '이상적인' 단말기를 사용해서 우리가 하는 일이라면, 입력을 하고 잊어 버리거나, 표시를 잘못 읽거나, 이메일을 잘못 보내고 잘못된 주문을 하는 것 같이 변함없이 오류가 많다. 인간 오류의 극복은 쉬운 일이 아니지만, 적어도 인간 오류가 심각한 문제로 이어질 것은 피해야 한다. 그러기 위해서는 다양한 기술의 진보를 반영한 기기나 서비스가 인간과 상호작용하는 장면에서 그 기술의 사용이 인간의 인지기능 특성에 부합하고 있는지에 대하여 검증을 계속하여야 한다.

북 가이드 ──────── ●

  인간 요인 관련 서적에서는 이 장에 관련된 내용을 반드시 다루고 있다. 다음에는 이 장에서 인용하고 있지는 않지만, 주의, 인지, 인간 오류와 그 대책을 이해하는 데 유용하다고 생각되는 문헌을 소개한다.

熊田孝恒(2012). 마술에 속은 이유는 무엇인가?-'주의'의 인지심리학. 化学同人.
  → 주의에 대한 실험심리학 연구의 지식을 연구의 중심으로, 기초적인 지식부터 주의에 대한 최근 신경과학적 지식에 이르기까지 비교적 평이하게 해설되고 있다.

箱田裕司, 都第誉史, 川畑秀明, 藏原兹(2010). 인지심리학. 有斐閣.
  → 최근 인지심리학은 모든 심리학의 영역을 포괄할 수 있게 되었다. 본서는 인지심리학의 모든 영역에 대해 상세히 설명하는 것이어서, 인지심리학의 연구 현황을 파악하는데 유용하다.

芳賀繁(2001). 정신부하의 이론과 측정. 日本出版서비스.
  → 정신부하의 측정에 대한 일본어로 된 책은 별로 없지만, 이 책은 정신부하의 개념과 실제 측정에 대해 설명한 것으로서 실제로 정신부하 평가를 실시하고 싶은 경우에 참고가 된다.

小松原明哲(2008). 인간 오류(제2판). 丸善出版.
  → 인간 오류의 분류와 배후 요인 및 실제적인 예방 대책에 대해 설명하고 있다. 어떤 업종의 인간 오류 방지 대책에도 유용한 일반성을 가진 자료이다.

河野龍太郎(2004). 의료에 있어서의 인간 오류-왜 잘못하는지, 어떻게 막아야 하는지. 医学書院.
  → 의료 사고는 사회적으로도 매우 주목을 끄는 영역이다. 이 책에서는 의료현

장에서의 인간 오류 방지에 대해, 오류의 배경, 오류 방지 대책의 기본적인 생각에서 구체적인 대책까지 설명되어 있다.

참고문헌 —————— ●

岡田有策(2005). ヒューマンファクターズ概論ー人間と機械の調和を目指して, 慶應 義塾大学出版会.

奮藤智(2011). 注意とワーキングメモリ. 日本認知心理学会 監修, 原田悦子, 篠原 一光 編. 注意と安全, 現代の認知心理学 4, 北大路書房, pp. 61-84.

三宅晋司, 神代雅晴(1993). メンタルワークロードの主観的評価法ーNASA-TLXと SWATの紹介および簡便法の提案. 人間工学, 29, 399-408.

森清善行(1981). 労働と技能. 財団法人労働科学研究所.

篠原一光, 嶋田淳, 木村貴彦, 大須賀美恵子, 若松正晴(2012). 車載情報機器利用時 のドライバの認知負担の刺激検出課題による評価. 自動車技術会論文集, 43, 1341-1346.

篠原一光(2011). 注意とヒューマンエラー. 日本認知心理学会 監修, 原田悦子, 篠 原一光 編. 注意と安全, 現代の認知心理学 4, 北大路書房, pp. 186-208.

篠原一光, 森本克彦, 久保田敏裕(2009). 指差喚呼が視覚的注意の定位に及ぼす 影響, 人間工学, 45, 54-57.

中島義明(2006). 情報処理心理学ー情報と人間の関わりの認知心理学. サイエンス 社.

河野龍太郎(2010). 医療安全へのヒューマンファクターズアプローチー人間中心の医 療システムの構築に向けて. 日本規格協会.

Baddeley, A. D. (1996). Exploring the central executive. *Quarterly Journal of Experimental Psychology, 49A,* 5-28.

Baddeley, A. D. (2000). The episodic buffer: A new component of working memory? *Trends in Cognitive Sciences, 4,* 417-423.

Chabris, C., & Simons, D. (2010). *The invisible gorilla. And Other ways Our intuitions deceive us.* Crown Archetype. (木村博江 訳, 2011 「錯覺の科學」 文藝春秋).

Eysenck, M. W., & Keane, M. T. (2005). *Cognitive psychology: A student's handbook*(5th ed.). Psychology Press.

Hart, S. G., & Staveland, L. E. (1988). Development of NASA-TLX(Task Load Index): Results of empirical and theoretical research. In P. A. Hancock & N. Meshkati (Eds.), *Human mental workload*(pp. 139-183). North-Holland.

Hyman, I. E., Jr., Boss, S. M., Wise, B. M., McKenzie, K. E., & Caggiano, J. M. (2010). Did you see the unicycling clown?: In attentional blindness while walking and taking On a cell phone. Applied Cognitive Psychology, 24, 597-607.

Kahneman, D. (1973). *Attention and effort*. Prentice-Hall.

Logan, G. D. (1988). Toward an instance theory of automatization. *Psychological Review, 95*, 492-527.

Norman, D. A. (1981). Categorization of action slips. *Psychological Review, 88*, 1-15.

Norman, D. A. (1988). *The psychology of everyday things: The design of everyday things*. Basic Books.(野島久雄 訳, 1990. 誰のためのデザイン？ － 認知科学者のデザイン原論. 新曜社).

Norman, D. A., & Shallice, T. (1986). Attention to action: Willed and automatic control of behavior. In R. J. Davidson, G. E. Schwarts & D. Shappiro (Eds.), *Consciousness and Self-regulation: Advances in research and theory*(Vol. 4, pp. 1-18). Plenum Press.

Rasmussen, J. (1986). *Information processing and human-machine interaction: An approach to cognitive engineering*. Elsevier Science.(海保博之, 加藤隆, 赤井真 喜, 田辺文也 訳, 1990. インタフェースの認知工学ー人と機械の知的かかわりの科学. 啓学出版).

Reason, J. (1990). *Human error*. Cambridge University Press.(林喜勇 訳, 1994. ヒューマンエラー － 認知科学的アプローチ. 海文堂出版).

Reid, G. B., & Nygren, T. E. (1988). The subjective workload assessment technique: A Scaling procedure for measuring mental workload. In P. A. Hancock & N. Meshkati (Eds.), *Human mental workload*(pp. 185-218). North-Holland.

Shinohara, K., Naito, H., Matsui, Y., & Hikono, M. (2013). The effects of 'finger pointing and calling' on cognitive control processes in the task-switching paradigm. *International Journal of Industrial Ergonomics, 43*, 129-136.

Wickens, C. D. (1984). Processing resources in attention. In R. Parasuraman & D. R. Davies (Eds.), *Varieties of attention* (pp. 63-102). Academic Press.

제4장 알기 쉬움이란 무엇인가

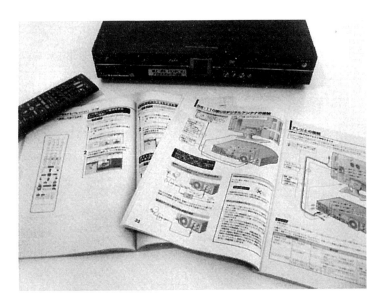

선명 입체 그림 등을 이용한 설명서(사진 제공: 교도 통신사)

1. 모두가 '알기 쉬움'을 요구한다

이 책을 집어 든 사람들은 각자 다양한 영역에서 일을 하고 있을 것이다. 그러나 영역이 달라도 거의 확실하게 필요로 하는 기술이 있다. 그것은 '알기 쉽게 설명하는 것'이다.

'설명'은 다양한 직종의 곳곳에서 필요하다. 가장 이미지화하기 쉬운 예는 상품이나 서비스 영업이다. 영업직에게 설명은 업무의 중심이다. 기술자도 예외는 아니다. 예를 들어, 거래처에서 시스템의 사양을 설명하고, 일반 고객에게 기기의 사용설명서를 작성해 준다고 생각해 볼 수 있다. 또한, 설명 대상은 거래처나 고객으로 국한되지 않는다. 새로운 기획을 사내에서 프레젠테이션하고, 업무 절차의 사내 설명서를 작성하며, 신입 사원 업무 내용을 설명한다면, 사내에서 완결하는 설명을 한다.

알기 쉬움은 일상 업무에 포함되어 있다. 어떤 직종에서도 알기 쉽게 설명하는 능력이 있으면 그것만으로도 업무상의 장점이 된다. 이는 개인의 장점만은 아니다. 조직 구성원이 알기 쉽도록 설명하는 능력을 가지면 조직의 업무 효율성이 크게 개선될 것이다. 예를 들어, '이 사내 절차 매뉴얼의 내용을 모르겠다. ○○씨에게 물어 볼까?'와 같은 경험은 어떤 조직에서든 있을 것이다. 결과적으로 모르는 사내 문서를 읽는 시간, ○○씨가 일부러 설명하는 시간이라고 하는 시간 낭비가 생긴다. 설명서가 제대로 쓰이면 서로 불필요한 시간을 쓰지 않아도 된다. 나아가서 일과 생활 간의 균형이 충실해지고 경비 절감으로 이어진다.

이 장에서는 '알기'에 관한 인간 요인을 심리학적인 기초이론을 섞어 소개한다. 그 이론에 근거하여 '알기 쉬운 설명'에 대해 생각해 보고자 한다.

2. 머릿속을 가시화하기

1) 머릿속의 구조와 움직임

알기 쉬운 설명의 요점을 굳이 한마디로 표현하면 '상대에 맞추는 것'이다. 설명을 듣는 사람이라면 누구나 '그 설명은 자신에게 맞았다.' '이 설명은 다른 사람에게는 좋았겠지만, 내게는 너무 단순했다.'라는 느낌을 받은 적이 있을 것이다. 이것은 상대에 맞춘 설명이 중요하다는 것을 받아들이는 사람의 입장에서 경험적으로 보여 주는 것이다. 알기 쉬운 설명이라는 것은 퍼즐 같은 것이다. 상대를 알고, 상대에게 맞추는 것이 가장 중요한 일이다([그림 4-1]).

그러나 상대를 알고 있다고 해도 그 단서가 없으면 시작할 수 없다. 어떻게 하면 상대를 알 수 있는 것인가? 그에 대해 인지심리학이 지금까지 밝혀 온 지식을 참고할 수 있다.

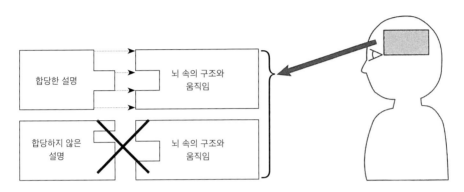

[그림 4-1] 상대에 맞춘 설명 개념도
※ 퍼즐처럼 상대의 머릿속에 맞춘 설명이 필요하다.

인지심리학은 '인간의 머릿속에서 일어나는 것'을 밝혀 왔던 학문이다. 이른바 '머릿속의 가시화'라고 해도 좋다.

전통적인 인지심리학에서는 인간의 머리를 일종의 컴퓨터라고 보는 입장을 취한다. 물론 인간과 컴퓨터는 다른 부분이 많다. 오히려 그 다른 부분이야말로 인간 요인 그 자체이다. 세계 최초의 컴퓨터라고 불리는 ENIAC은 1946년에 완성되었다. 인지심리학은 그로부터 10년 후인 1956년에 탄생하였다(Gardner, 1985).

머릿속을 가시화하려면 다음의 두 가지 점에서 분석할 필요가 있다.

하나는 '구조'이다. 컴퓨터는 CPU, 메모리, 하드 디스크 등의 부품이 있다. 머릿속이 어떤 부품으로 구성되어 있는지 분석해야 한다.

다른 하나는 '운동'이다. 즉, 구조 속에서 정보가 어떻게 흐르는가이다. 컴퓨터에서는 키보드로 입력된 정보가 전기 신호로 변환되어 CPU에 보내지고, 하드디스크에 보내져서 자기화된 데이터로 변환되는 과정을 거친다.

인지심리학은 다양한 실험과 조사를 통해 머릿속의 구조와 움직임을 밝혀 왔다. 그 개략적인 내용을 소개한다.

2) 머릿속 구조

머릿속의 구조로서, [그림 4-2]는 '기억의 이중저장 모델'(Atkinson & Shiffrin, 1971)을 보여 준다. 이미 알고 있겠지만 이 구조는 뇌의 구조와 관계가 있지만, 반드시 직결되는 것은 아니다. 뇌 과학의 지식을 참고로 해도 어느 정도의 추상화를 허용해서 논의한다. 이것은 인간 요인을 실천으로 응용하는 요령이다.

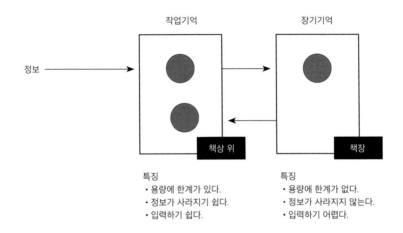

[그림 4-2] 기억의 이중저장 모델과 작업기억과 장기기억의 본질
주: 작업기억은 작업기억, 단기기억, 단기저장소라고 불리는 것이 있다.
장기기억은 장기저장소라고 불리는 것이 있다.

머릿속에는 크게 2개의 용기가 있다. 하나는 작업기억이고, 다른 하나는 장기기억이다. 작업기억은 정보의 작업 공간이고 다양한 처리가 이뤄진다. 장기기억은 정보의 창고이고 과거의 정보가 담겨 있다. 작업기억은 책상, 장기기억은 책장이라고 생각하면 알기 쉽다. 또는 컴퓨터에 비유해서 작업기억을 메모리와 CPU, 장기기억은 하드디스크라고 생각하면 좋다.

컴퓨터에 비유해도 머릿속이 컴퓨터와 똑같은 것은 아니다. 인간 특유의 버릇, 공식적으로 말하면 '제약'이 존재하고 있다. 대표적인 것을 들자면 작업기억은

① 용량의 한계가 있고, ② 정보가 사라지기 쉬우며, ③ 쉽게 정보를 입력할 수 있다는 특징을 가진다. 한편 장기기억은, ① 용량의 한계가 없고, ② 한번 입력된 정보는 거의 소실하지 않으며, ③ 입력에 상응하는 노력이 필요하다는 특징을 갖는다.

컴퓨터의 경우, 비교적 쉽게 이러한 제약을 극복할 수 있다. 예를 들어, 컴퓨터의 메모리를 늘리고자 생각하면 쉽게 늘릴 수 있다. 그러나 인간의 머릿속 구조는 고정되어 있다. 예를 들어, 인간의 작업기억을 늘릴 수는 없다. 이러한 제약은 알기 쉬운 설명의 기반이 될 것이며, 나중에 상세히 설명한다.

3) 정보의 움직임

앞서 말한 구조 속에서 정보는 어떻게 움직이는 것일까? 첫째, 시각적 또는 청각적으로 입력된 정보는 작업기억으로 보내진다. 물론 모든 정보가 작업기억으로 전송되는 것이 아니라 주의에 의해 처리되는 정보를 선별하는 것은 제2장과 제3장에서 소개된 바와 같다.

그 후 작업기억에서 정보가 처리된다. 그때 필요에 따라 장기기억에 미리 저장된 정보가 참조된다. 예를 들어, '사과'라는 문자가 작업기억에 들어간 경우 장기기억에 있는 '사과'에 관한 지식을 꺼내 '사과'가 한 단어이고, 과일을 가리키며, 가을에 맛있다고 해석된다. 그러나 '지울 네요'라는 문자가 입력되면 아마 그것이 무엇인지 알 수 없다. 그것은 장기기억에 '지울 네요'라는 입력에 대응하는 지식이 없기 때문이다.

작업기억에서 처리된 정보는 필요에 따라 장기기억에 입력된다. 그러나 장기기억에의 입력은 그에 상응하는 노력이 필수적이기 때문에 모든 정보를 장기기억으로 입력할 수 없다. 예를 들어, 지금 시계를 보고 시간이 9시 25분이었다고 하자. 그때 9시 25분 정보는 분명히 작업기억에 입력된다. 그러나 다음 날 '시계를 보고 시간은 언제였었죠?'라고 묻지도, 기억하지도 못하는 것이다. 왜냐하면 일상생활에서 일시적인 9시 25분이라는 시각을 기억할 필요가 없기 때문이다. 따라서 장기기억에 입력되지 않고 버려지고 만다. 한편, 수험생이 외우는 영어 단어나 중요한 회의 일시 같은 것은 장기기억에 입력하려고 한다. 그때는 기억하기 위해 일정한 노력이 이루어질 것이다.

4) 구조와 움직임의 근거

심리학은 실증적인 학문이기 때문에, 이중저장 모델에도 실증적인 근거가 존재한다. 근거는 여러 가지가 있지만, 종종 언급되는 것으로 계열위치효과라는 현상이 있다([그림 4-3]).

기억 재료로서 어떤 단어 목록을 준비한다. 단어 수는 적어도 10개에서 많게는 40개 정도가 준비된다. 실험협조자의 과제는 한 단어씩 차례로 제시되는 단어 목록을 기억하기 위한 것이다. 일반적으로는 한 단어를 2초 정도 제시하고, 그 단어를 숨기고 나서, 다음 단어를 2초 정도 제시한다. 이후 이것을 반복한다. 단어 목록이 끝나면 기억한 단어를 가능한 한 많이 써 낼 것이 요구된다. 그때, 리스트의 순서는 상관없이 쓸 수 있는 것부터 써도 좋다.

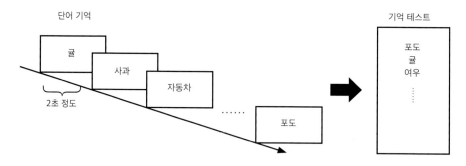

[그림 4-3] 계열위치효과의 실험 절차
※ 차례로 제시되는 단어를 기억하고 목록의 종료 후에 기억한 단어를 적는다.

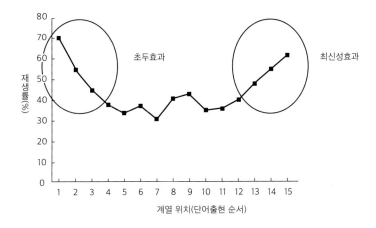

[그림 4-4] 계열위치효과

※ 최초의 성적이 좋은 것을 초두효과, 마지막 성적이 좋은 것을 최신성효과라고 부른다.

이와 같은 방식으로 [그림 4-4]와 같은 결과를 얻을 수 있다. 간단하게 말하면, 처음과 마지막에 제시된 단어가 잘 재생되고 중간에 제시된 것은 재생률이 낮다. 이를 '계열위치효과(serial position effect)'라고 하고, 최초에 제시된 것의 재생률이 좋은 것을 '초두효과(primacy effect)'라고 하고, 마지막에 제시된 것의 재생률이 좋은 것을 '최신성효과(recency effect)'라고 한다. 이러한 현상이 일어나는 이유는 이중저장모델의 틀에서 이해할 수 있다.

초두효과가 일어나는 이유는, 장기기억의 제약에 관한 것이다. 처음에 제시된 단어는 머릿속에서 '귤, 귤, 귤, ……'이라고 외칠 수 있다. 이것을 암송(rehearsal)이라고 부른다. 장기기억으로 정보를 전송하려면 노력이 필요하지만 암송을 하면 장기기억으로 정보를 전송하기 쉬워진다.

그러나 단어 목록이 진행되면, 계속해서 단어를 제공되므로 모든 단어를 재생할 수가 없다. 따라서 중간 단어는 첫 단어에 비해 암송될 확률이 줄어든다. 이 때문에 장기기억에 전달되기 어렵게 되어 결과적으로 재생률이 낮아진다.

한편으로 최신성효과가 일어나는 이유는 작업기억의 제약과 관계가 있다. 작업기억은 정보가 들어가기 쉽지만 용량 한계가 까다롭다. 따라서 테스트 단계에서 가장 최근에 작업기억에 입력한 끝 부분의 단어는 작업기억에 남아 있다. 그러나 중간에 제시되었던 단어는 용량 한계를 초과해 버린다. 결과적으로 끝 부분 단어의 재생률이 높아진다.

작업기억과 장기기억 및 그 한계를 분명히 함으로써 계열위치효과와 같은 현상의 설명이 가능해진다. 인지심리학 분야에서는 머릿속의 가시화에 대한 가설을 세우고 그것을 실험이나 조사에서 검증하는 주기로 진행된다. 다음에서 설명하는 것들에 대한 실험과 조사에 대한 자세한 내용은 언급하지 않지만, 이러한 근거에 따라 이론을 전개하고 있다.

또한 작업기억과 장기기억을 구분하는 근거는 더 있다. 자세한 내용은 북 가이드를 참조하기 바란다.

3. 작업기억의 교통정리

1) 작업기억 용량

다음 알파벳을 10초 정도 보고 기억해 보라.

TKSUGLGNUSMAS

얼마나 기억할 수 있었을까. 다시 다음 알파벳을 10초 정도 보고 기억해 보라.

SAMSUNG LGU SKT

휴대전화 제조사와 이동통신사라는 것을 알게 되면 기억하기 쉬울 것이다. 사실 이 두 문자열은 순서를 반대로 하고 공간을 비운 것이다. 그것만으로도 기억용이성이 상당히 다르다.

이 실험의 요점은 알파벳 12개 문자라는 정보의 양이 변하지 않았음에도 불구하고, 배열에 따라 기억되거나 기억되지 못한다는 것이다. 이런 일이 일어나는 배경을 앞에서의 이중저장 모델을 기반으로 설명하면 다음과 같다.

작업기억 용량에 한계가 있음은 앞에서 언급했다. 인지심리학의 시작부터 작업기억의 용량 한계에 대해서는 논의가 계속되어 왔다. 이 분야의 선구적 연구자인 밀러(Miller)는 다양한 연구를 검토하고 작업기억의 용량이 '7±2 청크chunk'라는(±2는 개인차) 결론을 내렸다(Miller, 1956). 청크는 정보의 주관적인 정리[1]를 의미한다. 예를 들어, '사과'라면 의미적인 정리가 있으므로 1청크, '지울 네요'이면, 의미적으로 이루어지지 않지만, 개별 평가명은 인식할 수 있기 때문에 3청크가 된다.

작업기억의 용량을 7±2청크로 소개하는 책은 많지만, 다양한 연구를 감안할 때 실제로 사용할 수 있는 용량은 3~5청크 정도라고 여겨진다(예를 들어, Cowan, 2001). 프레젠테이션을 생각해 보면, 주장할 항목 수는 3개 주제 정도, 많아도 5개 항목 정도에 정리할 수 있지 않을까? 이것은 작업기억의 용량을 경험적으로 나타내고 있다고 생각된다.

방금 알파벳의 예를 생각하면, 첫 번째 문자열은 알파벳 한 글자씩 기억해 나가게 되므로, 총 12개 청크의 용량이 필요하다. 이것은 작업기억의 용량을 초과하고 있다. 한편, 나중에는 휴대전화 제조사와 이동통신사에 대한 지식이 있으면 3청크로 끝난다. 따라서 쉽게 기억하는 것이 가능하다.

물론 시간을 더 늘리면 12개 청크의 정보를 기억하는 것도 가능하다. 그러나 그렇게 하기 위해서는 작업기억만으로는 적절치 않기 때문에 장기기억을 이용할 필요가 있다. 그러나 장기기억으로 정보를 전송하려면 그만한 노력이 필요하다. 10초라는 시간 안에서는 그렇게 할 수 없다.

컴퓨터와 비교하여 이해해 보자. 예전의 컴퓨터는 메모리가 적어서 작업 중 잠깐 정보를 유지하기 위해 하드디스크를 사용하였다. 메모리에 비해 하드 디스크는 전송 속도가 느리기 때문에 정보량이 메모리 용량을 초과하면 바로 그때부터 움직

---

1 (역자 주)덩어리를 말한다.

임이 턱없이 느려진다. 이와 같이 정보가 작업기억에 단번에 흐르면 장기기억을 써야 하기 때문에 시간이 걸린다. 컴퓨터의 경우는 그래도 어떻게든 처리하지만, 인간은 작업기억에서 정보를 버리는 경우가 많다.

2) 정보처리의 시뮬레이션

[그림 4-5]의 설명은 한 회사의 사내 시스템의 설명이다. 1~10까지의 단계가 있는데, 작업기억 용량의 한계에서 한 번에 모든 것을 처리할 수는 없다. 따라서 어느 정도 세분화하여 처리해 나가야 하지만 문제가 발생한다. 그것은 어디에서 구분해야 할지 모르겠다는 것이다.

그것에 대해서 오른쪽 것은 A~C 단계의 수순 정리를 명시한 것이다. 이러한 표현을 표지화라고 부른다. 야마모토와 시마다(2006, 2008)의 연구에서는 표지화로 노인의 이해를 촉진하는 것을 실험적으로 보여 준다. 실험에서는 고령자의 촉진효과는 거의 볼 수 없었지만, 두 가지 설명을 비교해 보면, 표지화된 것이 직관적으로 이해하기 쉽다고 생각하지 않을까?

1. 브라우저 실행	A. 시스템에 접속
2. https:***에 접근	1. 브라우저 실행
3. 출장시스템 버튼을 클릭	2. https:***에 접근
4. 일정을 입력	B. 입력 작업
5. 교통수단을 입력	3. 출장시스템 버튼을 클릭
6. 행선지를 입력	4. 일정을 입력
7. 목적을 입력	5. 교통수단을 입력
8. 신청 버튼을 클릭	6. 행선지를 입력
9. 내용을 확인	7. 목적을 입력
10. 확정 버튼을 클릭	C. 확인과 신청
	8. 신청 버튼을 클릭
	9. 내용을 확인
	10. 확정 버튼을 클릭

[그림 4-5] 절차 설명의 예

※ 어느 웹을 상정하고 있다. 좌측은 단순한 개별 절차를 나열한 것이다. 우측은 표지화를 한 것이다.

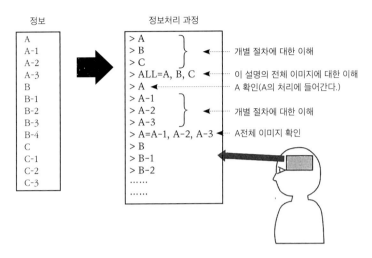

[그림 4-6] 표지화된 정보에 대한 정보처리의 간이 시뮬레이션

※한 번에 흘러드는 정보는 표지화되어 있기 때문에 정리되어 있는 것들끼리만 국한된다.

표지화의 장점 중 하나는, 작업기억의 교통정리에 있다. 앞의 예에서는 한 번에 작업기억에 입력하는 정보를 3~4개로 억제하고 있다. 이렇게 하면 작업기억에 불필요한 정보가 흘러들어가지 않도록 제어할 수 있다.

그 처리 과정을 간단하게 시뮬레이션해 본 것이 [그림 4-6]이다. 처음에는 대략적인 큰 그림으로 표지인 A, B, C가 순차적으로 처리된다. 그리고 전체적으로 3개가 막혀 있다는 것을 이해한다. 여기서 정리의 수가 3개이며, 5개, 6개라는 숫자가 아닌 것은 하나의 요점이다. 작업기억의 용량을 초과하면 원활한 처리가 어려워진다.

다음으로는, A의 개별 절차가 다음과 같이 이해된다. A, B, C의 개별 전체 이미지가 3~4개의 정보로 구성되는 것이 요점이다. 6개를 넘으면 2개로 나누는 것이 좋다.

만약 표지화가 되지 않으면 어떻게 될까. 그 과정을 [그림 4-7]에 보여 준다. 설명 상대는 10개의 정보를 그대로 이해할 수 없기 때문에 여러 조각으로 나누어 이해하려고 한다. 그러나 표지화되어 있지 않기 때문에 정리 단서가 없다. 따라서 정리를 판단하기 위해 다음과 같은 시행착오의 과정이 필요하다.

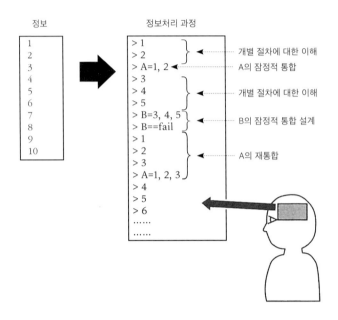

[그림 4-7] 표지화되지 않는 정보에 대한 간이 정보처리 시뮬레이션

※ 표지화되어 있지 않아서 정리된 것을 판단하기 위해 시행착오가 필요하다.

[그림 4-기의 예에서는, 먼저 '1. 브라우저를 연다' '2. https:***에 접근'을 통합하여 잠정적으로 A라고 정리한다. 그런 다음, '3. 출장시스템 버튼을 클릭' '4. 일정을 입력' '5. 교통수단을 입력'을 통합하려고 하지만, 3은 A에 포함시키는 것이 낫다는 것을 느꼈다(통합 실패). 그래서 다시 1~3을 이해하고 통합하여, 종합적으로 4 이상을 처리한다.

물론 의미적인 구분은 개인에 따라 다르므로 3~5를 정리하는 방안도 있을 수 있다. 그러나 다음의 6, 7을 감안해 보면, 4~7을 하나의 단위로 하는 것이 좋은지 주의하지 않으면 안 된다. 그 경우도 유사한 재통합의 과정이 필요하다.

어떤 시행착오가 이루어지는가는 개인에 따라 다르다. 그러나 어떤 경우에서도 작업기억 용량은 제한되기 때문에 10개의 정보를 동시에 처리하는 것은 불가능하다. 따라서 표지화가 되어 있지 않으면 적절한 정리를 찾기 위해 시행착오가 불가피하다. 이 시행착오의 과정이 정보처리의 손실이 된다.

여기서 소개한 것은 간소한 것이지만 이러한 시뮬레이션은 인지공학이라는 분야에서 인간 요인의 분석에 자주 사용된다. 자세한 내용은 북 가이드를 참조하기 바란다.

4. 장기기억의 기존 지식을 고려하기

1) 모르는 용어

컴퓨터 작동에 대한 다음 설명을 읽고 싶다.

> '첫째, 워드의 헤메이에 카라노해 주십시오. 다음에는 에라나의 이름을
> 세베먼트부터 입력하십시오.'

아마도 무엇을 말하고 있는지 전혀 이해할 수 없을 것이다. 그 원인은 '헤메이' '카라노'와 같은 의미 불명의 단어 때문이다. 그리고 최초의 '워드'라고 하는 용어도, '단어'를 의미하는 것인지, 워드프로세서를 의미하는 것인지, 또한 전혀 다른 것을 의미하는지 알 수가 없다.

그렇다면 다음 설명은 어떨까.

> '최초에 워드 아이콘을 클릭하라. 다음에 자신의 이름을 키보드에서 입
> 력하라.'

이것은 이해가 가능할 것이다. 첫 번째 '워드'도 워드프로세서의 것이라고 추측할 수 있을 것이다.

설명 현장에서는 종종 '전문용어는 쓰지 마라' '사용하는 것으로도 설명되면 사용하라.'라고 지시한다. 특히 기술 용어는 특수한 것이 많기 때문에 이해가 어렵다. 최근에는 가전 사용설명서에서부터 이 규칙이 점점 침투하고 있다.

왜 모르는 용어를 사용하면 이해하기 어려운 것인가? 작업기억에 입력된 정보는 항상 장기기억의 지식을 조회하여 의미를 이해한다. 그러나 장기기억에 해당하는 지식이 없으면 그것이 무엇을 의미하는지 알 수 없다. 알 수 없으면 일단 작업기억 내에 머물려고 한다. 하지만 작업기억은 용량 한계가 있기 때문에 어느 정도까지 머무를 수 있는지 알 수 없다. 또 유지공간을 빼앗겨 버리므로 다른 정보처리에도 악영향을 미친다. 게다가 계속해서 정보가 들어오면 노력해서 장기기억에 전송해서 둘 수도 없다.

설명할 때 '이해가 안 될지도 모르지만 들어 주세요.'라는 말을 듣거나 혹은 스스로가 말하지는 않는가? 한 단어 정도면 좋을지도 모르지만, 세 단어, 네 단어와 모르는 단어가 연속으로 나오는 경우 청자는 고통스럽다. 또 다른 예를 들어 보자. 전혀 알 수 없는 외국어가 있고, 그 외국어로 설명을 듣는 것은 고통스럽다. 이들이 고통인 원인은 장기기억의 지식을 사용할 수 없기 때문이다.

이 문제는 기술자가 자신의 지식을 바탕으로 설명할 때 자주 발생한다. 듣는 사람이 모르는 전문용어가 포함되어 있는지 항상 생각하면서 설명할 필요가 있다. 설명하는 측에서 보면, '그 정도 알고 있으면 좋겠다.'라는 마음이 있다. 하지만 실무현장에서는 설명하는 측이 양보하는 것이 좋다. 결과적으로 업무의 효율화로 이어질 것이다.

2) 하향식 처리

앞의 예에서는 '워드 아이콘을 클릭하십시오.'라는 글을 인용했다. 여기에서 '워드'라는 용어를 단독으로 생각하면, '말' '단어'라는 의미를 갖는다. 그러나 이 글에서는 이와 같은 해석이 되는 것은 거의 없다.

그 이유는 다음에 이어지는 '아이콘을 클릭하십시오.'라는 문장이다. 이 글이 계속되려면, '말이나 단어는 아이콘이 되지 않고, 클릭하는 것도 아니다.'라는 장기기억의 지식이 도출된다. 따라서 워드프로세서 소프트웨어로 해석된다.

더 극단적으로 말하면, 설명의 일부를 듣지 못하게 된다. '워드 아이콘을 ××××

하십시오.'('××××'는 듣지 못했던 위치 또는 말)라는 설명을 생각해 보자. 컴퓨터 앞에 앉아 마우스 작업을 하고 있으면, '워드 아이콘을'이라고 말한 시점에서 '클릭'이라고 예측할 수 있다고 생각한다.

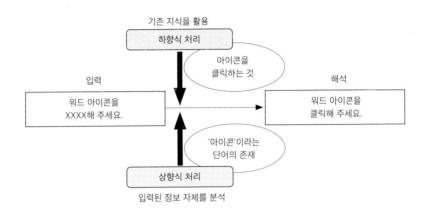

[그림 4-8] 하향식 처리와 하향식 처리의 개념도
※ 두 처리 모두 병렬로 진행되고 해석이 이루어진다. 하향식 처리에는 스키마가 사용된다.

이와 같이 머릿속에서는 다양한 의미에 관한 용어, 듣기 어려운 용어, 심지어 미지의 용어가 있어도 장기기억의 지식을 사용하여 어느 정도는 보완하면서 이해하고 있다. 이 같은 추측을 '하향식 처리'라고 부른다([그림 4-8]).

하향식 처리는 항상 머릿속에서 이루어지고 있다고 할 수 있다. 알 수 없는 용어가 많거나 많은 부분을 듣지 못하면, 하향식 처리가 작동되지 않는다. 그것이 '이해하기 어렵다.'라는 인식으로 이어진다. 반대로 말하면, 항상 하향식 처리를 적당히 사용하는 설명이 상대방에 따른(맞춰진) 좋은 설명이다.

하향식 처리 반대는 상향 처리이다. 인간은 하향식 처리와 상향식 처리 모두를 균형 있게 사용하며 외부의 정보를 처리한다.

3) 주제 수준의 하향식 처리

다음 글을 읽어 보면 좋겠다.

> '절차는 간단하다. 먼저 물건을 여러 개의 산으로 나눈다. 물론 양이 적으면 하나라도 충분하다. 처음에는 복잡한 절차로 보일 수도 있지만 곧 익숙해질 것이다. 절차가 완료되면 물건을 다시 몇 가지 그룹으로 나뉜다. 그리고 어딘가 적당한 장소에 놓는다. 이 작업이 끝난 물건은 다시 사용되어, 다시 이 사이클이 반복된다. 향후 이 일의 필요성이 없어지는 일은 없을 것이다.'(Bransford & Johnson, 1972의 내용을 수정함)

어째서 무엇에 관한 기술인지를 알 수는 없을 것인가? 그러나 여기에 '세탁'이라는 제목을 붙여 다시 읽어 보면 좋겠다. 아까보다 이해가 되었다고 느껴지지 않는가? 이해할 수 있었다고 느끼는 이유는 '세탁'에 관한 지식을 장기기억에서 인출하여 사용할 수 있었기 때문이다. 장기기억에서 지식이 인출되면 하향식 처리가 되어 '물건 = 빨래' '산 = 빨래 더미'라고 짐작할 수 있다. 앞의 문장은 아무것도 힌트가 없는 상태에서 해당 지식이 무엇인지 알 수 없도록 교묘하게 적혀 있다. 전항의 예는 단어 수준의 하향식 처리였지만, 지금은 좀 더 큰 단위의 이른바 주제 수준의 하향식 처리이다.

주제 수준의 하향식 처리는 일상 업무는 물론 다양한 장면에서 이용된다. 예를 들어, 문서 및 프레젠테이션(presentation)에는 제목이 붙는다. 제목의 역할 중 하나는 내용에 관한 기존 지식을 미리 활성화시켜 두는 것이다. 이렇게 하면 후속 내용의 이해기 용이하다.

또한, 신문 기사 등의 설명문에서는 '리드(lead)'라고 불리는 설명에 대한 요약이 문장의 첫 번째 부분에 오는 경우가 많다. 리드의 한 가지 역할은 이미 가지고 있는 지식을 이끌어 내는 데 있다. 이와 같이 설명을 시작하고, 나중에 설명하는 이해 촉진 정보를 '선행 주최자(organizer)'라고 부를 수 있다.

4) 하향식 처리 기제

　하향식 처리는 제3장에서 설명된 스키마가 지원하고 있다. 스키마를 하향식으로 활용하면 정보가 부족하더라도 어느 정도 대상이나 상황을 파악하는 것이 가능하게 된다.

　상대방이 스키마를 활용하면 스키마의 구성 요소인 기본값(디폴트값)에 대한 설명은 불필요해진다. 왜냐하면 스키마가 활용된 시점에서 기본값이 이미 상대의 머릿속에 있기 때문이다. 오히려 기본값에 대한 설명은 굳이 하지 않는 것이 바람직하다. 중복된 설명이 알기 쉬움을 감소시켜 버리기 때문이다.

　빈 슬롯이나 기본값과 다른 값을 입력해 달라는 슬롯에 대해서만 설명하는 것이 지나치거나 부족함이 없는 설명이라고 할 수 있다.[2]

원자　　　　　　　태양계

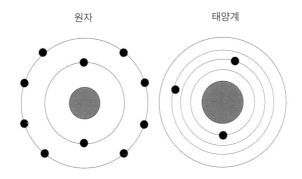

[그림 4-9] 원자의 구조를 태양계에 비유하여 설명하는 예

5) 비유

　이미 가지고 있는 지식을 적극적으로 사용하여 설명할 때, 비유나 유추라는 방

---

2 업무 내용에 따라서는 장황함이 필요할 때도 있다. 예를 들어, 계약 업무나 위험을 수반하는 기계 조작의 경우, 과감함으로 인한 문제나 오류를 회피하기 위해서는 장황함이 필요하다.

법이 있다. 예를 들어, 초등학생에게 전류와 전압의 관계를 가르칠 때, 종종 수로에 비유, 물의 속도, 경로의 넓이에 대응시켜 설명할 수 있다. 이것은 수로에 대한 개념을 미리 가지고 있는 것을 이용하여 새로운 개념인 전류와 전압에 대해 이해시키려는 의도이다. 다른 경우로는, 원자의 구조를 태양계에 비유하여 설명하기도 한다([그림 4-9]).

비유가 의미 있는 이유는 하향식 처리와 동일하기 때문이다. 즉, 비슷한 대상에 대한 지식(스키마)을 사용하면 공통점이 상대의 머릿속에 떠오른다. 그 후에는 섬세한 차이를 설명하면 된다. 상대는 설명되지 않은 점에 대해서는 스키마의 기본값 처리뿐만 아니라, 제시된 대상의 특성을 그대로 이용하게 된다.

또한 머릿속을 가시화했을 때, 작업기억을 책상 위, 장기기억을 책장으로 설명했다. 이것은 비유를 통해 설명했다는 것이다([그림 4-10]). 그리고 머릿속의 가시화에 컴퓨터를 인용하고 있지만 이것도 비유이다. 인지심리학의 접근 방식은 컴퓨터의 비유에 의한 인간의 이해라고 할 수 있다.

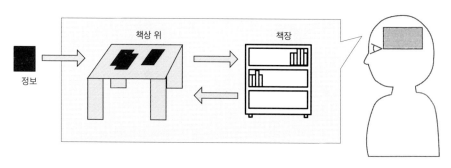

[그림 4-10] 책상 위와 책장을 예를 들어 머릿속을 설명하는 비유

6) 개인차를 고려하기

이 장의 앞부분에서 '상대방에게 맞추는 것'의 중요성을 언급했다. 이 의미는 두 개로 나뉜다. 하나는 일반적으로 적용하는 제약으로, 작업기억 용량의 한계가 있

다는 것이다. 물론 작업기억 용량에도 개인차는 있지만, 실용적 수준에서 큰 차이가 되기는 어렵다. 따라서 누구에게나 같은 고려가 요구된다.

다른 하나는 상대방에 따라 바뀌어야 한다는 것으로, 이미 습득한 지식이 개인에 따라 상당히 다르므로 그때마다 고려할 필요가 있다. 그렇다면 어떻게 고려하면 좋은 것일까? 경험적인 내용이지만 두 가지를 소개하고자 한다.

하나는 말로 설명할 때 사용할 수 있지만, 상대가 알고 있는지를 확인하면서 진행하는 것이다. 예를 들어, 'ㅇㅇ이라는 것을 들어본 적이 있습니까?'라는 질문을 받았을 때, 답을 알고 있으면 그것을 전제하고, 만약 모른다면 ㅇㅇ의 설명부터 시작된다.

다른 하나는 상대방이 알고 있는 것에 대해 생각하는 태도를 유지하는 것이다. 그것이 없으면 '자신이 알고 있다 = 상대도 알고 있다는 믿음'의 함정에 빠져 버린다. 특히 기술적인 설명을 하는 경우 같은 업계에 있다고 해서 반드시 동일한 용어가 통용되는 것은 아니고, 일반 고객을 상대할 때는 더욱 그러하다.

또한, 개인차가 문제가 되는 것은 알기 쉬움에서의 문제만은 아니다. 자세한 사항은 제7장을 참조하기 바란다.

5. 기억나게 하는 설명

텔레비전의 사용설명서를 참조하는 경우를 생각해 보자. 자주 사용하는 절차는 그 자리에서 기억해 두는 것이 좋다. 또 거래처에 신규 시스템의 조작 절차를 설명하는 경우를 생각해 보자. 상대방은 메모를 하면서 들어 준다고 생각하지만, 가능한 한 그 자리에서 기억해 달라고 하는 편이 나을 것이다. 이러한 예에서 알 수 있는 것은 기억의 용이성은 설명의 가치를 좌우하는 하나의 포인트가 된다는 것이다. 거기서 기억에 대한 인간 요인을 생각해 볼 수 있다.

1) 처리수준효과

기억에 관한 인지심리학적 연구는 방대하지만, 잘 어울려 언급되는 것으로서는 처리수준효과가 있다. 여기에서는 크레이크와 털빙(Craik & Tulving, 1975)의 실험 개요를 소개한다.

실험참가자의 과제는 200밀리초 동안 제시되는 단어를 보고 그 단어에 대한 질문에 답하는 것이다. 200밀리초는 1초의 5분의 1이며, 짧다고 생각할 수도 있지만 한 단어를 인식하기에는 충분한 시간이다. 단어가 제시되기 전에 질문은, 예를 들어 '단어는 히라가나로 작성되어 있습니까?'(실제 실험에서는 영어로 진행되기 때문에 '대문자로 적혀 있나요?') '그 단어는 다음 문장에 맞습니까?: 길가에서 _____를 만났다.'라는 것이다. 질문이 낭독되고 2초 후에 단어가 제시되고, 실험참가자는 최대한 빨리 정확하게 질문에 'Yes' 또는 'No'로 대답한다. 예를 들어, '단어는 히라가나로 써져 있나요?' 후 '책상'이라는 단어가 제시되면 'Yes'라고 대답한다. 이것을 60 단어 정도 반복한 후 재인(recognition)검사가 실시된다. 재인검사는 '책상은 있었습니까?' '친구'는 있었습니까?' '사과는 있었습니까?'라는 질문에 'Yes' 또는 'No'로 대답하는 것이다.

이 실험의 포인트는 첫 번째 질문의 본질이다. '히라가나로 써져 있었습니까?'라는 질문은 제시된 단어의 표면적 특징만을 떠올리며 응답된다. '책상'이라고 제시되어도 개별 문자를 생각하면 되기 때문에 '책상'에 관한 기존에 가지고 있는 지식을 참조할 필요는 없다. 이것을 얕은 처리라고 부른다. 한편, '그 단어는 다음 문장에 맞습니까?: 길가에서 _____를 만났다.'라는 질문은 기존에 가지고 있는 뭔가는 다음 지식을 참조해야 대답할 수 없다. 즉, '친구'로 제시한 경우 '친구'라는 단어가 갖는 의미를 장기기억에서 이끌어 내지 않으면 대답할 수 없다. 이것을 깊은 처리라고 부른다.

이 실험의 결과 깊은 처리를 요구한 단어가 재인 성적이 좋았다. 이 결과는 이미 가지고 있는 지식을 잘 사용할수록 기억이 촉진되는 것으로 해석할 수 있다.

2) 기존 보유 지식과 연결하기

처리수준효과 이외에도 기억 촉진의 방법이 알려져 있지만, 그중 몇 개는 이미 보유하고 있는 지식을 사용한다는 공통점을 갖는다. 그들을 열거해 보자.

- 체계화: 정보를 정리해서 기억하는 것을 말한다. 예를 들어, 쇼핑 목록 에서 음식과 음료가 혼합되어 있는 경우, 음식과 음료로 분류해서 기 억하는 것이 좋다.
- 정교화: 기억해야 할 정보에 대해 기존에 가지고 있는 지식을 이용해 어떤 의미를 부여한다. 예를 들어, 2의 제곱근 1.41421356……을 '하룻밤 하룻밤에 사람보기'라고 의미를 부여하는 것은 정교화의 하나 이다.
- 이야기법: 기억할 순서 계열을 이야기로 만들어 기억한다. 예를 들어, '귤, 아버지, 모자'라는 단어를 기억하고 싶을 때, '모자를 쓴 아버지가 귤을 먹고 있다'는 이야기를 만든다.
- 이미지법: 기억할 계열을 이미지화한다. 앞의 예에서 말하자면, '모자 를 쓴 아버지가 귤을 먹고 있다'는 장면을 상상하는 것이다.
- 생성효과: 궁리 과제 등에서, 외울 순서 대상을 생각해 내면 기억이 잘 된다. 예를 들어, "나가노 현에서 사과가 특산품입니다."라고 말하는 것보다 "나가노 현에서는 가을에 거두는 붉고 둥근 과일이 특산품입 니다. 그것은 무엇일까요?"라고 질문을 받아 "사과"라고 대답하고 나 서 기억하는 것이 결과적으로 '사과'를 잘 기억하고 있다는 것이다.

이러한 작업은 기억 내용에 대해 기존에 가지고 있는 지식을 적극적으로 사용 하여 참여하고 있다. 설명할 때는 상대방이 기존에 가지고 있는 지식이 적극적으 로 작용하도록 하는 것이 기억에 남기는 요령이다.

3) 기타 저장 촉진 방법

이미 보유한 지식과의 연관성 이외에도 몇 가지 방법이 있다.

거래처에서 대형 기기의 조작 설명을 한다고 하자. 그 설명을 대형 기기 앞에서 할까, 회의실에서 강의할까, 어느 쪽이 더 나을까? 기기를 앞에 둔 쪽은 설명이 순조롭고 회의실에는 쾌적한 실온에서 앉아서 설명할 수 있는 등 각각 좋은 점이 있겠지만, 기억에 관해서 말하자면 기기 앞에서 설명하는 것이 좋다고 할 수 있다. 그 근거는 기억의 맥락 의존이라고 불리는 현상이다.

간단하게 말하면, 기억하는 장소와 기억해 내는 장소가 동일한 편이 기억하기 쉽다는 것이다. 따라서 실제로 기억해 내는 장소를 상정해서 그 자리에서 설명을 하는 것이 기억에 남기 쉽다.

다른 현상으로는 분산효과라는 것이 있다. 이것은 한 번에 15분의 공부를 하는 것이 좋은가, 나누어서 5분 × 3회 공부를 하는 것이 좋은 것인가이다. 기억 성적으로 보면 나누는 쪽이 좋다는 결과를 얻을 수 있다. 그러나 이것은 학습의 내용에 의한 것은 물론 영단어 기억이나 전문용어의 기억처럼 세분화되고 문제가 없는 대상으로 한정된다.

그 외의 기억에 관한 다양한 연구에 대해서는 북 가이드를 참조하기 바란다.

6. 모두가 '알기 쉬운 설명자'가 되기 위해

이 장에서는 '알기 쉬움'에 관한 인간 요인을 소개했다. 현재 어떤 직종에 근무하는 사람들은 물론 앞으로 어떤 직종에 종사할 사람들에게도 알기 쉬운 설명은 필수 기술이며 업무상의 이점이다. 이때 가장 중요한 것은 '알기 쉬운 설명을 하려고 하는 태도'이다. 인간 요인을 생각하여 이를 살리려는 태도를 가지면 자연스럽게 알기 쉬운 설명을 실현할 수 있다.

북 가이드 ───────── ●

森敏昭, 井上毅, 松井孝雄(1995). 그래픽인지심리학. 사이언스社.

　→ 인지심리학의 기초에 대한 주요 실험의 개요를 정리하여 알기 쉽게 해설되어 있다. 인지심리학에 대해 개괄적으로 배우고 싶은 경우에 추천한다.

古田一雄(1998). 프로세스인지공학. 海文堂出版.

　→ 인지공학의 해설서이다. 시뮬레이션 해설도 있다. 인간 요인에 대한 기계공학적 입장에서 알고 싶은 경우에 추천한다.

海保博之, 堀啓造, 加藤隆, 原田悦子(1987). 사용자 독자의 마음을 사로잡는 설명서 작성. 共立出版.

　→ 인지심리학의 연구 결과를 설명서에 응용하는 것을 목적으로 설명되어 있다. 심리학을 실천할 수 있는 방법을 알고 싶다면 추천한다.

藤沢晃治(1999). 알기 쉬운 표현 '기술'. 講談社.

　→ 알기 쉬운 표현에 대해 실무적인 입장에서 알고 싶은 경우에 추천한다. 전문가이기 때문에 평이해서 읽기 쉽다. 다른 「알기 쉬운 표현 '기술'」 시리즈가 있으므로, 아울러 추천한다.

일반재단법인 기술커뮤니케이터협회(2010). 트라이 셋을 만드는 방법-제작 실무편. 재단법인 기술커뮤니케이터협회.

　→ 바이블(권위 있는 책)로 편집된 '사용을 위한 설명서'이다. 업무로서 취급설명서(설명서)가 필요한 경우 수중에 두는 것을 추천한다. 또한 기술 커뮤니케이터 협회에서는 기술 검정을 실시하고, 알기 쉬운 표현의 전문가로서의 능력을 증명하는 자리가 마련된다.

참고문헌

山本博樹, 島田英昭(2006). 手順文の記憶に及ぼす標識化効果の認知加齢メカニズム. 心理学研究, 77, 278-284.

山本博樹, 島田英昭(2008). 高齢者の説明文記憶を支援する標識の明示性－体制化方略の変更とその所産の分析. 教育心理学研究, 56, 389-402.

Atkinson, R. C., & Shiffrin, R. M. (1971). The control of short-term memory. *Scientific American, 225,* 82-90.

Bransford, J. D., & Johnson, M. K. (1972). Contextual prerequisites for understanding: Some investigations of Comprehension and recall. *Journal of Verbal Learning and Verbal Behavior, 11,* 717-726.

Cowan, N. (2001). The magical number 4 in short-term memory: A reconsideration of mental storage capacity. *Behavioral and Brain Sciences, 24,* 87-185.

Craik, F. I. M., & Tulving, E. (1975). Depth of processing and the retention of words in episodic memory. Journal of Experimental Psychology. *General, 104,* 268-294.

Gardner, H. (1985). *The mind's new science: A history of the cognitive revolution.* Basic Books. (佐伯胖判, 海保博之 監訳, 1987. 認知革命－知の科学の誕生と展開. 産業図書).

Miller, G. A. (1956). The magical number seven, plus or minus two: Some limits on our capacity for processing information. *Psychological Review, 63,* 81-97.

제5장 사용하기 쉬운 것이란 무엇인가

가까이에 있는 기술 – 스마트폰 화면

출처: 좌는 (주) Apple, 우는 (주) Google

1. 사용의 용이성 연구의 시작과 발전

생활 속에서 계속해서 새로운 기술이 등장하고 있다. 전화라는 도구 하나를 생각해 봐도 그것이 가정이나 직장 같은 공간에 고정되어 있던 시대는 이제 먼 옛날의 일처럼 보인다. 순식간에 사람이 휴대전화를 소유하고 거기에 메일이나 카메라 등 많은 기능이 추가되더니 이제는 스마트폰 전성기가 되어 있다. 더 이상 전화라고 하기 어려운 새로운 기술은 사람과 사람의 의사소통 방식뿐만 아니라 다양한 정보와 관련되는 방법, 그리고 사회 전체에도 큰 영향을 미치고 있다.

우리는 이러한 흐름을 따라 잡고 있는 것일까? 기술을 도구로 사용하여 풍부하고 멋진 삶을 살고 있는 것일까?

사람이 도구를 활용할 수 없는 것은 자신이 미숙한 탓이며 제대로 이해하지 못하기 때문이라고 생각하기 십상이다. 예를 들어, 블루레이 디스크Blu-ray Disc를 탑재한 하드디스크형 비디오 레코더를 들 수 있다. TV 프로그램을 녹화 예약하려고 할 때마다 설명서를 펼치는 것은 자신이 조작 방법을 충분히 이해하고 있지 않기 때문이거나, 지난번 제대로 기억하려고 하지 않았기 때문이라는 식으로 매번 조금씩 반성할 수도 있다. 그러나 생활에 관련된 도구의 성격이 점점 고도화·복잡화되어 가는 가운데 문득 멈춰서 생각해 보면 분노 같은 것이 부글부글 솟아오르지는 않은가? '맙소사, 사용하기 어려운 거야!' '왜 좀 더 쉽게 할 수 없는 거야!'라고.

'물건의 사용 편리성(혹은 용이성, usability)'은 기술의 발전과 함께 대두되는 비교적 새로운 문제로서, 사람이 물건에 맞추는 것이 아니라 물건의 방식을 사람의 인지적 특성에 맞게 디자인해 나간다는 생각이 널리 퍼져 있다고는 아직 말하기 힘들다. 그래서 사용자가 '좀 더 쉽게!'라고 목소리를 높여서 물건 제조 현장과 대화해 나가는 것이 중요하다.

이 장에서는 사람의 인지적 특성에 관한 기초적인 지식을 중심으로 다루면서 물건의 사용 편리성과 인간과 사물의 관계에 대해 생각해 본다. 사용자를 알고 인간 요인을 도입하는 것이야말로 새로운 디자인과 제조를 실현하기 위한 첫 걸음이다.

1) 인터페이스와 상호작용

사람의 지적인 삶에 관한 연구는 지난 30년간 큰 변화를 보여 왔다. 사람의 머릿속만을 분석의 대상으로 하는 것이 아니라, 도구와 환경, 사회와 문화 간의 관계에서 이해하려는 흐름이 생겨나, 심리학, 문화인류학, 공학, 디자인 등의 분야가 협동하며 급속히 발전해 왔다. 그 과정에서 등장한 중요한 키워드가 인터페이스(interface)와 상호작용(interaction)이다(佐伯, 1992).

사람이 어떤 도구를 사용하여 과제나 작업을 할 때, 예를 들어 앞에서 언급한 바

와 같이 블루레이 디스크 탑재형 하드디스크 비디오 레코더를 사용하여 TV 프로
그램을 예약녹화하려고 할 때, 사람과 물건이 접하는 곳에서 무슨 일이 일어나는
지가 문제가 된다. 이 '접하는 곳'이 인터페이스(연결면)이며, 그로 인해 '일어나는
것'이 상호작용이다([그림 5-1]).

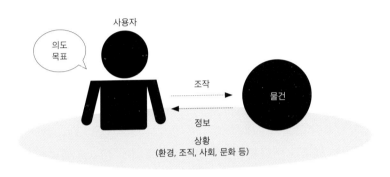

[그림 5-1] 사람과 물건의 상호작용

인터페이스의 정보표현은 상호작용의 과정이나 결과에 영향을 미친다. 전원 버
튼이 어디에 있는지 알 수 없고, 프로그램 예약이 화면에 표시되는 메뉴 중 어디에
있는지를 찾을 수 없으며, 예약 시간을 어떻게 설정해야 할지 모르겠고, 나중에 보
니 다른 프로그램이 녹화되어 있었다면 그 이유는 인터페이스에 적절한 정보가 표
시되지 않고 사용자의 인지적 정보처리가 잘 되지 않았기 때문에 발생한 상호작용
의 문제나 오류이다.

그러나 문제는 인터페이스와 상호작용에 국한된 것이 아니다. 어떤 상황에서
프로그램 예약을 하려는 것인가. 예를 들어, 사용자가 초조해하고 있는지, 레코더
가 놓여 있는 장소는 조용하고 방해가 없는 환경인지, 만약 사용설명서를 읽어도
잘 되지 않을 때는 어떻게 할 것인지, 실패하면 어떤 영향이 있는지 등도 고려해야
할 중요한 포인트이다. 그만큼 일상 속에서 벌어지는 사람의 지적 행위와 행위는
복잡한 것이다.

2) 인간과 컴퓨터의 상호작용

인터페이스와 상호작용을 중심으로 한 연구 분야는 컴퓨터와 기술의 발전과 함께 급속히 확대되어 왔다. 인간과 컴퓨터 간의 상호작용(Human-Computer Interaction: HCI)이라고 불리는 이 분야의 배경은 1970년대 후반에 컴퓨터가 소형화되어 사무실에서 집으로 침투하고 전문가가 아닌 일반인 사용자가 극적으로 증가한 것에서 시작되었다. 1980년대에는 주로 작업 효율의 향상을 목표로 사무실 소프트웨어 인터페이스에 대한 관심이 높아지면서, 1980년대 후반부터 1990년대에 걸쳐 사용 편리성 엔지니어링(usability engineering, Nielsen, 1993)이라고 불리는 개념이 등장하여 '사용자의 사용 편리성'이 연구의 대상이 되었다. 그리고 1990년대 중반 인터넷의 보급으로 완전히 새로운 인터페이스와 상호작용에 관한 연구가 활발히 이루어지고, 2000년대 중반부터는 사용자 자신이 콘텐츠를 생성하고 정보의 발신자가 되는 시대가 시작됨과 함께 사용자의 경험(experience)과 의사소통을 디자인하는 관점을 포함하는 학제 간 분야로 성장하고 있다.

HCI 연구는 사용자의 인지적 또는 사회적 특성을 고려하여 시스템을 설계·개발하는 것을 기본적인 전제로 하고 있다. 또한 이를 위해 다른 분야의 다양한 아이디어와 방법, 이론을 적극적으로 받아들여 새로운 기술을 창출하면서 실천적으로 검증하는 분야를 구축하였다.

3) 일상 속 인지

한편, 주의·지각·기억·시고 등의 인지적 특성을 실험실이 아닌 일상적인 장면에서 도구디자인과의 관계에서 이해하려는 연구도 1980년대 후반부터 활발하게 이루어지고 있다. 그 계기가 된 것은 인지심리학과 인지과학 전문가인 도널드 노먼(D. A. Norman)의 저서『누구를 위한 디자인? - 인지과학자의 디자인 원론』이다 (Norman, 1988).

인공물(artifacts)로 총칭되는 도구의 사용과 이것에서 나타나는 사용자의 인지적

특성에 주목한 노먼의 논문들에서 물건의 유용성 연구의 발전에 결정적인 영향을
준 몇 가지 중요한 개념이 제시되고 있다.

(1) 인지적 인공물

인지적 인공물(cognitive artifacts)이라는 것은, '정보를 보유하거나, 표시하고, 조작
하기 위한 도구이며, 그것에 의해 표현 기능을 수행하고, 사람의 인지적인 행위에
영향을 미치는 것'(Norman, 1992)이며, 인공물의 디자인에는 이 영향을 고려해야 함
이 강조되고 있다.

[그림 5-2] 시스템으로 보기

※ 인공물의 도입에 의해 작업의 방식과 결과는 변화하지만,
사용자도 과제도 본질적으로는 변하지 않는 것처럼 보인다.

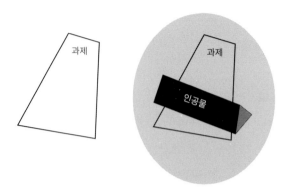

[그림 5-3] 개인적 관점으로 보기

※ 인공물의 도입에 의해 사용자로부터 보이는 인지적 세계나 과제의 성격이 완전히 다른 것으로 변화한다.

(2) 시스템으로 보기와 개인적 관점으로 보기

사용자 + 과제 + 인공물의 3자로 구성된 시스템에 대해, 위에서 내려다보는 '시스템으로 보기'([그림 5-2])와 사용자 자신의 관점에서 보는 '개인적 관점에서 보기'([그림 5-3])를 구분하고 있다. 시스템으로 보기에서는 인공물이 제공하는 다양한 기능을 통해 사용자의 능력이 증대하거나 확장하는 모습이 포착된다. 이에 대해 개인 관점에서는 인공물을 사용하여 사용자가 다루는 인지적 과제의 성질이 변화하거나 새로운 인지적 과제가 생기거나 하는 것이 밝혀진다.

예를 들어, 사진을 찍을 때 디지털 카메라를 사용하면 아무리 실패해도 상관없고, 한 번에 많이 찍을 수도 있다. 바로 컴퓨터로 가져와 수정이나 가공을 할 수도 있고, 누군가에게 그 사진 데이터를 전달하거나 많은 사람에게 보이는 일도 쉽다. 이처럼, 디지털화에 의해 우리가 할 수 있는 일이 크게 늘어났다고 생각하는 것이 시스템으로 보기이다.

한편, 사용자 자신의 관점에서 보면 디지털화하여 사진을 찍는 행위 자체의 성질이 크게 변화했음을 알 수 있다. 그뿐만 아니라 사용자는 디지털 카메라로 찍은 사진을 컴퓨터로 가져오기 위해 환경(소프트웨어)을 준비하고, 그 사용법을 익히거나 사진 앨범을 인터넷에서 공유하는 서비스를 찾는 등 지금까지 없었던 새로운 인지적 과제에 임해야 한다. 즉, 개인적 관점으로 보기에서는 도구가 사용자의 시각 세계를 변화시키고 사용자에 대한 도전이나 활동의 본질을 바꾸어 버린다는 것이 분명해진다.

이 두 관점을 구별함으로 인해 물건의 물리적인 기능뿐만 아니라 사용자에게 사용 편리성, 즉 인간 요인의 문제에 접근할 수 있다. 사용자가 그 물건을 어떻게 사용하는가? 무엇을 하고 싶은가, 그것을 실현하기 위해 사용자가 무엇을 요구하는가를 고려하면서 가능한 한 인지적 부하가 적은 물건의 디자인을 실현하는 것이 용이성의 열쇠가 된다.

(3) 행위의 7단계 모델

사용자와 인공물의 상호작용을 심리적 세계와 물리적 세계 사이의 간격(gulf)을 넘는 과정으로 모델링한 것이 행위의 7단계 모델이다([그림 5-4]). 사용자가 인공물을 이용하여 어떤 과제를 할 때, 목표(①)와 의도, 작업 계획 등(②, ③)은 사용자의 머릿속에 있지만, 그것을 '실행'하기 위해서는(④), 외부의 물리적 시스템이 움직여야 한다. 또한 그 움직임에 따라 시스템과 외부 세계에 생긴 변화를 사용자가 지각하고(⑤), 해석하며(⑥), 의도가 제대로 전달되어 목표를 달성하였는지 여부를 '평가'해야 한다(⑦). 심리적 세계와 물리적 세계, 즉 사용자의 인지적 정보처리 및 시스템의 정보표현의 사이에는 '실행'과 '평가'라는 2개의 경계선이 존재한다. 거기에 어떤 다리를 놓는지가 상호작용 디자인의 과제이다.

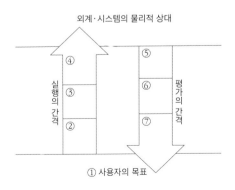

[그림 5-4] 행위의 7단계 모델

예를 들어, 자동판매기에서 캔 커피를 사려고 할 때(①) 돈을 넣으려고 해도(②, ③) 어디에 넣으면 좋을지 모르겠다면(④) '실행의 간격'에 문제가 있고, 캔 커피가 나온 것에 주의하지 않는다면(⑤) '평가의 간격'에 문제가 있다고 생각할 수 있다. 이처럼 실제 사용자의 행위나 오류를 7단계 모델에 적용시켜 분석함으로써 물건 의 인터페이스와 상호작용의 개선점을 명확히 할 수 있다.

간격을 넘어가기 쉽게 하려면 시스템을 사용자에게 접근시키거나 사용자가 시 스템에 접근할 필요가 있다. 시스템이나 외부의 상태에 대한 정보나 조작에 대한 피드백 정보를 적절하게 제공하는 인터페이스라면 사용자가 시스템과 어떻게 관 련되면 좋을지 이해할 수 있다. 또한, 직관적으로 조작할 수 있고 쉽게 조작을 이해 하거나 기억할 수 있는 인터페이스라면 사용자는 그것을 의식하지 않고 직접적으 로 시스템에 작용하는 듯한 느낌을 받을 수 있다.

반대로, 간격을 넘는 경우 상당한 인지적 비용을 지불해야만 하거나, 원래 간격 을 넘으려고 하지 않는 등 상호작용의 문제가 발생하는 경우에는, 인터페이스를 개선하거나 사용자가 작업을 충분히 학습할 수 있는 환경을 제공해 주어야 한다.

4) 심리학의 사회문화적 접근

여기에서, 물건의 용이성과 밀접하게 관련되는 중요한 개념을 소개하고자 한다.

사람의 정신기능(고차 정신기능)에 대해 사회와 문화, 역사와의 관계에서 이해하 려는 시도는 러시아의 심리학자 비고츠키(L. S. Vygotsky)로부터 시작되었다. 이런 '상황'(situatedness)을 중시하는 개념은 상황이론, 활동이론, 사회문화적 접근 등으로 불리며, 현대심리학에서 하나의 큰 흐름이 되고 있다(자세한 내용은 茂呂 et al., 2012).

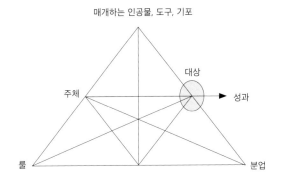

[그림 5–5] 엔게스트룀의 활동시스템 모델

출처: Engeström (1987).

이러한 연구에서는 '인지라는 것은 개인의 내부에 갇혀 있는 것이 아니고, 항상 사회적 상황으로 열려 있어서 개별 상황에 따라 다양하다.'(香川, 2011)라는 인식에 근거하며 현실 세계에 있는 다양한 '실천(practice)' 현장을 대상으로 사람들의 '활동'(activity)에 대한 분석이 이루어지고 있다. 여기에서는 사람의 지적 활동은 원래 사회적인 것이라는 생각, 즉 '인지의 사회성'을 전제로 하고 있다(茂呂, 1997).

[그림 5–5]에 표시된 삼각형은 상황 속에 포함된 인식과 행위를 '활동시스템'(activity system)으로 표현하기 위한 장치로, 엔게스트룀(Y. Engeström)이 개념화한 모델이다(Engeström, 1987). 주체와 대상 그리고 그들을 매개하는 도구를 정점으로 한 비고츠키 삼각형([그림 5-5]의 윗부분)이 사회적 실천의 장으로 확장되어, 공동체가 '주체-규칙'과 '대상-분업화'를, 규칙이 '주체-공동체'를, 그리고 분업이 '공동체-대상'을 각각 매개하는 형태로 되어 있다. 이는 ① 사람의 인지와 행위에만 집중하는 것이 아니라 그들을 지원하는 도구도 포함하여 작성·분석한다. ② 실험실과 같은 엄격하게 통제된 비일상적인 환경이 아니라 항상 변화하는 사회적 상황에 착지하면서 이해한 새로운 접근을 위한 개념 모델이다.

이러한 접근법은 물건의 용이성의 범위가 인터페이스와 상호작용의 실행에만 머물지 않는다는 것을 가르쳐 준다. 즉, 물건이 사용되는 현장에서 사람들의 관계성과 거기에서의 규칙 운용, 조직의 형태, 또한 활동을 통해 새롭게 창조·개선되어 가는 문화와 역사까지도 포함하여 물건을 사용하는 행위에 대해 생각해 나가야 한다는 것이다.

사회적 실천에 대한 이러한 관점이나 모델은, 예를 들어 의료현장과 같은 복잡한 현장을 분석할 때 무척 강력한 도구가 된다. 간호사의 업무 과제(예: 투약)의 수행 과정에는 여러 가지 직종의 관계자(의사, 간호사, 약사 등)가 참여하고, 다양한 미디어(주문 시스템, 전자의무기록, 간호 일지 등)를 통해 정보 공유가 진행되며 또한 개별 관계자는 여러 유사한 작업을 동시에 같이 수행하고 있다. 이러한 현장에서 사용되는 물건을 디자인하는 것은 쉽지 않다. 그래서 문맥이나 상황을 포함한 설명과 분석이 필요하다.

2. 인간-물건 상호작용의 인지적 특성

사용자가 사용하기 쉬운 물건을 디자인하려면 사용자에 대한 깊은 이해를 빼놓을 수 없다. 사용자가 대상을 어떻게 보고 주의를 기울여 생각하고 행동하는가. 또한, 사용자의 연령·성별이나 사용자를 둘러싼 사회적 상황 등이 이러한 인지적 활동에 어떤 영향을 미치고 있는지를 알아야 한다. 고려해야 할 범위가 매우 넓지만 여기서는 인간 요인의 기본적인 특성에 초점을 맞추어, 물건의 사용 편리성(또는 사용하기 어려움)이나 인간 오류에 직접적으로 관련된 주제를 다루고, 더 나은 인터페이스와 상호작용을 디자인하기 위한 단서로 삼고자 한다(제2장, 제3장 참조).

1) 정보 정리

사람은 외부 세계에 있는 모든 정보를 통째로 받아들여 처리하는 것은 아니다. 인지적 정보처리 자원에는 한계가 있기 때문에 다양한 방식으로 정보를 좁혀 검색하고 효율적으로 처리하려고 한다. 그런 사람의 인지적 특성에 반해 한 번에 대량의 정보를 체제화·구조화하지 않고 제시하면 사람은 의도된 행위의 수행이 곤란해진다.

[그림 5-6] 머릿속에 구조화된 정보와는 다른 인터페이스

예를 들어, 처음 숙박하는 호텔에서 [그림 5-6]과 같은 엘리베이터의 조작 패널 앞에 섰을 때, 재빨리 목적하는 층의 버튼을 누르기는 어려울 것이다. 층수 버튼은 12층×3열과 그 아래에 2개층(1, 2층), 위에 3개층(40, 41, 42층)이 변칙적인 형태로 배치되어 있다. 예를 들어, 29층은 어디에 있는가 하면, 오른쪽 열 아래에서 두 번째이다. 이 예에서는 조작 패널 인터페이스의 정보 표현이 사람들의 머릿속에 있는 정보(숫자)의 정리에 대응하지 않는다. 시간을 들여 찾으면 가고자 하는 층수를 찾을 수 있지만 그만큼 사용자는 인지적 부하가 걸린다.

또한, 사람이 무엇인가에 초조해하고 있는 것 같은 경우에는 시각탐색과 정보처리를 위한 인지적 자원의 용량이 작아지기 때문이기도 하다. 정보처리의 효율을 높이기 위해서는 일정한 스트레스(각성)도 필요하지만, 스트레스가 너무 강하면 반대로 효율이 크게 저하된다는 사실은 일반적으로도 잘 알려져 있다([그림 5-7], Yerks-Dodson의 법칙). 말하자면 머릿속이 새하얗게 되는 상태이다. 예를 들어, 엘리베이터 조작 패널 앞에서 문이 닫히고 있을 때, 달려오는 사람을 위해 다급히 '열림'

버튼을 누르고자 했는데, 실제로는 '닫힘' 버튼을 누르는 행위 오류는 스트레스의 강도에 의한 정보처리 효율의 저하와 관계있다고 여겨진다.

그러면 사용자에게 주는 인지적 부하를 최소화하고 사용하기 쉬운 인터페이스를 디자인하기 위해서는 정보를 어떻게 표현하고 배치하면 좋은 것일까?

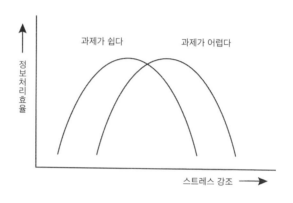

[그림 5-7] 스트레스와 정보처리효율의 관계

사람은 개별 요소(정보)를 정리해서(하나로) 인식하는 특성이 있다. 그 정리 방법은 근접성, 유사성, 집단성, 좋은 연속성 등의 게슈탈트 요인이라는 각 요소 간의 관계에 의해 결정된다. 이러한 요인들을 인터페이스 디자인에 잘 포함시키면 관련된 정보가 정리되어 보이거나, 관련 없는 정보를 구별할 수 있다.

[그림 5-8]은 문서 파일을 다운로드하기 위한 웹페이지의 일부를 모형도로 나타낸 것이다. 왼쪽에 문서의 이름, 같은 줄의 오른쪽에 그 문서에 해당하는 링크가 표시되어 있지만, 근처에 있는 것을 하나의 묶음으로 인식하는 '근접성' 요인이나 닫힌 영역을 하나의 묶음으로 인식하는 '집단성' 요인에 의해 오른쪽 열을 그룹으로 인식하고 행 속에 두 가지 정보를 대응시키는 것은 쉽지 않다. 즉, 요소 간의 거리가 너무 멀 뿐만 아니라 사이에 구분선이 그어진 것이 잘못된 정리 인식을 부추기고 있다.

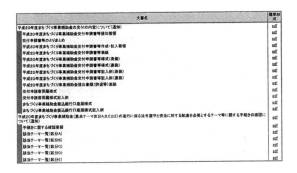

[그림 5-8] 근접 요인에 반응하는 정보표현(모형도)

　한편, [그림 5-9]처럼 이미지와 문자를 결합하거나 관련 정보를 가까이 배치하고 여백을 크게 하며 포위선을 사용하는 등의 방식에 의해 정보를 정리하여 사용자가 의도한 행위의 수행을 용이하게 할 수 있다.

　게슈탈트의 요인에 따라 정보의 배치를 조정하는 것은 인터페이스와 디자인에 관해서는 기초 중의 기초라고 할 수 있다.

[그림 5-9] 정리를 지각하기 쉽게 하는 정보표시

(사진 제공: (주) Apple, Inc.)

2) 사용자의 경험과 지식을 통합하기

사람은 어느 시점까지 얻은 경험과 지식을 바탕으로 다양한 물건을 사용하거나, 다른 사람이나 환경을 이해하고, 그것들을 움직이고 있다. 예를 들어, 처음 가본 외국에서 기차를 타려고 할 때나 쇼핑을 하려고 할 때, 자신이 그때까지 경험한 것과는 전혀 다른 방식에 당황할 수 있다. 그런 상황에서는 타인의 행동을 관찰하고 학습함으로써 새로운 경험과 지식을 얻어야 한다.

사람과 물건의 상호작용에서도 비슷한 일이 생긴다. 사용자는 지금까지의 경험과 지식으로부터 물건을 사용하기 위한 작업 모델, 즉 정신(mental) 모델을 가지고 있다. 자동판매기에서 캔 커피를 살 때, ① 돈을 넣는다→ ② 버튼을 누른다→ ③ 캔 커피를 꺼낸다라는 기본 모델을 적용한다.

그러나 예를 들어 전자화폐를 처음 사용할 때는 지금까지의 경험과 지식에 근거한 정신 모델을 그대로 적용할 수 없다. 왜냐하면 ① 버튼을 누른다→ ② 전자화폐 카드 등을 리더기에 댄다→ ③ 꺼낸다와 같이 전자화폐의 경우 '버튼을 누르기'와 '전자화폐 카드를 읽게 하기'의 순서가 바뀌기 때문이다.

또한, 최근 자동판매기에는 원하는 제품 샘플의 바로 아래에 버튼이 붙어 있는 것이 아니라, 샘플(또는 상품의 선반)에 붙은 번호를 숫자 버튼으로 입력하는 유형이나 사용자가 접근하면 연령이나 성별 등이 자동으로 판정되어 그 특성에 대한 추천 상품이 액정화면에 제시되고, 제품의 버튼을 누르면 화면에 'Thank You!' 등의 메시지가 나타나는 유형도 있다. 이러한 자판기를 처음 사용하는 경우에는 이미 있는 정신 모델을 수정하거나 새로운 정신 모델을 구축하여야 한다.

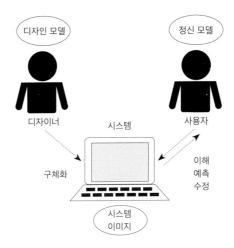

[그림 5-10] 사용자, 디자이너, 시스템의 관련성

노먼(Norman, 1988)은 사용자와 시스템뿐만 아니라 시스템의 뒤에 있는 디자이너를 포함하여 각각의 개념 모델과 관계를 보여 주었다(그림 5-10). 사용자는 지금까지의 경험과 지식에서 정신 모델을 가지고 있고, 디자이너는 디자인 모델로 시스템의 기능과 움직임에 대한 구체적인 방침과 설계안을 가지고 있다. 디자인 모델은 인터페이스 디자인으로 구현되어 사용자에게 시스템 이미지를 제공한다. 시스템 이미지라는 것은, 눈에 보이는 시스템의 동작으로부터 발생하는 이미지이다 (加藤, 2002).

사용자와 디자이너는 시스템 이미지를 통해 의사소통을 하고 있다. 디자인 모델과 사용자의 정신 모델이 시스템 이미지에서 딱 일치하면 문제가 없다. 그러나 디자인 모델이 시스템 이미지에 적절히 반영되지 않으면 잘못된(혹은 모호한) 시스템 이미지가 생겨 버린다. 또한, 원래 디자인 모델이 정신 모델과 너무 동떨어져 있으면 사용자와 시스템의 상호작용에 문제나 오류가 발생하고, 사용자가 잘못된 정신 모델을 적용 · 구축하게 된다. 만약 사용자가 이미 가지고 있는 정신 모델을 그대로 적용할 수 없는 경우에는 시스템과의 상호작용을 통해 더 간단하게 그것을 수정하거나 새롭게 구축하는 것이 좋다. 웹사이트 디자인 분야에서 활약하고 있는 제이콥 닐슨은 이를 '학습 용이성'이라는 용이성의 특성 중 하나로 꼽았다(Nielsen, 1993).

3) 사용자의 주의를 제어하기

자주 다녀서 익숙한 역에서 집까지의 길에서는 일일이 모퉁이를 확인하지는 않는다. 멍하니 다른 생각을 하면서도 대부분 자동적으로 집으로 갈 수 있다. 이에 반해, 처음 가 보는 역에 내려서 처음 가 보는 장소로 향하는 경우에는 지도와 메모를 보거나 자료가 될 만한 건물이나 풍경을 보면서 걸어가야 한다. 여기에는 상당히 많은 인지적 정보처리 자원이 필요하다. 이때 정보처리가 잘 되지 않는 경우 길을 잃기도 한다.

인지적 정보처리는 무의식적으로도 진행된다. 또한 거기에 의식적인 주의(선택적 주의: selective attention)를 하면 보다 깊은 처리가 진행되기도 한다. 예를 들어, 칵테일파티 효과cocktail party effect라고 불리는 현상은 특정한 정보원에게 충분한 주의를 하지 않았다고 하더라도 무의식적이고 자동적인 처리가 진행되어 어떤 계기(자신의 이름이 불리는 등)에 의해 주의가 초점화되면 더 많은 인지적 자원을 사용하여 의도한 목표를 향한 의식적인 처리를 진행한다.

처리의 자동화는 일련의 절차를 학습하고 여러 번 반복함으로써 가능해진다. 처리가 자동화되어 사용자가 의도한 행위의 수행에 거의 주의를 기울일 필요가 없어지는 것은 시스템의 사용 편리성을 구성하는 요소 중 하나라고 할 수 있다. 그러나 한편으로 대부분 주의를 하지 않아서 중대한 문제가 발생한다는 점에는 충분한 주의를 기울여 나가지 않으면 안 된다.

얼떨결에 저지르는 실수는 누구나 일상적으로 경험한다. 역에서 집까지 돌아오는 길에 우체국에 들르는 것을 깜빡 잊어버리고, 자동판매기에서 원하는 캔 커피 옆의 버튼을 실수로 눌러 버리는 등, 의도한 행위에 대해 충분한 관심을 기울이고 있지 않거나, 그 이상으로 강력하게 자동화되고 습관적인 행위가 존재하는 경우 얼떨결에 실수, 즉 액션 슬립(action slip)이 발생하기 쉽다.

예를 들어, 한 어플에서 항목을 하나 제거하려고 할 때, 몇 번이나 확인을 위한 창이 되고 그때마다 'OK' 버튼을 클릭하거나 'OK'가 기본적으로 선택되어 있는 경우 연속해서 엔터키를 칠 수 있다. '삭제하시겠습니까'→ 'OK'→ '이 작업은 취소할 수 없습니다. 괜찮습니까'→ 'OK'→ '그럼 삭제합니다'→ 'OK' 식이다. 이것을 여러 번 반복해서 수행하면 한동안 창에서 메시지를 읽지 않고 그 행위를 자동으로 수행해 버린다. 그리고 나서 삭제하지 말았어야 할 항목까지 삭제하는 경우도 있다. 이것은 간단한 조작의 반복에 의해 대상에 충분한 관심을 기울이지 않아 발생하는 액션 슬립이다.

한편, 자동화된 행위를 이용하면 상호작용을 제어할 수도 있다. 예를 들어, 사람은 지금까지의 경험에 따라 화면의 왼쪽에서 오른쪽(오른쪽에서부터 보는 언어권에서는 오른쪽에서 왼쪽으로), 그리고 위에서 아래로 보는 경향이 있다. 따라서 사용자가 과제를 수행하고 목표를 달성하기 위해 필요한 정보나 사용자에게 꼭 전달하고 싶은 중요한 정보는 왼쪽 상단에 배치하는 것이 바람직하다.

[그림 5-11] 자동화된 행위를 도입한 웹사이트 화면디자인

[그림 5-11]은 어느 웹사이트의 맨 앞 페이지이다. 여기에서 왼쪽 상단을 기점으로 수직·수평 방향으로 탐색하기 위한 버튼(링크)을 배치하고 있다. 오른쪽이나 아래의 정보는 상대적으로 주의를 기울이기가 어렵기 때문에 사용자에게 중요하다고 생각되는 정보는 왼쪽이나 위쪽에 배치하고 있다.

이처럼 사용자가 주의를 제어하거나 주의를 돌리지 않고 수행하는 자동적인 행위를 이용하는 것은 적절한 상호작용을 디자인하기 위한 중요 단서가 된다. 사용자는 가능한 인지적 비용을 들이지 않고 의도된 행위를 수행하기를 희망한다. 그것을 위해서는 사용자의 주의 및 정보처리의 특성에 대해 충분히 이해해야 한다.

4) 지각된 어포던스[1]를 디자인하기

어포던스(affordance)는 생태심리학자 제임스 깁슨(J. J. Gibson)이 제시한 개념의 용어이다. 생태학적 인식론에서 정보는 사람(동물)과 환경의 관계 속에 존재하고, 사람은 환경을 탐험하면서 그 의미와 가치를 부여한다고 여긴다. 어포던스는 '환경에 존재하는 취할 수 있는 행위의 모든 것'을 의미하고 인간과 환경의 상호작용 속에서 행위의 가능성이 결정된다(Gibson, 1979).

앞서 언급한 노먼은 이 아이디어를 발전시켜 인공물 디자인에 적용하고 '물건을 어떻게 취급할지에 대한 강력한 단서'로서 '지각된 어포던스'(perceived affordance)라고 하는 개념을 설명하였다(Norman, 1988). 사람이 취할 수 있는 모든 행위(본래의 어포던스: real affordance) 중에서, 특히 지각할 수 있는 행위의 가능성에 주목한 개념이다. 또한 본래의 어포던스와 지각된 어포던스의 혼동을 피하기 위해, 노먼은 최근의 저서에서 '사용자를 적절한 행위로 이끌기 위한 인식 가능한 사인'을 '신호표현'(signifier)이라고 부를 것을 제안하였다(Norman, 2010).

사용자에게 친숙한 물건을 디자인할 때, 지각된 어포던스를 도입하는 것은 매우 유익하다. 행위의 가능성에 대한 단서를 사용자에게 제공함으로써 적절한 상호

---

1 (역자 주) 행동유도성으로 번역하기도 함.

작용을 촉진할 수 있다. 또한, 굳이 그것을 제공하지 않음으로써 사용자들을 문제나 위험으로부터 멀리 거리를 두게 할 수도 있다.

[그림 5-12]는 어디에나 있는 스테이플러의 예이다. 오른쪽 스테이플러는 사용자가 주의 깊게 관찰하거나 골똘히 생각하지 않아도 빠르고 자연스럽게 사용할 수 있다. 그러나 왼쪽 스테이플러를 사용하면 약 50%의 확률로 종이를 놓는 위치를 착각한다(필자의 경우). 즉, 오른쪽 스테이플러는 바늘이 저장되는 부품의 좌우(실제로 제본 시에는 상하) 공간의 크기의 차이와 핸들 부분(정확하게 분류 시 상단)의 두께의 차이로 사용자의 적절한 행동을 돕고 용이성을 실현하고 있는 것이다.

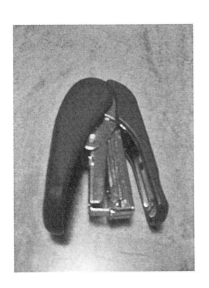 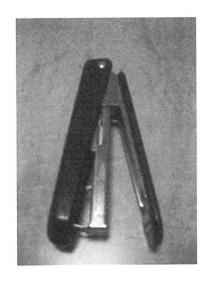

[그림 5-12] 옳은 행위(잡는 방법)를 하고 있는 사람은 누구?

지각된 어포던스를 일부러 위반하여 오류를 피하는 방법도 있다. 가까운 예로는 휴대전화 등의 정보기기의 '버튼 길게 누르기 조작'을 들 수 있다. 예를 들어, 전원 버튼은 사용자가 실수로 잘못 조작을 해도 쉽게 전원이 켜지거나 꺼지지 않도록 평소보다 긴 시간(몇 초 동안) 계속 누르지 않으면 작동하지 않도록 설계되어 있다. '버튼'에 대해 지각된 어포던스는 '누름' 행위이지만, '길게'라는 행위에 대한 지식이 필요하다. 즉, 지식이 없으면 조작할 수 없는 인터페이스 디자인이라는 것이다.

따라서 반대로, '길게'라는 조작 방법을 모르는 사람은 전원을 키거나 끄는 것으로 시행착오를 하거나 설명서를 찾게 된다. 이것은 당초 정보 기기에 익숙하지 않은 노인 등에게서 흔히 볼 수 있는 문제였지만 최근에는 이러한 작업 방법이 일반화되어 노인의 휴대전화 인터페이스에도 길게 누르기 조작이 채용되고 있다.

5) 사용 편리성을 위한 지침

이 절의 마지막에서는 물건의 사용 편리성을 디자인하는 기본적인 지침을 소개한다. 이 내용은 어떤 물건을 대상으로 하든지 상관없이 인터페이스와 상호작용을 디자인 할 때 반드시 체크해야 할 중요하고 필수적인 사항이다.

(1) 사용 편리성 5개의 특성(Nielsen, 1993)

- 학습 용이성: 시스템은 사용자가 그것을 사용하여 작업을 바로 시작할 수 있도록 배우기 쉬워야 한다.
- 효율성: 시스템은 일단 사용자가 그것에 대해 학습하면 나중에는 높은 생산성을 낼 수 있도록 효율적인 사용이 가능해야 한다.
- 기억 용이성: 시스템은 부정기 이용자가 일정 기간 사용하지 않고 다시 사용할 때 다시 사용법을 익히지 않아도 될 만큼 기억하기 쉬워야 한다.
- 오류 적음: 시스템 오류가 발생해도 쉽게 복구할 수 있어야 한다. 또한 치명적인 오류가 발생하지 말아야 한다.
- 주관적 만족도: 시스템은 사용자가 개인적으로 만족할 수 있고, 즐겁게 이용하도록 해야 한다.

(2) 좋은 디자인의 4원칙(Norman, 1988)

- 가시성: 사용자가 한 눈에 봐서 장비의 상태와 거기서 어떤 행동을 취할 수 있는지를 알 수 있어야 한다.

- 좋은 개념 모델: 디자이너는 사용자에게 좋은 개념 모델을 제공하고 그 모델이 조작과 그 결과의 표현에 일관성이 있고 지속적이며, 일관적인 시스템 이미지를 낳아야 한다.
- 좋은 대응: 행위와 결과, 조작과 그 효과, 시스템의 상태와 외관 상태 간의 대응 관계를 확정할 수 있어야 한다.
- 피드백: 사용자가 항상 행위의 결과에 대한 전체 피드백을 받을 수 있어야 한다.

(3) 사용자에 대해 시스템이 고려해야 할 디자인 법칙(Norman, 2007)

- 최대한 간결하게 한다.
- 인간에게 개념 모델을 제공한다.
- 이유를 나타낸다.
- 인간이 제어할 수 있다고 생각하게 한다.
- 끊임없이 안심시킨다.
- 사람의 행동을 결코 '오류'라고 부르지 않는다.

특히 (3)은 디자이너가 고려해야 할 규칙이 아닌 시스템 자체를 주체로 표현한 규칙이라는 점에서 매우 흥미롭다. 이것을 사용자 관점의 단어로 대체한다면, 사용자가 간단히 알기 쉽게 납득하고 제어할 수 있으며, 안심할 수 있고, 또한 실수를 비난하지 않는 시스템을 요구하는 것이다.

3. 맺음말

제조현장에 있다면 그 물건의 내용이나 기능에 대해 잘 알고 있어도 사용자에게 생각을 전달하기 쉽지 않다. 그러나 생활에 관련되는 기술이 점점 고도화·복잡화되어 가는 오늘날에는 사람의 기본적인 인지 특성을 이해하여 물건 디자인에 반영하는 것이 필수적이다.

이 장에서는 사람과 물건의 인터페이스에 관련된 인간 요인을 중심으로 다루었지만, 제1절의 4)에서 언급한 바와 같이, 사람의 지적 행위를 이해하기 위해서는 사회적 실천의 장에서 상황과의 관계를 포함하여 물건의 구성과 사용 편리성을 검토해 나갈 필요가 있다.

어쩌면 그것은 과장된 일처럼 보일지도 모른다.

그러나 지난 30년 동안 급속하게 발전해 온 HCI 분야의 '학제성'을 감안하면 그러한 우려도 불식할 수 있는 것은 아닐까? 가장 중요한 것은 다양한 영역의 전문가가 연결하여 협동하면서 사람과 물건의 더 나은 관계를 만들어가는 것이다. 또한 최근에는 그 연결 내에 사용자 자신이 들어가는 방식과 환경이 갖춰져 있다.

사물 사용 편리성에 대한 연구는 기술의 발전과 함께 다양한 사람과 영역을 동반하면서 더욱 새로운 전개를 보여 나갈 것이다. 앞으로의 성장이 더욱 기대된다.

북 가이드 ●

海保博之, 原田悦子, 黒須正明(1991). 인지적 인터페이스-많은 것과의 지적인 관계. 新曜社.

原田悦子 편(2003). '사용하기 편함'의 인지과학과 사람과 물건의 상호작용을 생각해라. 共立出版.

野島久雄, 原田悦子 편(2004). '집안'을 인지과학하기-변화하는 가족·물건·학습·기술. 新曜社.

　→ 물건의 유용성에 관한 인지심리학·인지과학적인 접근. 다양한 주제와 연구 방법이 알기 쉽게 써져 있으며, 연구 분야의 전체 상을 파악하는데 도움이 된다.

정보디자인포럼 편(2010). 정보 디자인 교실 – 일을 바꿔, 사회를 바꾼다. 앞으로의 디자인 접근과 방법. 丸善.

Kuniavsky, M. / 小畑喜一, 小岩由美子 공역(2007). 사용자 인터페이스 – 사용자 연구 실험가이드. 소프트웨어개발과제, 9. 翔泳社.

Weinchenk, S. / 武舎広幸, 武舎るみ, 阿部和也 공역(2012). 인터페이스 디자인의 심리학 – 웹과 어플에 새로운 시점을 가진 100개의 지침. 옴社.

Suri, J. F., IDEO / 森博嗣 역(2009). 생각 없는 행동. 太田出版.

　→ 정보, 웹, 상호작용, 사용자 경험 등 디자인의 맥락에서 사용자의 행동을 이해하고 사용하기 쉬운 물건을 만들거나 하는 실질적인 방법이 자세히 설명되어 있다.

참고문헌 ──────────── ●

加藤隆(2002). 認知インタフェース. IT Text シリーズ, オーム社.

茂呂雄二 編(1997). 対話と知 − 談話の認知科学入門. 新曜社.

茂呂雄二, 有元典文, 青山征彦, 伊藤崇, 香川秀太, 岡部大介 編(2012). 状況と活動の心理学—コンセプト・方法・実践. 新曜社.

佐伯胖(1992). 道具使用認知科学. 上安西祐一郎, 石崎俊, 大津由絃雄, 波多野証値余夫, 清口文雄 編, 認知科学ハンドブック. 共立出版, pp. 65-77.

香川秀太(2011). 状況論の拡大—状況的学習, 文脈横断, そして共同体間の '境界' を問う議論へ. 認知科学. 18, 604-623.

Engeström, Y. (1987). *Learning by expanding: An activity-theoretical approach to development research.* Orienta-Konsultit. (山住勝広, 松下佳代, 百合草禎二, 保坂裕子, 庄井良信, 手取義宏, 高橋登 訳, 1999. 拡張による学習 − 活動理論からのアプローチ. 新曜社).

Gibson, J. J. (1979). *The ecological approach to visual perception.* Houghton Mifflin. (古崎敬, 吉崎愛子, 辻敬一郎, 村瀬受 訳, 1986. 生態学的視覚論 − ヒトの知覚世界を探る. サイエンス社).

Norman, D. A. (1988). *The psychology of everyday things.* Basic Books. (野島久雄 訳, 1990. 誰のためのデザイン? − 認知科学者のデザイン原論. 新曜社).

Noman, D. A. (1992). 認知的な人工物. 安西祐一郎, 石崎俊, 大津由紀雄, 波多野証余夫, 溝口文雄 編, 認知科学ハンドブック. 共立出版, pp. 52-64.

Nielsen, J. (1993). *Usability engineering.* Academic Press. (篠原稔和 監訳, 三好かおる 訳, 1999. ユーザビリティエンジニアリング原論—ユーザーのためのインタフェースデザイン. 東京電機大学出版局).

Norman, D. A. (2007). The design of future things. Basic Books. (2 is 552. - f2. BF - G 賀聡一郎, 上野晶子 訳. 2008. 未来のモノのデザイン—ロボット時代のデザイン原論.

新曜社).

Norman, D. A. (2010). Living with complexity. The MIT Press. (伊賀聡一郎, 岡本明, 安通
晃 訳, 2011. 複雑さと共に暮らす－デザインの挑戦. 新曜社).

제6장 가상공간과 의사소통 행동

인터넷상의 가상공간 (사진 제공: 교도통신사)

　최근 컴퓨터를 이용하여 가상공간에서 의사소통을 즐기는 것이 일반화되고 있다. 이 장에서는 제1절에 의사소통과 인간관계의 변천을 확인하고, 제2절부터 제4절까지의 내용을 통해 일반적인 의사소통 행동을 중심으로 설명한다. 그리고 그 내용들을 감안하여 종합적인 가상의 대인관계와 현실에 대해 제5절에서 설명한다.

1. 의사소통의 다양화

사람이 살아가는 과정에서 타인과의 의사소통은 필수적이다. 의사소통은 사회 시스템과 밀접하게 관련되어 있다. 정보화사회에 들어서면서 정보 전달을 위한 새로운 수단이 속속 개발되어 왔다. 그 결과, 의사소통 양식이 점점 다양해지고 그에 따라 구축되는 인간관계에도 큰 변화가 생기고 있다.

1) 정보통신 형태의 변천과 인간관계의 변화

의사소통의 기본은 본래 직접적인 대면 상황을 말하고, 멀리 떨어져 있는 대상에게는 편지나 전화가 사용된다. 의사소통(communication)이란 의사나 감정을 포함한 정보의 전달 과정을 말한다. 최근 새로운 의사소통 도구가 생활의 다양한 장면에서 중요한 역할을 수행하면서, 사람 사이의 정보전달 대부분이 대인 장면에 국한되지 않고 있다. 즉, 대인적인 대면 의사소통에서 컴퓨터를 매개로 한 의사소통(Computer Mediated Communication: CMC)으로 대세가 옮겨 가고 있다.

통신이라는 것은 정보전달을 의미하는 말로, 현재는 많은 기능을 컴퓨터에 의존하고 있다. 컴퓨터는 본래 정보처리, 가공, 축적을 위한 도구였다. 거기에 통신 기능이 부여됨으로써 양방향으로 정보를 교환하고 표현이나 사고를 하는 통신매체로 성장했다. 이처럼 컴퓨터를 연결하는 컴퓨터 네트워크는 다양한 크기, 기능, 목적을 가지며, 다중적으로 존재한다. 이메일처럼 개인 간의 의사소통 공간을 만들어 내고, 중간 규모 집단의 의사소통을 지원하고 작업의 질과 효율성을 향상시키며, 대형 공용 의사소통 공간을 형성하기까지 한다.

또한, 컴퓨터 네트워크는 이용자가 언제 어디서나 접근할 수 있고 현실의 시간과 공간의 제약을 넘어 소통할 수 있다는 특징을 가진다. 전달되는 정보는 문자 정보뿐만 아니라 동영상, 사진, 음성 등이 있다. 같은 내용의 정보라고 해도 그림이나 책 등 어떤 정보로 선택할지가 요구된다. 그리고 자신의 생각과 감정을 불특정다수의 사람에게 발신할 수도 있다.

2) 가상 의사소통의 특징

의사소통 장면의 구성 요소에는 수신자, 송신자, 정보, 매개 채널 등이 있다. 가상(virtual) 의사소통이라는 표현은 어디까지가 가상인지의 문제를 포함한다. 가상의 대상, 정보 교환이 이루어지는 공유 공간, 정보의 발신자 또는 수신자가 존재하는 공간, 거기에 상대의 존재 자체 등을 고려할 수 있다. 즉, 사람의 얼굴을 향한 대화나 전화 등으로 실현되는 직접적인 의사소통이 결여된 상태를 말한다.

인터넷을 중심으로 한 컴퓨터 네트워크는 새로운 인공의 유사 환경을 만들어 내고 있다. 이 환경은 인간과 인간의 의사소통만을 목적으로 한 허구의 세계, 즉 가상공간이다. 가상공간(virtual space)은 컴퓨터와 컴퓨터 네트워크의 가상적인 공간으로, 가상현실의 별칭이기도 하다. 허구라고 해도 존재하지 않는 것은 아니고, 의식적인 실감이 가능한 사회적 활동이 존재한다. 거기에서는 사회적인 인연으로 생기는 인간관계를 넘어, 순수한 정보의 인연만으로 연결된 인간관계가 가능하다(川上 et al., 1993).

대인 의사소통은 양방향으로 메시지의 교환이 이루어져서, 모든 사람이 정보의 송신자 또는 수신자가 되고 그 반복으로 의사소통을 전개시킨다. 그리고 소통 현장의 상황을 공유하면서 의사소통이 진행된다. 한편, 가상공간에서의 의사소통은 양방향으로 보일 듯하면서도 일방적인 정보 전달이 되는 경우가 있다. 활발하게 교환되는 정보 중에는 보고와 경험을 포함한 말뿐인 것도 있다. 또한, 통신 상대와 장소에 대한 단서가 적기 때문에 생기는 거리감은 반대로 원활한 교류를 촉진할 때도 있지만, 단방향적인 것에 그치는 작용도 가진다.

이러한 가상사회에 참여하는 사람의 심리적 측면은 기존의 것과 다르다고 생각된다. 또한 가상공간에서의 의사소통이 현실공간에서의 의사소통에 영향을 줄 가능성도 있다. 다음에서는 관련된 대인적인 변수에 주목해 본다.

2. 대인인지

사람이 적절한 대인관계를 형성하고 사회생활을 영위하기 위해서는 자신과 타인을 제대로 이해하고, 타인의 행동을 예측하며, 그에 따라 자신의 행동을 제어해야 한다. 그 첫 과정이 대인인지이다.

1) 친근한 인상

상대방에게 좋은 인상을 주고 싶어 하는 사람은 많다. 인상(impression)이란, 어떤 사람을 만났을 때 그 사람에 대해 갖는 호오(好惡)에 기초한 전반적인 평가를 말한다. 인상은 그 사람의 얼굴, 표정, 복장, 말투 등 제한된 단편적인 정보에서 정리된 전체상으로 형성된다.

심리학에서는 인상을 넓게 보아 대인인지로 파악하고 있다. 어떤 인물에 대해 그 사람이 가지고 있는 감정과 욕망, 태도, 성격 등을 아는 것을 대인인지(interpersonal cognition)라고 한다. 사람에 대한 인지, 특히 성격인지는 각자가 가지고 있는 인지적 틀에 의해 이루어진다. 다른 사람에 대한 정보가 동일하더라도 사람에 따라 인지하는 내용이 다르거나 매우 제한된 정보로도 꽤 정리된 인지를 할 수 있는 것은 각각의 사람이 경험으로 획득한 인지적 틀이 작동하였기 때문이다. 이러한 인지적인 틀을 대인인지 구조(interpersonal cognitive structure)라고 한다.

대인인지 구조에는 개인차가 있지만, 동시에 한 인물에 대한 인지는 반드시 몇 가지 기본적인 차원에 따라 이루어진다. 하야시(林, 1978)는 기존의 연구에서 발견되어 왔던 대인인지의 차원을 정리하여 '개인적으로 친근한 인상' '사회적 바람직성' '활동성'의 세 가지 기본 차원으로 정리했다. 이 중 '개인적으로 친근한 인상'과 '사회적 바람직성'이 평가에 관한 내용을 담고 있다. '개인적으로 친근한 인상'은 사람에 대한 호감과 선호도의 차원을 말하며, 구체적인 특성으로는 '친근한' '밝은' '느낌이 좋다' 등이 있다. '사회적 바람직성'에는 존경과 신뢰의 차원으로 '진지한' '지적인' 등의 특성이 있다. 의미를 측정하는 SD법(semantic differential technique, 어의미분법)

을 고안했던 오스굿 등(Osgood et al., 1957)과 비슷하게 의미공간(semantic space)을 구성하는 개념 또는 이미지의 3차원은 '평가(evaluation)' '역량(potency)' '활동(activity)'이다. 의미공간은 사물이나 일에 대한 다양한 개념과 이미지가 자리매김하는 다차원 공간이다. 이것이 사람에 대한 이미지와 인상 등으로 대인인지가 되면 평가 차원이 '개인적으로 친근한 인상'과 '사회적 바람직성'의 2개로 나누어 역량과 활동 차원이 '활동성(활동 가능성)'에 통합된다([그림 6-1]).

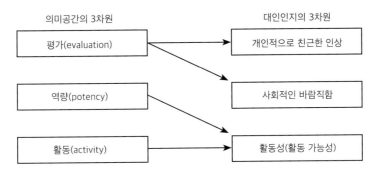

[그림 6-1] 의미공간과 대인인지의 3차원 관계(모형도)

　　인간관계에서 상대방에게 주는 친근감은 중요하다. 특히 개인적인 관계나 친구를 선택할 때는 친근한 인상이 더 깊은 소통과 관계의 발전으로 이어진다. 친근감은 거리적 근접성과 접하는 빈도에 따라 높아진다. 가상공간에서 상대방과의 거리감이 드러나지 않지만 타인에게 접근할 때 깊이 생각할 필요가 적은 편이다. 또한 일반적으로 불안이 높을수록 친화욕구가 강해지고 친해지는 경우가 많다. 가상적인 상황은 대인 장면과 달리 긴장이 낮은 반면, 상대방의 실체가 선명하게 드러나지 않는 것에 대해서 불안을 느끼기 쉽기 때문에 보다 활발하고 적극적인 움직임이 일어날 가능성이 있다.
　　상대의 성격, 생각, 감정에 대한 추론을 하는 데 필요한 대인관계 인지능력은 다른 사람과의 현실적인 상호작용 속에서 자신과 타인의 행동을 관찰함으로써 획득할 수 있다고 여겨져 왔다(坂元 et al., 1992). 그러나 가상공간에서의 간접 경험 증가가 이를 더욱 어렵게 만들 것으로 보인다. 직접 체험 실패로 인해 충격을 받은 경험이 줄어들고, 상대와의 관계가 나빠지거나 뭔가 문제가 생기거나 하는 경우에 해결을 필요로 하지 않고 통신을 종료할 수 있기 때문이다.

2) 자기공개와 자기제시

다른 사람에게 자신의 의견이나 심정을 전달하는 목적은 자신의 것을 상대방에게 이해받고 싶다는 욕망을 만족시키려는 것으로, 이를 통해 상대와 친밀한 관계를 구축할 수 있다. 이와 같이 다른 사람에게 자신의 특정 정보를 제공하는 것을 자기공개(self-disclosure)라고 한다. 자기공개는 상대와의 관계를 규정하는 중요한 변수이며, 공개를 받으면 신뢰할 수 있거나 호의를 받고 있다고 느낀다. 또한 자신만 상대의 정보를 알고 있다는 불균형에서 자신도 같은 등가의 정보를 상대방에게 전하려는 자기공개의 반응 가능성이 보인다(Worthy et al., 1969).

일반적으로 다른 사람에게 좋은 인상을 주고 싶기 때문에 다른 사람 앞에서는 바람직한 자기를 의도적으로 표출하려는 경향이 확인된다. 이러한 행동을 자기제시(self-presentation), 또는 인상관리(impression management)라고 말한다. 자기공개는 언어적 전달만을 위한 대상으로 하고 의도의 유무는 묻지 않지만, 자기제시는 비언어적 전달을 포함하여 의도적인 경우가 많다는 점에서 많이 다르다. 자기제시 행동은 이상적인 자아를 연출하는 전략적인 것이나, 자신이 사회적으로 불리한 상황에 있는 경우 방어적이거나 주장적인 것 등이 있다. 반대로 굳이 사회적으로 바람직하지 않은 인상을 주려는 자기제시 행동도 있다. 예를 들어, 강한 영향력을 행사하려는 위세나, 상대방에게 도움이나 옹호를 요구하기 위해 약점을 인상에 남기는 애원(사정을 말하고 부탁하는 것)을 들 수 있다.

CMC에서는 상대방을 직접 만나지 않기 때문에 자기공개 행동이 증가하며(Parks & Floyd, 1996), 특히 만남의 초기에 자기공개가 두드러진다(Tidwell & Walther, 2002). 그러나 가상공간에서 교환되는 정보가 진실이라는 확신을 갖기 어려워 의도와 조작성을 느끼기 쉽다. 또한 공개 가능성이 높기 때문에 개인적인 의사소통 감각이

얇다. 따라서 일반적으로 자기공개와 자기제시에 의해 기대되는 의사소통의 활성
화를 별로 볼 수 없는 경우도 있다.

3. 비언어적 행동

언어 이외의 수단을 통한 비언어적 상호작용은 이문화, 이민족 사이에서도 통
용되는 생물학적으로 본질적인 의사소통이라고 할 수 있다. 통신에 사용되는 비언
어적 행동에는 여러 가지가 있지만, 특히 중요한 의미를 갖는 거리, 표정, 시선의
세 가지를 다룬다.

1) 대인 간 거리

대인 장면에서는 상대방과의 관계나 그 상황에 따라 상대방에 적당한 거리를
둔다. 사람과 사람이 사회적 접촉을 할 때 사람들 사이의 물리적 거리의 크기를 대
인 간 거리(Interpersonal distance)라고 한다. 대인 간 거리가 어떻게 결정되는지는 개
인공간에 의한 바가 크다. 개인공간(personal space)이란, 다른 사람이 함부로 들어오
는 것을 원치 않는 개인의 주변에 있는 일정한 공간을 가리킨다. 개인공간은 좌우
대칭으로, 신체의 전방에는 넓게, 몸의 앞쪽으로는 넓고, 앞쪽에서 뒤쪽으로는 정
면으로부터의 각도가 증가함에 따라 좁아지는 이방성[1] 구조를 갖는다. 홀(Hall,
1966)은 대인 간 거리를 작은 순으로 밀접 거리, 개체 거리, 사회 거리, 공중 거리의
네 가지로 분류했다. 밀접 거리는 매우 친한 사람 사이에서 나타나는 거리, 개체 거
리는 개인적인 용건을 전달할 때의 거리, 사회 거리는 개인적 관계를 수반하지 않
는 일상의 거리, 공중 거리는 강의나 연설을 하기에 적합한 거리이다.

일반적으로 호의를 가지고 있거나 친한 상대방에 대한 대인 간 거리는 줄어든

---

1 (역자 주) 물질의 물리적 성질이 방향에 따라 달라지는 것을 말한다.

다. 반대로, 대인 간 거리가 그 상대방과의 관계에 맞지 않으면 불편함을 느낀다. 예를 들어, 친구들 사이에서는 아무렇지도 않지만, 낯선 사람에게 포위되면 불편해진다. 실제로 알 수 없는 사람이 전방에서 접근해 오면 주관적인 불안과 긴장이 점차 높아지고, 또 개인공간의 경계 부근에서 심장 박동이 급격히 증가한다. 또한 대인 간 거리에 따라 상대에게 주는 인상도 달라진다.

대인 간 거리와 마찬가지로 공간적인 문제로서 좌석 배치가 있다. 좌석의 선택은 우연적인 것이 아니라 상대방과의 관계나 상황 등의 영향을 받고 있다. 사이가 좋으면 나란히 앉지만, 친밀도가 높지 않은 사람과는 마주 보고 앉는다. 그리고 협력하여 과제를 해결하는 경우 인접한 자리를, 경쟁적인 장면은 정면 좌석을 선택한다. 한편, 좌석 위치는 행동에도 영향을 주어 멀리 있는 상대방과의 상호작용이 감소하고, 대면하는 경우에는 눈길을 맞추기가 쉬워져서 대화를 하는 계기가 많아진다. 여러 사람이 착석하는 경우에는 좌석 배치에 따라 리더 역할이 나타나기도 한다.

2) 웃음 표정

사람은 얼굴 표정에서 타인의 감정 상태를 추정하려고 한다. 감정은 행복, 놀람, 분노, 공포, 혐오, 슬픔의 여섯 가지 기본 감정으로 분류되는 경우가 많다. 이 중에서 즐거움의 감정은 행복만으로 이루어져 웃음으로 감정을 표현한다. 웃음은 일부 유인원을 제외한 다른 동물에서는 볼 수 없으며 사람이 가진 고차감정 표현으로 알려져 있다. 의사소통과 인간관계를 연구함에 있어서 웃음에 관한 이해는 필수적이다.

웃음에는 크게 나누어 보면, 미소(smile)와 폭소(laughter)가 있다. 이 두 가지의 큰 차이는 웃음소리의 유무에 있다. 또한 폭소는 웃음뿐만 아니라 몸과 팔다리의 움직임을 동반하거나 눈물이 나오는 등 표정 이외의 신체적 변화가 보인다. 한편, 미소는 대부분의 경우 얼굴 표정의 작은 움직임에 한정된다. 폭소는 단순한 쾌락의 표출인 반면, 미소는 사회적인 의미가 포함된 이미지를 가지며 폭소의 표출 정도가 작은 것 또한 미소라고 할 수 있다.

웃음의 종류는 다양하지만 즐거움의 웃음, 사교상의 웃음, 긴장 완화의 웃음의 세 종류로 나눌 수 있다(志水, 2000). 즐거움의 웃음은 만족한 것에 대한 즐거움의 표출이다. 사교상의 웃음은 다른 사람과의 의사소통에서 볼 수 있다. 긴장 완화의 웃음은 정신적 및 신체적 긴장에서 해방된 순간에 나타난다. 웃음의 대부분은 누군가와 함께 있을 때 발생하지만 혼자 있는 경우의 웃음을 유도하는 대상은 TV나 영화 등 미디어에 집중되어 있다. 가상 의사소통 때는 혼자 있는 경우가 많아서 대면하고 있는 것이 컴퓨터 화면임을 생각하면 웃음의 표출이 자연적으로 일어나기 쉽다. 또한, 표정의 표출로 인해 그 표정이 나타내는 감정이 환기되는 표정 피드백 효과에 의해 웃는 표정을 지으면 불쾌한 기분을 피할 수 있다. 한편, 웃음을 억제하고 금지시키면 오히려 재미있게 느낄 수도 있다.

대부분의 웃음은 사회적 상호작용에서, 특히 대화 장면에서 인정된다. 다른 사람들 사이에서는 어떤 것에 의해 유발되는 쾌락의 웃음에 사교상의 웃음이 더해지는 것으로 여겨진다. 웃음에는 냉소, 조소, 애교웃음 등과 같은 부정적인 것들을 포함하고 있기 때문에 복잡하고 고급스러운 의미를 지닌 사회적 메시지의 강한 표현이라고도 할 수 있다. 거짓말에 따른 웃음이나 억지웃음에 대한 연구 등도 많아서 표정 표출에 있어서 눈과 입의 움직임의 시간적 차이나 좌우 차이가 나타나고 있다.

3) 시선과 눈 깜빡임

눈이 단순한 시각 기관이 아니라 의사나 감정을 전달하는 의사소통 수단이라는 것은 잘 알려져 있다. 대면 상황에서는 표정을 짓는 눈 행동의 역할이 중요하다. 눈의 행동 중에서도 대화하는 동안의 시선 행동에 대해서는 이전부터 많은 보고가 있었다. 일반적으로 듣는 쪽이 화자보다 상대를 보는 시간이 길다. 본다는 행위는 상대방에게 주의를 기울이거나 관심을 가지고 있다는 것을 의미하고, 관심과 호의를 품는 사람에게 시선을 돌리는 횟수와 시간이 많아진다. 또한, 화제의 관심이 화자의 개인적인 일이 되면 화자는 청자를 보지 못한다. 자신의 감정을 상대방에게 알려지고 싶지 않은 욕구, 즉 상대로부터의 심리적 거리를 유지하려는 마음이 시선을 피하게 만든다. 시선 행동은 상대의 반응을 확인하는 모니터로서의 기능이나 대화 내용을 조정하는 기능이 있다(Kendon, 1967). 또한 시선을 보내는 양이 많다면 친절하고 성실하다고 평가되고, 적다면 냉담하고 방어적이라는 부정적인 인상을 준다.

그런데 눈 깜빡임 또한 소통 기능을 가진 눈의 행동 중 하나이다. 눈 깜빡임(blinking)은 눈을 뜨고 깨어 있을 때 순간적으로 두 눈의 각막을 닫는 것이다. 인간은 분당 약 20회 눈 깜빡임을 한다고 하지만 이 횟수는 개인차가 있다. 예를 들어, 불안이 높은 사람이나 신경증 경향이 강한 사람은 눈 깜빡임이 많다. 또한 눈 깜빡임은 눈의 습윤 상태를 유지하고 이물 혼입 시에 발생하는 것으로 알려져 있으며 심리 상태에 따라 증감하기도 한다. 흥미 있는 일에 주목하고 있을 때는 눈 깜빡임이 억제되고, 작업에 질려 지루하거나 졸음이 생기고 각성 수준이 저하되면 눈 깜빡임이 더 많아진다. 또한, 즐겁거나 불쾌한 감정에 따라서도 변동한다.

최근에는 눈 깜빡임과 대인관계적 요인 간의 관계가 검토되고 있다. 상대방의 태도가 호의적이지 않거나 상대방과의 거리가 너무 가깝다고 느끼는 대인 장면에서는 불편함에 따라 눈 깜빡임이 증가한다. 한편, 눈 깜빡임이 그 사람의 심리 상태나 성격 특성에 대한 정보로 다른 사람에게 전달할 수도 있다. 실제로 눈 깜빡임이 많고 적음에 따라 사람에게 주는 인상이 달라져서, 눈 깜빡임이 많으면 신경질적이라든가 친밀해지기 어렵다는 식으로 부정적인 평가를 받기 쉽다.

대인 장면에 관련된 눈 행동으로 가장 많이 연구된 것은 시선이다. 그리고 눈 깜빡임은 시선처럼, 또는 서로 관련하여 눈 표정을 짓는다. 눈 깜빡임은 시선을 차단하는 행동으로 파악할 수도 있다. 시선은 수의성이 반인 경우가 많고 제어도 가능하지만, 눈 깜빡임은 완전히 억제할 수 없고 대부분이 의사에 관계없이 발생한다. 의도적인 조작이 가해지고 있을 가능성이 있는 시선과 의식적인 참여가 적은 눈 깜빡임이라는 것은 의사소통 장면에서 담당하는 역할도 다르다고 여겨진다.

4) 비언어 의사소통의 유용성

CMC의 비언어적 정보에 얼굴 사진과 이미지가 있는 경우에는 시각적 요소, 음성 기능을 수반하는 경우에는 청각적 요소가 더해진다. 의사소통에서 비언어적 정보가 차지하는 비율은 70% 이상이라고 한다. 비언어적 의사소통(nonverbal communication)의 특징은 사용되는 비언어의 종류와 정보의 다양함에 있다. 시각 정보와 청각 정보뿐만 아니라 후각과 촉각을 포함하여 여러 감각 양상(modality)에 의한 많은 정보가 상호작용함으로써 정보 전달의 효율이 향상된다. 문자로만 소통하는 것보다 억양이 동반한 음성을 듣고 표정이나 몸짓이 더 가해지면 의사소통은 원활하게 진행된다. 또한 음성만으로는 알 수 없는 내용도 움직임을 동시에 볼 수 있는 음성 인식률이 높아져서 더 확실한 의사소통이 가능해진다.

또한 비언어적 행동은 상황에 따라 전달되는 의미에 변화가 생긴다. 예를 들어, 대인적인 시선은 호의와 관심을 나타내지만, 반대로 경멸을 의미하는 시선도 있고, 보이는 것에 대한 두려움을 환기시키기도 한다. 더불어서 시선은 대인 간 거리 등의 다른 비언어적 행동과 함께 상대방과의 친밀감에 맞는 균형 잡힌 어느 수준에 계속 유지하게 해 준다. 이것을 친화갈등이론(affiliative conflict theory)이라고 하며 (Argyle & Dean, 1965), 눈 접촉의 양과 두 사람 사이의 거리는 양(+)의 상관관계를 보인다([그림 6-2]). 좁은 공간에서 낯선 사람들끼리도 얼굴이 가까이에 있기 때문에 눈을 즐겁게 하도록 노력한다. 지인들이 멀리서 서로를 발견했을 때는 열심히 눈을 맞추려 하거나 손을 흔들거나 하는 것이다.

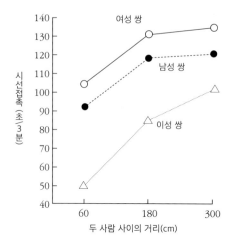

[그림 6-2] 시선접촉과 거리의 관계

출처: Argyle & Dean (1965)을 수정.

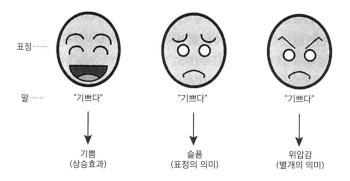

[그림 6-3] 표정과 말에서 전달되는 감정의 예

　　비언어와 인어의 관계는 서로 독립성을 지니면서도 의미적으로 한쪽이 우세한
경우나 상승효과를 가지는 경우, 별개의 의미가 되는 경우가 있다([그림 6-3]). 또한,
비언어적 정보는 언어적 정보와 달리 추상적이고 논리적인 정보의 전달이 어려운
반면, 개인의 감정과 대인 태도의 전달에 적합하다. 말은 조작할 수 있지만 비언어
적인 정보의 제어는 어렵기 때문에 모르는 사이에 감정이 전해진다. 인간은 감정

동물이라고 말할 만큼 많은 반응이 감정에 의해 발생하고, 감정에 의해 인간관계가 좌우되기도 한다. 비언어적 정보는 언어적 정보의 보조적이거나 상보적인 역할을 하는 것이 아니라, 언어적 정보로 전달하기 어려운 감정적인 내용을 전달하는 의사소통의 본질적인 중요성을 담당하고 있다. 비언어적 상호작용의 기제를 가상공간에 도입함으로써 인간의 특성을 존중하는 새로운 의사소통의 장을 제공할 수 있다.

또한, 언어는 나라와 민족에 의해 말과 언어 체계가 달리 사용되고 있지만, 비언어적 수단은 기본적으로 세계 공통이다. 그러나 비언어적 행동의 해석과 의미가 문화의 영향을 받아 다르고, 그 특징적인 예로서 일본이 다루어지는 경우가 적지 않다. 일본은 구분하자면 시선을 피하는 문화이며, 입을 가리고 웃기, 일본 정원이나 다도에서 볼 수 있는 공간에 대한 독특한 감각을 가진 점이 주목받는다. 의사소통이 글로벌화와 가상화라는 제한 없는 확대를 전개하는 가운데 커뮤니티와 작은 집단이 갖는 특수성도 완전히 무시할 수는 없는 요소이다.

4. 의사소통의 촉진과 억제

타인과의 상호작용 속에서 볼 수 있는 행동이나 움직임은 상대방과의 통신 내용 등 다양한 변수에 따라 1명일 때와는 달라진다. 그리고 그 변화가 더욱더 의사소통의 활성화를 주도하고, 반대로 관계의 종결을 불러일으키기도 한다. 여기에서는 특히 행동의 촉진에 관한 측면을 기술하였다.

1) 타인의 존재

의사소통은 타인의 존재를 인식하는 것으로부터 시작된다. 특히 가상공간에서의 의사소통과 협업 촉진 또는 실현에 있어서는 타인의 존재, 움직임, 분위기와 위치를 포함한 정보의 제공이 필수불가결한 요소이다. 예를 들어, 학습시스템 등에서 자신 이외의 학습자 유무에 따라 학습효과가 다른 것은 쉽게 떠올릴 수 있다.

사람이 옆에 있다는 것은 과제 수행과 행동에 영향을 미치지만, 촉진되느냐 방해되느냐는 과제의 난도나 복잡성과 일치하고 있다. 비교적 간단하고 충분히 학습된 것에 관해서는 성취도가 높아지고, 복잡한 생각이 요구되는 새로운 학습은 방해받아 잘못된 반응이 우위가 된다(Zajonc, 1965). 타인의 존재에 의해 개인의 활동이 높아지는 것을 사회적 촉진(social facilitation)이라고 한다. 반대로, 상황에 따라 작업 수행이 저해되는 사회적 억제(social inhibition)도 생긴다. 관찰자나 평가자의 관심과 라이벌의 존재는 과제 성적과 반응을 향상시키는 한편, 도움행동이 억제되는 방관자효과와 협력자가 많아서 개인의 노력량이 저하되는 사회적 태만(social lofting)도 발견된다(제11장을 참조).

사람과 함께 있으면 든든해지거나 즐거워하는 등 심적 상태도 변화한다. 타인의 존재는 부정적인 감정을 억제하고 긍정적인 인식을 촉구한다. 분노의 표정은 1명일 때 강하게 표출된다. 친구가 옆에 앉아 있으면 긴장과 불안이 완화된다는 휴식효과도 보고된 바 있다. 또한 같은 공간에 자신 이외의 사람이 있다는 실감은 외로움의 해소와 안심을 갖게 해 주고, 그것이 심장이나 눈 깜빡임 등 생리적 반응의 변화를 일으킨다. 평가자가 관찰하고 있다면 심박률이 높아지고 눈 깜빡임은 감소하지만, 그냥 친구가 동석하고 있을 뿐이라면 변화는 없거나 심장 박동 속도 등이 저하된다(제10장 참조).

다른 사람이라고 해도 다양하게 친한 사람과 낯선 사람, 경우에 따라서는 애완동물같이 사람 이외의 동물도 포함한다. 실제로 친구가 없는 노인이 배우자를 잃고 심한 우울증에 빠지는 비율은 애완동물을 사육하는 경우에는 0%에 가깝지만, 사육하지 않는 사람은 50% 가까이에 이른다. 동물은 사람의 고독과 불안의 감소에 큰 영향력을 가지고 있다. 최근에는 애완동물(pet)이라는 명칭도 반려동물(companion animal)로 바뀌고 있다. 동물이 곁에 있거나 동물과 접촉하면 혈압이 떨어지는 등의 이완상태가 된다. 또한, 개를 데리고 걷고 있는 것이 의사소통의 계기가 되어 대화하는 경우가 늘어나기도 한다. 동물의 존재는 공통의 화제를 제공하고 거리감을 좁히는 등 사회적 윤활유로서의 의사소통 촉진 효과가 있다.

2) 동조 행동

대화를 할 때 상대방이 머리를 만지거나 다리를 꼬거나 팔짱을 끼면 알지도 못한 채 같은 행동을 할 때가 있다. 대인 의사소통의 동작이나 행동은 시간적인 연쇄를 가지고 동조하는 경향이 있다. 동조(conformity)란, 판단이나 태도를 포함한 광의의 행동에 대해 다른 사람의 의견이나 움직임에 따라 동일하거나 유사한 의견이나 움직임을 표출하는 것을 말한다. 대인 상황에서 양자의 행동 연동과 유사화를 동조 경향(synchrony tendency)이라고 한다. 동조 경향은 다양한 비언어적 행동에 인식되며, 비슷한 동작과 일치하는 자세는 양자의 긍정적인 관계를 나타낸다. 눈 표정 중 하나로 대부분 무의식적으로 발생하는 눈 깜빡임 역시 동조 경향을 보인다. 대화 장면에서 화자와 청자의 눈 깜빡임에서 순차적으로 긍정적인 상관관계가 있어서, 화자의 눈 깜빡임이 많을수록 듣는 이의 눈 깜빡임도 많다.

표정이 얼굴을 마주한 상대와 동조적으로 반응한다는 표정감염이론도 연구되고 있다(Tomkins, 1962). 특히 미소의 동조 경향이 강해서 미소는 사람을 웃게 해 주는 것으로 알려져 있다. 다른 사람이 웃으면 자신도 무심코 미소로 반응하는 경우가 있다. 미소의 사진을 그저 바라보고 있는 것만으로도 즐거움의 표정을 지을 때 입꼬리를 끌어 올리는 대협골근(大頰骨筋)이 작동한다. 즉, 사람의 웃는 얼굴을 봄으로 인해 자각하지 못하더라도 표정이 변화하여 웃는 얼굴이 될 수 있다. 혹은 웃을 준비가 되거나, 곧 웃기 쉬운 상태가 된다. 또한 사람과 함께 있으면 웃음 반응을 늘어난다. 혼자 있을 때에는 작은 웃음이 많지만, 다른 사람이 있으면 웃음이 조금 커지는 등 표출의 정도도 달라진다. 대인석인 의미가 강한 웃음은 폭소도 미소도 아닌 중간 크기의 웃음이다. 다른 사람 존재에 의한 웃음 표정의 표출은 공동 행위(co-action)효과로서의 단순한 웃는 행위의 촉진이라고도, 즐거운 정서의 환기에 의한 것으로도 파악된다.

신체 동작의 동조는 일반적으로도 대인 의사소통에서 나타나는 것이지만, 동작을 시각적 단서로 읽을 수 있다면 대상이 실제 사람이 아니더라도 일어날 수 있다. 예를 들어, 영상 속 애니메이션 캐릭터가 눈을 비비면 시청자도 눈을 직접 만지고,

머리를 빗질하는 장면에서 자신의 머리를 만지고, 캐릭터의 하품 직후에 따라서 하품을 하는 등 동작의 동조가 확인되고 있다(千秋, 大森, 2006). 공간을 공유하는 상대방이 자신의 눈앞의 현실에 존재하거나 자신과 같은 인간인 경우에 한정되지 않고, 애니메이션 캐릭터 같은 친밀감을 가질 수 있는 존재에게 받는 영향도 크다.

3) 성별과 성차

의사소통 행동에는 반드시라고 해도 좋을 정도로 남성과 여성의 차이, 즉 성차가 있다고 할 수 있다. 여성은 의사소통 지향이 강하고, 자기공개적이며, 감정 표현을 많이 하고, 수다나 소문을 선호하는 이미지가 있다. 언어 측면뿐만 아니라 비언어 행동의 사용 방법도 여성이 능숙하다. 일반적인 경향으로 남성 쌍보다 여성 쌍의 대인 간 거리가 가깝고, 게다가 여성은 남성에 비해 자주 상대에게 시선을 향하기 때문에 친밀한 관계를 형성하기 쉽다. 남성보다 표정이 풍부한 여성이 보여 주는 사회의 미소는 더욱 교묘하다. 또한 대인 장면에서 시선이나 표정 등 비언어적 정보에 대해서도 여성이 남성보다 민감하다. 상대의 비언어적 정보로부터 많은 것을 얻어서 유효하게 활용하는 여성은, 동시에 비언어적 행동의 사용법 역시 남성보다 상황에 따라 변화킬 수 있다고 할 수 있다.

여성이 의사소통 지향과 친밀감을 추구하는 경향을 남성보다 강하게 가지고 있는 것은 타고난 것이 아니다. 인간의 성은 다양한 의미를 갖고, 생물적 차원과 사회적 차원 쌍방의 지배를 받고 있다. 사회에서는 신체적 차이 등 생물학적 성(sex)뿐만 아니라 남성다움이나 여성스러움 등 사회적인 성(gender)에 따르는 행동이 기대된다. 체격과 운동 능력은 생물학적 요인이 강하게 작용하지만 성격이나 인지 능력 등 심리적 특성이나 행동 등은 성별의 영향이 크다. 문화나 시대 배경과 관계를 맺으며 성인이 되었을 때 사회적 입장에 일치하는 것같이 성장 과정에서 남자는 남자다움, 여자는 여성스러움을 몸에 익힌다. 그래서 학습된 성별에 따른 행동 또는 각각의 의사소통이 있는 것처럼 깊이 관여하고 있다.

가상세계에서는 연령과 특성처럼 자기와 다른 성별을 연기하는 경우가 있다.

그때 남자를 연기하는 여자가 적극적으로 리더십을 발휘하려고 하거나, 반대로 여성을 연기하는 남성은 의사소통의 흐름을 상대에게 맡기거나 하는 등 그 사람이 가진 성별에 대한 고정 관념에 따라 대화와 행동이 증가한다.

5. 가상 대인관계와 현실

의사소통 형태가 크게 변화하여 다양성과 편리성이 확대되는 한편으로, 얼굴과 얼굴을 직접 맞대는 대면 의사소통의 중요성이 재인식되는 것 또한 사실이다. 제 2절부터 제4절에서 언급한 의사소통의 각 측면에 대한 지식에 입각하여 가상공간에서의 대인관계 문제에 향후 고찰한다.

1) 대인불안과 외로움

가상공간에서의 의사소통은 비대면이기 때문에 불안을 느끼지 않고 타인과 상호작용할 수 있다. 말하기 어려운 일이나, 반대로 아무래도 좋은 일도 드러내기 쉽다. 실제로 CMC는 대인불안 경향이 높은 사람이 다른 사람과의 관계를 형성하는 데 적합한 장소인 것으로 알려져 있다(McKenna & Bargh, 2000). 이유 중 하나는 비동기적인 상호작용 속에서 표현과 말투를 포함한 움직임에 대해 시간을 들여 천천히 선택적인 자기제시를 할 수 있다는 점을 들 수 있다(Walther, 1996). 따라서 상대가 자신에 대해 갖는 인상에 대한 우려가 줄어들어 대인불안이 감소한다. 또한 대인 긴장이 억제되는 것 때문에 낯선 사람이나 본 적 없는 상대를 믿기 쉽고, 거기에서 서로의 관계를 강화하면서, 경우에 따라 직접 만나는 대면 접촉을 활성화할 수도 있다.

또한, 시간적으로 상대를 구속하지 않고 장소도 한정되지 않아 언제든지 의사소통을 시작할 수 있는 즉시성이 있다. 하루 종일 연락처를 취하는 풀타임 친밀 커뮤니티, 즉 24시간 언제나 함께 있는 듯한 기분이 드는 인간관계가 형성된다. 조금 전까지 함께 있거나 매일 만나는 친구와도 더 자주 이어질 수 있다. 그리고 같은 통신 매체를 가지고 있다 하여 결속이 강화된다.

한편, 직접 대면을 하지 않기 위해 비언어 정보를 포함하여 전달할 수 있는 단서가 적다는 문제가 있다(Kiesler et al., 1984). 한정된 정보에서 자기가 해석을 만들어 내는 결과, 의사소통 오류가 발생하기 쉬운 것도 사실이다. 또한 상대가 자신의 발언을 어떻게 이해하는지 등을 파악하기 어렵기 때문에 긴장이 높아진다. 대인적으로 고려할 수 있는 범위가 좁아지면서 보내 오는 정보에 대한 관심과 의존도가 불필요하게 늘어난다. 단서의 적음이나 부족을 해소하려고 하거나 오해를 방지하기 위해 세세한 송신과 수신을 확인하는 행동이 필요해진다. 그리고 상대방의 응답이 없으면 버림받은 듯한 기분이 들고, 소외감을 느끼거나 불안을 포함하는 등 강박적인 요소가 있다. 또는 같은 도구를 갖지 않으면 친구 관계에서 배제된다고 생각하거나, 실제로 같은 도구를 가지고 있지 않은 사람과 의사소통을 취하려고도 하지 않기도 한다. 상대가 눈앞에 없기 때문에 걱정이 불필요해지는 만큼 질이 다른 심적 부담을 가진다고 할 수 있다.

2) 의사적인 대인 장면

가상공간에서의 원활한 의사소통은 비언어적 정보와 같은 단서의 부족을 보충하는 의미에서도 의사 또는 가상적인 대인 장면을 설정하는 것이 효과적이다. 네트워크를 통한 의사소통에서 발생하는 다양한 심리적 저항감을 완화하고 사람들이 모이는 커뮤니티에 친근감을 느낄 수 있도록 캐릭터 에이전트(character agent)를 이용하는 것 역시 효과를 기대해 볼 수 있다. 가상공간에서 아바타는 대표적인 의인화된 캐릭터 에이전트이다. 아바타(avatar 혹은 avator)는 네트워크상에 만들어진 자신의 분신으로서 의사소통의 보조적인 역할을 한다. 아바타의 외형은 운영하는 사이트 등에 의하여 다르다. CG(computer graphics)에서 얼굴을 보고 표정을 바꾸거나 윙크를 하는 기능이 있고, 양복 정장과 헤어스타일을 바꾸는 것이 가능하며 변화 가능성이 풍부하다.

사람 캐릭터

강아지 캐릭터

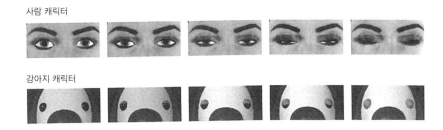

[그림 6-4] CG를 이용한 캐릭터의 눈 깜빡임 애니메이션

출처: 高嶋 et al. (2008).

사람과 사람이 의사소통을 더 많이 할 수 있도록 개발되어 온 서비스 중 하나는 채팅이다. 채팅(chat)은 원래 '수다'라는 뜻으로, 네트워크에서 동시에 여러 사람이 메시지를 교환하고 대화를 즐길 수 있다. 이러한 채팅 시 사용되는 기능 중에 아바타가 있다. 채팅 중에 아바타가 제시되면 아바타가 자신의 분신으로 느끼고 적극적으로 행동할 수 있으며, 대화가 즐거워진다고 평가된다. 아바타에 표정이 있는 시스템을 이용한 채팅은 채팅 상대의 감정을 예측하는 정확도가 상승한다. 또한 아바타에 대한 인상이 좋다면, 만난 적이 없는 채팅 상대에 대해 형성되는 인상도 긍정적이다. 또한 채팅 시 아바타를 주시하고 있는 시간과 횟수는 상대가 입력한 문자 화면과 같거나 약간 밑도는 정도로 많다. 상대의 문자 정보와 자신의 대화 입력 화면에서만 교환이 성립됨에도 불구하고 아바타에 주의를 기울이는 것은 흥미롭다. 특히 아바타에 눈 깜빡임이라는 단순한 움직임을 추가하면([그림 6-4]), 눈을 깜빡일 때마다 시선이 쏠리고 있다. 채팅 대화 내용에 관계없이 아바타를 볼 때 미소의 표출도 관찰되고 있다(大森, 2006).

일반적인 대면 의사소통에 비해 의사적 대인 장면에서 제공되는 정보는 제한적이고 질리기 쉽다. 반응 패턴이 완전히 동일하거나 같은 주기로 반복되거나 하는 것은 실제의 사람에게는 있을 수 없다. 캐릭터 에이전트는 정보를 정확하게 이해하고 전달하는 것 외에도 사람다움, 친숙함, 친절함, 편안함의 분위기를 가져야 한다.

3) 향후 가상 의사소통

사람은 가상공간의 의사소통 시에도 가능한 한 간단하고 평소와 같은 방법으로 교류하고자 한다. 공간은 가상이어도 의사소통은 가상이 아니며 송수신되는 정보가 현실에 있다. 표정이나 시선 등 행동은 빠르게 변화하고 그 속도에도 단서가 포함되어 있다. 따라서 통신 속도가 느리고 샘플링[2]을 거친 통신 시스템을 사용하면 엇갈림과 위화감에 의해 의사소통이 잘 되지 않는다. 원활한 교환을 실현하기 위한 통신기술이 요구되는 것은 물론이다. 한편, 현실을 그대로 옮겨 놓은 가상공간은 가상이어야 할 의미도 재미도 없다. 예를 들어, 음성 억양 등 청각 정보가 알기 쉽게 신호화된 것이나, 심장이나 뇌파의 변화 등의 생체 정보가 제공되는 식의 의외성이 요구된다. 즉, 보통의 대인 의사소통에서 정보로 제공되지 않는 것이 추가되고, 좋은 관계를 유지하고 편안함을 얻을 수 있는 지원 도구로서의 역할이 필요하다.

가상공간은 현실 사회에서의 역할과 제약에서 해방되어 본래의 자신과는 다른 세계를 만들고, 실제로는 이루어지지 않는 욕망을 충족시킬 수 있는 세계이다. 또한, 자신의 형편이 좋을 때 의사소통을 할 수도, 실시간 정보 교환도 할 수 있다. 따라서 제어 느낌을 과도하게 느낄 수 있다. 그러나 현실공간의 대인 의사소통은 언제나 상대가 자신의 뜻대로 반응하고 행동하지 않는다. 그 결과, 사회적으로 미발달한 어린이와 청소년의 경우 실제 대인관계를 피하고 즐거운 가상공간에 틀어 박혀 사회적 부적응을 초래할 수 있다. 또한 극단적으로 습관화하고 의존하는 경향이 나타나게 되며, 실제 사람과 사람 간의 마음의 교류가 고갈한 결과, 참여하는 가상공간의 장소와 대상을 늘리는 부정적인 연쇄를 일으킬 수도 있다.

---

2 (역자 주) 원래 통계학에서 sampling은 전체 조사 대상 집단에서 소수를 뽑아서 조사하도록 하는 것을 말하는데, 전자공학 등에서는 시간이 흐름에 따라 변화하는 어떤 데이터 값을 일정한 방식으로 뽑아서 저장하여 사용하는 것을 말한다. 예를 들면, 한 시간 동안의 화상 대화 중에서 얼굴의 변화가 무궁무진하게 일어나는데, 이때 1초에 한 번 혹은 1분에 한 번씩 찍힌 얼굴 화면을 모아서 분석 등에 사용하는 것이다.

앞으로의 의사소통에서 요구되는 것은 간편함, 즉 언제라도 어느 곳에서나 할 수 있는 의사소통의 간편화와 직접 본인과 교류할 수 있는 직접화이다. 또한 그때 그때의 일이나 체험, 마음을 순식간에 전달함으로써 친근감을 계속 제시하는 연속성도 들 수 있다. 이들을 겸비한 소통의 장은 더 바람직한 대인관계를 맺는 데 이용하고 싶은 매력이 있다. 활발히 인간관계의 형성을 진행하는 단계 또는 그것을 모색하고 있는 과정에 있는 젊은층에게는 많은 도움이 될 수 있다. 실제로 현대의 새로운 도구를 사용하여 다른 사람과의 의사소통이 활발해질 것이라고 예상하는 사람이 많다. 대면 의사소통의 중요성을 지적하면서 인간관계의 미래를 우려하는 의견도 많지만, 보급과 발전에 치중된 의사소통 형태의 특징을 절제하고 긍정적인 면을 재인식할 필요가 있다.

북 가이드

Joinson, A. N. / 三浦麻子, 睡地真太郎, 田中敦 공역(2004). 인터넷에서의 행동과 심리-가상과 현실의 사이에서. 北不路青方.

　→ 인터넷에서 인간행동과 심리 기제는 사회심리학의 관점에서 정리하고 있다.

川上善郎編, 高木修 감수(2001). 정보행동의 사회심리학-송수신하는 사람의 마음과 행동. 세기의 사회심리학, 5. 北大路書房.

　→ 사람과 사람 간의 상호작용 방식을 크게 변화시키는 정보환경의 변화를 근거로 정보행동의 사회심리에 대해 기록되어 있다.

松尾太加志(1999). 커뮤니케이션의 심리학자-인지심리학·사회심리학·인지공학으로부터의 접근. 나카니시야出版.

　→ 커뮤니케이션 형태를, 사람 대 사람, 사람 대 기계, 사람 대 기계로 나누어 심리학적 기초에서 설명하고 동시에 비언어적 커뮤니케이션에 대해서도 추구되고 있다.

Paderson, M. L. / 工藤力監 역(1995). 비언어 커뮤니케이션의 기초 이론. 誠信書房.
福井康之(1984). 시선의 심리학-시선과 인간관계. 創元社.
田多英興, 山田富美雄, 福田恭介 편(1991). 윙크 심리학-눈 깜빡임의 행동 연구를 총괄한다. 北大路書房.

　→ 오래 전에 출판된 것이 많지만 각 분야의 바이블이라고 할 수 있다.

Reeves, B., Nass, C. / 細馬宏通 역(2001). 사람은 왜 컴퓨터를 인간으로 대우하는가?-'미디어의 등식' 심리학. 翔泳社.

　→ 컴퓨터와 사람의 관계에 대한 심리학적 요소를 도입하면서 써진 읽기 쉬운 책이다.

大坊郁夫(1998). 행동의 커뮤니케이션-사람들은 친밀감을 어떻게 전하고 있는가?. 선택 사회심리학, 14. 사이언스社.

　→ 커뮤니케이션의 친밀감의 중요성을 알기 쉽게 개관하고 읽을 책이다.

참고문헌 ———————— ●

高嶋和毅, 大森慈子, 吉本良治, 伊藤雄一, 北村喜文, 岸野文郎(2008). 人の印象形成におけるキャラクタ瞬目率の影響. 情報処理学会論文誌, 49, 3811-3820.

大森慈子(2006). アバターを用いたチャット時における対人行動ー視線, 瞬目, 笑い表情の分析, 上町仁爱大学研究冠要, 4, 37-44.

林文俊(1978). 対人認知構造の基本次元についての一考察. 名古屋大学教育学部紀要(教育心理学科), 25, 233-247.

志水彰(2000). 笑いーその異常と正常. 勤草書房.

川上善郎, 川浦康至, 池田謙一, 古川良治(1993). 電子ネットワーキングの社会心理ーコンピュータ・コミュニケーションへのパスポート. 誠信書房.

千秋紀子, 大森慈子(2006). 映像中のアニメキャラクターに対する身体動作の同調-あくびを中心に. 人間学研究, 5, 67-73.

坂元章, 波多野和彦, 坂元罪(1992). 子どものコンピュータ使用と心理学的変数との関連性ー創造性・達成動機・社会的発達. 日本教育工学雑誌, 15, 143-155.

Argyle, M, & Dean, J. (1965). Eye-contact, distance, and affiliation. *Sociometry, 28,* 289-304.

Hall, E. T. (1966). The hidden dimension. Double day & Company. (日高敏隆, 佐藤信行 訳, 1970. かくれた次元. みすず書房).

Kendon, A. (1967). Some functions of gaze-direction in social interaction. *Acta Psychologica, 26,* 22-63.

Kicsler, S., Siegel, J., & McGuire, T. W. (1984). Social psychological aspects of computer mediated communication. *American Psychologist, 39,* 1123-1134.

McKenna, K. Y. A., & Bargh, J. A. (2000). Plan 9 from cyberspace: The implications of the internet for personality and Social psychology. *Personality and Social Psychology Review, 4,* 57-75.

Osgood, C. E., Suci, G. J., & Tannenbaum, P. H. (1957). *The measurement of meaning*. University of Illinois Press.

Parks, M. R., & Floyd, K. (1996). Making friends in cyberspace. *Journal of Communication, 46*, 80-97.

Tidwell, L. C., & Walther, J. B. (2002). Computer-mediated communication effects on disclosure, impressions, and interpersonal evaluations: Getting to know One another a bit at a time. *Human Communication Research, 28*, 317-348.

Tomkins, S. S. (1962). *Affect, imagery, and consciousness*. Springer.

Walther, J. B. (1996). Computer-mediated communication: Impersonal, interpersonal, and hyperpersonal interaction. *Communication. Research, 23*, 342-369.

Worthy, M., Gary, A. L., & Kahn, G. M. (1969). Self-disclosure as an exchange process. *Journal of Personality and Social Psychology, 13*, 59-63.

Zajonc, R. B. (1965). Social facilitation. *Science, 149*, 269-274.

제7장 적성: 역사를 바탕으로 통합적으로 파악하기

전화교환원의 적성검사를 받는 여성(1958년) – 백보드라고 불리는 구멍이 있는 판에 팩(막대기)을 연결시키거나 교환하게 하여, 수작업의 능력을 측정한다.

(사진 제공: 마이니치 신문사)

1. 조직에서 사람의 등용과 활용

1) 소개

'경영의 신'으로 칭송받는 마쓰시타 고노스케[松下幸之助, (주)마쓰시타 전기 산업(현 파나소닉) 창업자]는 '사람이 재산이다.'라고 말했다. 조직의 재산은 그 조직이 만들어 내는 제품이나 서비스가 아니라 조직을 구성하는 '사람'이라는 사고방식이다.

분명히 경쟁력 있는 제품과 서비스를 만들어 내는 것도 사람이고, 그것을 일반의 요구에 맞추는 것도 사람, 실제로 소비자와의 가교 역할이 되는 것도 사람이며, 이러한 사람을 관리하는 것도 사람이므로 사람이 없으면 어떠한 제품이나 서비스도 가치를 갖지 못한다고 할 수 있다. 그런 의미에서 조직과 사람의 문제를 생각하면, 거기 바로 인간 요인 연구에서 다루어야 할 많은 주제가 내재되어 있는 것이다.

이 장에서는 이러한 사람(즉, 조직구성원)이 채용되는 과정과 등용되는 과정에서 각 개인이 가지는 특성을 조직의 목표와 정책에 연결시켜 나가는 과정에서 매우 중요시되는 적성(aptitude) 문제에 대해 개관해 나간다.

2) 적성: 낡았지만 새로운 문제

[그림 7-1]은 국립정보학연구소의 논문 정보 내비게이터(CiNii)를 이용하여 검색한 적성 관련 연구의 10년 단위의 추이이다. 자세한 것은 후술하겠지만 일본에서는 제2차 세계대전 이후의 고도 경제 성장기에 걸쳐 활발히 연구가 진행되었으나, 그 후 현재까지 긴 시간 동안 시들해지고 있음을 알 수 있다.

실제로 현재의 적성 연구와 실천의 대부분은 연구가 번성했던 고도 경제 성장기의 성과를 이어 갈 뿐이고, 당시 같은 광범위한 대규모 사업은 연구에서도 산업 실천에서도 실시되지 않고 있다.

본격적인 적성 연구의 시작은 프랑스의 심리학자 비네(A. Binet)이다(所, 1993). 비네는 의무교육 과정에서의 학업 성적을 입학 전에 예견하고자 했던 파리교육위원회의 요청을 받아 비네식 지능검사를 개발했다. 현재는 적성검사보다 지능검사로 취급되는 이 검사는 본래 예측을 목적으로 한 적성검사이었다. 그 후, 제1차 세계대전 중 미국에서 군인 적합과 부적합을 신속하게 가려내기 위해 여키스(R. M. Yerkes)에 의해 적성검사가 개발되었다(Yerkes, 1919). 이 검사는 선발을 목적으로 한 최초의 적성검사라고 할 수 있다. 분트(W. Wundt)가 세계 최초의 심리학 실험실을 개설한 것이 1879년임을 감안하면, 이처럼 적성에 관한 관심은 심리학의 문제 중에서도 오래된 주제라고 할 수 있다.

한편, [그림 7-2]는 총무성 '노동력 조사'에 따른 2050년까지의 노동력 인구의 추이 예측이다. 성별, 연령별 노동력 비율이 현재 수준으로 계속된다면 노동 시장에 참여가 부진한 경우, 2050년에는 노동 인구가 현재 수준의 3분의 2 정도까지 감소할 것이라는 예측이다.

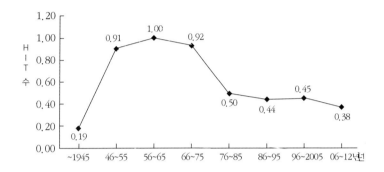

[그림 7-1] 적성 관련 연구의 추이

※ '최적성' 등의 다른 단어, '인쇄적성' 등의 무관한 단어 등을 제외하고 검색하여, 각 기간의 전체 수록 문헌수를 바탕으로 비율을 산출한 데다, 그 비율이 가장 높은 1956년에서 1965년을 1로 했을 때 각 기간의 지표를 보였다.

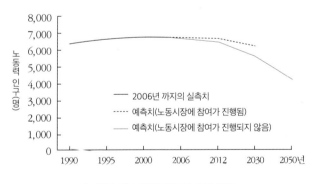

[그림 7-2] 노동력 인구의 추이 예측

※ 실측치는 총무부 '노동력 조사', 2030년까지 전망치는 독립행정법인 노동정책연구 · 연수기구에 의한 추계, 2050년 노동 인구는 2030년 이후 성 · 연령 계급별 노동력 비율이 변하지 않는다고 가정하고, '일본의 미래 추계 인구 (18년 12월 추계)'의 중위 추계에 기초하여, 후생노동성 사회보장담당 참사관실에서 추계.

노동 인구의 감소는 적성 문제에 대한 관심이 증가시킨다. 왜냐하면, 적은 인원으로 지금까지와 동일한 시스템을 유지·관리해야 하는데, 그것을 위해서는 인원수가 많을 때보다 '사람'과 '일'의 적합성, 이른바 '적재적소'가 강하게 요구되기 때문이다.

노동 인구가 많은 시기에는 선발 단계에서 적성을 파악하고 적성이 뛰어난 사람만을 채용하면 되었다. 그러나 노동 인구가 감소하면 선발 단계에서 적성을 판단할 수 있는 산업은 매우 줄어든다. 많은 산업에서 우선 인력을 확보하고, 그 인원의 적성을 향상시키는 정책을 취할 수밖에 없다. 결과적으로 적성 파악의 목적이 선발에서 교육·훈련으로 변모해 가는 것은 필연적이라고 할 수 있다.

사실 노동 인구의 부족을 적성 향상으로 보충하려는 움직임은 전시부터 전쟁 이후까지 발생하고 있었다. 당시는 전상자와 전사자 때문에 노동 인구의 감소가 사회문제였으며, 가까운 미래의 일본에서는 출산율 저하에 따른 인구 감소가 노동 인구를 감소시킨다는 차이가 있으나 노동 인구의 감소가 결과적으로 적성에 주목을 하는 구도는 동일하다. 그러나 당시의 노동 인구의 감소는 그 원인에서 인구 증가로 돌아설 가능성이 높고, 이것이 어느 쪽이든 간에 선발에 중점을 두었던 이유이다.

이와 같이 사회적 배경의 차이는 있기는 해도, 적성은 오래되었으면서도 새로운 문제이다. 최근 발간된 심리학과 인간공학, 인간 요인의 전문 서적 중에서 독립적으로 적성 문제를 다루는 장이 거의 없는 것을 생각해 보면, 지금은 아직 '오래된' 문제라고 할 수 있을지도 모른다. 그러나 노동 인구의 감소에 따라 '새로운' 문제가 되는 것은 필연이라고 할 수 있다.

2. 적성이란 무엇인가

1) 적성이란

적성에 관해 가장 처음 정의를 내린 사람은 워렌(C. H. Warren)이라고 할 수 있는

데(中西, 1981), 그는 적성을 "예를 들어, 말을 하고 음악을 만들어 낼 수 있으며, 특정 지식과 기술 또는 여러 반응의 조합을 훈련을 통해 획득할 수 있는 개인 능력의 징후로 간주되는 하나의 상태 또는 여러 특성의 조합이다."라고 정의했다(Warren, 1934).

일본에서는 "과제나 일을 적절하고 효과적으로 수행하는 잠재적 또는 발현 측면에서의 능력과 특성"(正田, 1981), "예상되는 업무를 효과적으로 수행할 수 있는 가능성, 그리고 그 가능성을 증거로 삼는 현재의 생리적 · 심리적 조건으로 그것은 훈련을 받기 전부터 그 사람이 이미 갖춘 본래의 능력이나 특징이라고 할 수 있다"(丸山, 1982), "미래의 직무를 수행하는 데 필요한 요구사항을 습득하는 현재의 가능성"(外島, 2004) 등으로 정의하였다.

이러한 정의에서 적성이 두 가지의 특징을 가진 것을 알 수 있다.

(1) 현재뿐만 아니라 예측도 포함한다

적성에는 측정 시점에서 표면화된 능력뿐만 아니라 미래에 발현할 것으로 보이는 잠재 능력의 예측도 포함한다. 잠재적인 능력을 '적성', 표면화된 능력을 '기량(proficiency)'이라고 구별하기도 하지만(Super, 1957), 대부분 두 가지를 포함하여 적성이라고 부르기 때문에 이 책에서도 이렇게 하고자 한다.

(2) 경험에 의해 변화된다

적성은 고정적인 것이 아니라 교육과 훈련을 포함한 경험에 의해 변화하는 기능이다. 따라서 잠재적으로 이미 획득한 능력이 미래에 발현하는 경우도 상정할 수 있지만, 한편으로 측정 이후의 교육 · 훈련을 포함한 경험에 의해 변화할 가능성도 상정한다.

2) 적성의 하위 범주

토요하라(豊原, 1965)는 '적합 · 부적합, 지향 · 지향하지 않음의 의미'로 다섯 가지의 생각을 들었고, 오카무라(岡村, 1997)는 '적성 평가의 수준·기준'을 여섯 가지로 나누어 말하고 있다. 두 가지는 꽤 공통점이 있으므로, 이 장에서는 이 내용들을 참고로 5개의 하위 범주로 나누었다.

(1) 최소한의 능력을 갖추고 있을 것

예를 들어, 철탑 건설 공사나 송전선 점검 작업의 경우, 고소 작업에 견딜 수 있는 것, 즉 높이에 대한 공포가 심하지 않은 것이 작업자의 최소 조건이 된다. 이런 경우 '최소한의 조건을 충족하는지 여부'를 가지고 적성을 판단한다.

(2) 남들 이상으로 할 수 있는 능력을 갖추고 있을 것

어느 직업·직종에 종사할 때, 같은 일을 하는 동료와 비교하여 더 높은 성과를 거둘 수 있는지를 판단하는 적성이다. 실수나 사고가 적을수록 좋은 평가를 받는 직업에서는 성과가 높은 것보다 업무상 문제를 일으키지 않는 것이 우선되는 경우도 있다. 결국 어떤 경우든 '남들 이상의 성과를 낼 수 있는지'에 근거한 적성이며, 경영인사의 영역에서 말하는 역량에 가깝다.

(3) 남들보다 빨리 학습할 수 있는 것

계속해서 새로운 지식과 기술을 획득해 나가야 하는 직종이나 직업의 경우, '빠른 학습 속도'를 판단하는 적성이다. 예를 들면, 신곡 발매 간격이 짧은 가수의 경우 가사와 안무를 차례로 기억하지 않으면 안 되기 때문에 가창력과 춤의 완성도보다는 빨리 획득하는 것이 적성이 된다.

그러나 (2)와 (3)의 적성은 어떤 기준으로 사람들을 판단하고 다른 사람보디 높고 낮은지를 판단하는가 등을 명확히 하기 어렵다는 점이 있다.

(4) 의욕을 잃어버리지 않기

(1)~(3)의 적성이 다른 사람이 평가하는 개인의 객관적인 능력에 관련된 적성인데 반해 이것은 능력과는 독립적으로 본인이 지속적으로 의욕을 가지고 있는지를

판단하는 적성, 즉 주관적인 측면을 고려하는 적성이다. 주위 사람들이 능력이 뛰어나다고 평가해서 등용하더라도 본인이 그 직무에 관심을 느끼지 않거나, 불평불만을 느끼는 등의 경우에는 적성이 없다고 판단한다.

(5) 환경 요인과의 부적합 사유가 없음

(1)~(4)의 적성이 본인과 직접 관련된 것인 반면, 그 이외의 환경 요인과 직업·직무 사이에 부적합 사유가 없는 것도 적성 중 하나로 여겨진다. 예를 들어, 엄격한 신용이 요구되는 직업의 경우 가까운 친척이 일으킨 불상사로 인해 그 적성을 의심받는 경우 등이 그 예라고 할 수 있다. 본인에게는 높은 적성이 있다고 판단되어도, 직장에서 쫓겨나거나 또는 원래 일할 곳을 찾지 못하거나 할 수 있으며, 이러한 환경 요인에 따라 결정되는 적성이라고 할 수 있다.

이와 같이 '적성'은 매우 넓은 개념임을 알 수 있다. 현상 평가이자 미래에 대한 예측인 동시에 개인에 대한 타인의 평가, 주관적인 감정과 동기, 심지어 개인을 둘러싼 환경 요인에 이르는 것을 이해해야 한다.

3) 적성을 측정·파악하는 목적

그럼 적성은 어떤 목적으로 측정·파악되는 것일까? 여기에서는 다음의 세 가지로 나누어 보도록 한다.

(1) 적절한 직업을 찾기: 적합한 직업 탐색

일본에서 구직은 크게 구분하면 2개의 입구를 통해 이루어진다. 하나는 갓 졸업한 미취업자를 대량으로 채용하는 경우이고, 다른 하나는 이른바 중도 채용으로 이미 취업 경험이 있는 자를 즉시 전력화하기 위해 채용하는 경우이다. 후자의 경우, 지금까지의 경험을 바탕으로 어느 정도 직업적합성 판단이 가능하지만, 전자는 취업 경험이 없기 때문에 직업적합성 판단이 어렵다.

이때 응모하는 업종을 어느 정도 좁히기 위해서는 자신의 적성을 파악하려는 요구가 생기고, 이것이 첫 번째 적성측정의 목적이 된다. 이른바 '직업 적성'은 스스로 자신에게 적합한 직업을 찾기 위해 자신을 아는 것을 목적으로 실시되고, 직업 상담 등의 구직지원을 하는 자가 구직자의 적성을 파악하는 경우도 있지만, 기본적으로는 개인의 내부에서 완결하는 적성 파악이다.

(2) 적임자를 선택하기 위함: 선발 평가

(1)에 있어서 구직자의 상대방에는 구직자를 채용하는 입장이 존재한다. 또한 조직의 승진과 등용 시에도 후보자의 적성을 판단해야 한다. 이 같은 인사배치에서 평가자가 후보자를 평가하고 해당 조직의 적정 배치를 목표하는 경우에도 적성의 측정·파악이 필요하다.

'선발 적성'이라고 부를 수 있는 이러한 적성은 적성 파악의 두 번째 목적이다. 평가자가 후보자를 평가하기 위해 실시되어 조직이 적절한 인사배치를 할 수 있는 자료가 된다.

최근 이 인사적성에서는 적성검사의 결과가 평가자의 선발 자료로 이용될 뿐만 아니라 후보자 본인에게 피드백되어 조직에서 자신의 모습과 앞으로의 방향을 생각하게 하는 등으로 이용되기도 한다(外島, 2004). 이러한 경우에도 주된 목적은 채용이나 배치전환, 승진 등을 위한 것이라 할 수 있으며, 선발 적성의 일부로 여겨진다.

(3) 노동재난과 사고를 방지하기 위함: 안전 위생

작업 적성은 특정 작업에서 작업자 개인이 작업에 필요한 지식·기능·태도를 가진 정도를 파악하기 위해 측정하는 적성이다. 주로 사고율 등과 관련이 있는 개인차 특성을 파악하고 그 작업자가 중점적으로 주의해야 할 점, 상황 등을 피드백하여 스스로의 능력을 관리하도록 한다. 또한 관리자가 교육 훈련을 계획할 때, 예를 들어 작업자의 적성이 낮은 영역에 대해 시간이 더 걸리는 등 조직의 노동 안전 활동의 참고 자료도 된다.

이와 같이 적성은 구직 시의 자기이해로서의 적성, 인사관리의 입장에서의 적성, 또 산업 안전 관점에서의 적성으로 나뉜다는 것을 알 수 있다(<표 7-1>). 그러나 연구와 실천에서 이것을 한 묶음으로 취급하지는 않았다. 직업 적성은 조직심리학이, 선발 적성에 대해서는 인사 관련 부서 및 조직심리학이, 그리고 작업 적성에 대해서는 안전 위생을 담당하는 부서와 산업심리학, 인간공학 등이 맡아 왔다. 이 장에서는 이러한 것을 통합·정리하여 취급함으로써 적성의 전체상을 보여 주려고 한다.

〈표 7-1〉 목적으로 본 적성의 세 가지 종류와 각각의 특징

목적	언제	누가	무엇을	무엇을 위해	무엇에 살릴지
적절한 직장 탐색하기	구직 시	자신	자신	적절한 직장을 찾기	자기이해
선발 평가	채용·등용 시	평가자	후보자	적정배치	채용·등용
안전위생	수시	자신 관리자	자신 작업자	생명을 지키기 안전위생	자기이해 교육·훈련

3. 적성검사

1) 적성검사의 종류와 적용

적성을 파악하기 위한 측정 방법을 적성검사라고 부른다. 다만 적성검사(aptitude test)란 적성을 파악하는 것을 목적으로 개발된 검사만을 가리키는 것이 아니라, 다른 목적으로 개발·이용되고 있는 측정 방법을 적성 파악에 사용할 때 적성검사라고 부르는 경우도 많다. 또한 제2절에서 언급한 '적성을 측정·파악하는 목적'에 대응하여 여러 검사가 결합될 수도 있으며, 이 경우 그러한 검사를 총칭하여 적성검사라고 부른다. 즉, 적성검사는 원래 적성 파악을 위해 개발된 것, 별도의

목적으로 개발된 검사를 적성 파악을 위해 사용하는 것, 또 이러한 것들을 조합한 것의 총 세 가지 분류를 포함한다.

이러한 것을 감안하여 기존의 적성검사에 대해 살펴보자. 여기에서는 그 검사가 무엇을 측정하는가에 따라 적성검사를, (1) 직업적성검사, (2) 지능적성검사, (3) 심리적성검사, (4) 신체적성검사로 나누어 개관한다.

(1) 직업적성검사

직업적성검사는 크게 두 가지 유형으로 나눌 수 있다. 하나는 개인이 가지고 있는 특성이 무수히 많은 직업 중 어떤 직업·직종에 대해 각각 어느 정도의 적성을 가지고 있는지를 판단하는 것이다. 예를 들어, '후생노동성편 일반직업적성검사'가 이에 해당한다. 이 검사는 미국 노동자를 위해 만들어진 GATB(General Aptitude Test Battery)를 기초로 하며 일본에서 표준화된 15종의 하위 검사로 구성되어 있으며, 11종은 지필검사, 4종은 기구검사이다.

두 번째는 의사와 변호사, 또는 운전과 같이 면허 취득이 그 직업이나 특정 행위의 전제가 된 경우에 행해지는 시험으로서, 직업적성검사이다. 그 직무를 수행하는 데 있어서 지식·기술이 일정 수준에 도달했는지를 확인하고 시험합격을 통해 그 직무를 수행할 적합성이 있다고 판단한다.

(2) 지능적성검사

제1절에서 언급했듯이 세계 최초의 적성검사는 비네에 의한 지능검사에서 의무교육 과정에 입학하기 전에 입학 후 성적을 예측하려는 목적으로 개발되었다. 이것은 지능적성검사라고 평가된다. 현대에는 비네 방식, 웩슬러 방식을 중심으로 다양한 지능검사가 개발되어 있지만, 이러한 지능검사가 어떤 적성을 파악하기 위해 직접적으로 이용되는 경우는 많지 않다.

그러나 취업적성검사 SPI는 능력검사와 성격검사, 종합검사의 세 가지 패턴이 결합된 검사로 능력검사는 바로 지능적성검사라고 할 수 있다. SPI뿐만 아니라 채용 시나 승진 시에 실시되는 검사에도 지능을 측정하는 문제가 포함되는 경우가 많아 이들도 지능적성검사로 분류된다.

(3) 심리적성검사

심리적성검사의 주된 목적은 성격의 개인차를 분명히 하는 것이다. 크게는 검사 방법에 따라 질문지법, 작업검사법, 투영법으로 나눌 수 있다. 질문지법은 성격특성에 관한 다수의 문항에 답변을 요구하는 형식의 검사로, 적성검사로는 '야다베(矢田部)—길포드(Gillford) 성격검사(Y-G 성격 검사)'가 이용되는 경우가 많다. 작업검사법은 단순 작업을 반복 수행하여 작업의 결과에서 성격을 분석하는 형식의 검사로서, 적성검사로는 '우치다(內田)—크레펠린(Crepelin) 검사'가 이용되는 경우가 많다. 또 투사법은 잉크반점 등의 다의적 자극에 대한 의미 부여와 해석에 개인의 내면이 투영된다고 생각하는 검사인데, 검사의 실시 및 분석이 복잡하고 시간이 걸리는 것 등 때문에 일반적으로 적성검사로 이용되는 경우는 드물다. 그러나 자동차사고 대책기구에 의한 사고 피해자의 특정 진단에 로르샤흐 검사 등의 투사법이 사용되는 경우가 있다.

(4) 신체적성검사

신체적성검사는 특정한 직업이나 직종에서 어떠한 신체 기능이나 동작이 필수인 경우에 실시된다. 예를 들어, 자동차운전면허 시험에 있어서는 시력, 청력, 운동능력이라는 3종의 신체적성검사가 실시되고 있다. 또한 항공기 조종사의 신체적성검사에서는 신장, 가슴둘레, 체중, 폐활량, 혈압 등 19종의 항목과 세부 합격 기준이 정해져 있다.

그러나 남녀고용기회균등법의 시행에 따라 특별한 사정이 없는 한, 간접적으로 성별을 이유로 한 차별로 이어질 수 있는 신체특성(신장 등)을 고용 조건으로 할 수 없게 하는 등의 사회적 상황에서 신체적성검사의 실시는 감소할 것으로 생각된다.

2) 적성검사에 요구되는 요건

이러한 적성검사에 요구되는 요건으로 다음의 다섯 가지가 있다(岡村, 1997).

- 일정한 재료(문제, 과제, 작업 등)가 미리 선정된다.
- 그 문제와 작업 방식이 일정하다.
- 해야 하는 교시(강의)가 정해져 있다.
- 결과의 처리 방법(평가 방법)이 명확하다.
- 평가 결과가 척도와 기준에 따라 객관적으로 표시된다.

또한 표준화된 검사는 그 내용을 더 객관성이 높고 더 바람직하게 만들기 위해, 신뢰도, 타당도, 변별도의 세 가지 요건이 필요하다고 한다. 이 중 신뢰도와 타당도는 일반적인 심리척도에서도 요구되는 사항인 반면, 변별도는 적성검사 특유의 요건이라고 할 수 있다.

- 신뢰도: 신뢰도란 그 검사의 일관성·안정성을 말한다. 그 검사를 언제, 누가 실시해도 동일인을 대상으로 실시하면, 모든 검사에서 동일한 결과를 얻을 수 있다.
- 타당도: 그 검사 과제가 측정하고자 하는 대상을 정확하게 파악하고 있는지, 즉 검사의 적절성을 말한다. 내용적 타당도, 준거 타당도, 구성 개념 타당도 등이 요구된다.
- 변별도: 적성검사에서는 결과로 어떤 개인차를 공개해야 하기 때문에 검사 결과가 개인의 능력을 변별할 필요가 있다. 예를 들어, 마루야마(丸山, 1980)가 말하는 '사고친화성'이 높은 사람과 낮은 사람을 변별할 수 없으면 안 된다는 요구사항을 들 수 있다. 또한, 토요하라(豊原, 1965)가 말하는 '예측 가능성과 예진성'도 변별도에 포함되어야 한다.

넓은 의미에서는 타당도의 일부라고 생각할 수도 있지만, 적성검사에 있어서 특히 중요한 요건이기 때문에 여기에서는 별도 항목을 마련했다. 적성검사의 차별성에 관하여 실제는 다음 단원에서 자세하게 기술한다.

3) 적성검사 차별성의 실제

앞서 적성검사의 요건으로 특히 중요하다고 말했던 적성검사의 차별성이 실제 데이터에서는 어떻게 나타나고 있는지에 대하여 몇 가지 사례를 소개하고자 한다.

먼저, 사고친화성(사고경향성: accident proneness)은 드레이크(C. A. Drake)에 의한 금속가공공장 직원의 사고지수 연구가 유명하다. 그는 운동검사 점수가 지각검사 점수를 상회하는 경우에 사고지수가 높아지는 것을 확인하였고([그림 7-3]), 인식기능보다 운동기능이 유의한 사람은 사고다발 경향이 있다는 드레이크 이론을 제창하였다(Drake, 1940).

이 드레이크 이론에 힌트를 얻어 마루야마 킨야(丸山欣哉)가 개발한 것이 속도예측반응검사이다. 후술하는 것처럼 이 검사는 등속으로 이동하는 물체가 차폐판의 뒷면을 통과하는 소요 시간을 예측하는 검사이며, 현재는 자동차운전적성검사 중 하나로 포함되어 있다. 이 검사에서도 사고자 집단과 사고 과소 집단의 기대반응시간 분포가 다른 것이 나타났다(Maruyama & Kitamura, 1965: [그림 7-4]). 결과에 따르면 사고자 집단은 기대반응시간이 짧은 경향이 있는 것으로 밝혀졌고, 기대반응시간에서 사고친화성(사고 경향)을 예견할 수 있다고 나타났다.

한편, 다나카(田中, 1969)는 동양레이온 주식회사(지금은 도레이 주식회사)의 내부 선발 시험에서 적성검사(지능검사와 창의력검사)와 개별 직원의 실적의 관련성을 사무직 직원 20명과 기술계 직원 70명에게 실시한 결과를 제시하였다. 다나카는 직원을 업적평가에 따라 우량/비우량 집단으로 나누어 검사 항목에 t-검정을 실시하여 사무직 직원 집단 간 차이가 기술계 직원의 그것보다 크다는 결과를 얻었다(<표 7-2>).

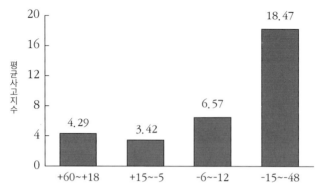

[그림 7-3] 드레이크의 사고자연구 결과

출처: 豊原(1965)에 기초하여 작성.

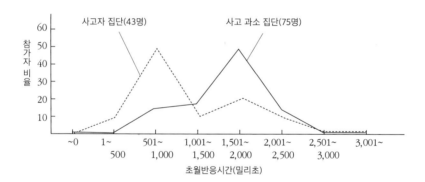

[그림 7-4] 업보장반응 검사의 사고자 변별력

출처: Maruyama & Kitamura(1965)에서 선택하여 작성.

<표 7-2> 업무평가 우량군, 비우량군 검사항목별 점수 차

적성검사	항목	사무계군 간의 차이	기술계군 간의 차이
참조력검사	유창성	1.78+	1.34
	유연성	1.94+	0.94
	구체화력	2.43*	2.20*
	독창력	3.89***	1.75+
	종합점수	3.54***	1.80+
지능검사	–	-.06	-.98

※ 값은 t값. +10%, * 5%, *** 0.5% 수준에서 유의미한 차이가 있음

출처: 田中(1969)을 수정.

4) 적성검사의 개발과 적용

(1) 선발 평가에 사용하는 적성검사

선발 평가에 사용되는 적성검사의 개발 수속에 관해서는 몇 개인가의 문헌에서 다뤄졌다. 예를 들면, 하가(芳賀, 2003)는 다음의 3단계가 필요하다고 기술하고 있다. 여기에서는 철도의 적성검사에 대해 언급하고 있지만, 그 부분을 다른 직업에 대입하면 모든 선발 평가에 일반화할 수 있는 설명일 것이다.

첫째, 현재 철도의 일, 예를 들어 재래식 운전에서 안전과 관련된 개인의 능력은 무엇인지, 그중 교육·훈련으로 쉽게 변화시킬 수 있는 것은 무엇이며, 비교적 오래 지속되어 교육과 훈련으로는 바꾸기 힘든 것은 어떤 것인지를 특정한다.

둘째, 교육과 훈련은 바꾸기 힘든 개인의 능력에 대해 현재의 운전적성검사는 제대로 측정하고 있는지, 불필요한 검사 종목은 무엇인지, 남겨야 하는 검사 종목은 무엇인지를 조사한다.

셋째, 측정하여 진단에 사용하더라도 현재의 검사 시스템에서는 측정되지 않은 것이 있다면 그것을 측정하기 위한 테스트를 개발한다.

그러나 이 절차는 '교육과 훈련으로는 바꾸기 힘든 개인의 능력'을 측정하고, 그것이 일정한 수준에 도달하지 않은 경우에는 채용하지 않음/배치전환을 한다는 절

차가 전제되어 있는 것으로 생각한다. 즉, 선발 단계에서의 적성 파악이라면 이 방식이 참고가 된다.

(2) 안전위생에 사용하는 적성검사

한편, 이 장의 첫 번째 절에서 언급한 바와 같이 일본의 노동 인구 감소는 선발을 전제로 한 적성 파악으로는 여유가 없는 상태가 되었다. 예를 들어, 일반 건설현장에서는 지금도 작업자를 선발할 수 있는 상황은 아니고 이와 같은 일이 많은 산업에 퍼져 나가고 있다. 즉, 선발단계에서 적성을 보장하는 것이 아니라 채용 후 적성을 향상시켜 나가야 한다는 것이다.

이와 같은 경우, 안전위생에 이용되는 적성검사의 경우에는 적성을 변화시키는 것을 전제로 검사를 실시할 필요가 있다. 하가(芳賀, 2003)가 말하는 '교육·훈련으로 쉽게 바꾸기 힘든 것'을 어떻게 바꾸는지, 혹은 '교육·훈련으로 쉽게 변화시킬 수 있는 것'을 얼마나 안전 위생에 기여하게 할지 생각할 필요가 있다.

따라서 안전위생을 목적으로 한 적성검사의 경우는 적성검사에 의한 '측정'보다는 오히려 그 '측정 결과'를 어떻게 이용하는지가 중요할 수 있다. 이를 위해서는 적성검사나 훈련 프로그램 또는 안전위생 대책을 세트로 개발하는 것이 필요하다. 사회적 배경을 고려하면 검사 자체뿐만 아니라 대책까지도 포함한 패키지로서의 '적성검사'가 필요하다고 할 수 있다.

4. 일본의 적성 파악 역사

여기에서는 일본에서 적성을 파악하려고 시도해 왔던 역사를 다이쇼 시대 초기부터 개관해 두고자 한다.

1) 제1회 전국산업안전대회 · 회원보고

1932년 10월 일본 최초의 전국산업안전대회가 도쿄·칸다의 학사회관에서 열렸다. 〈표 7-3〉에서와 같이 다이쇼 초기부터 시작된 안전보건활동의 여명기에 있어서 그 일정한 도달점이 안전대회를 처음으로 개최했다.

〈표 7-3〉 일본 노동안전위생활동역사와 그 의의

연도	이벤트	노동안전위생상의 의의
1916년	공장법 시행	공장감독관(보) 배치
1919년	국제노동기관 제1회 총회 참가	주 48시간 노동 등, '세계표준' 제정과 일본에 적용
1921년	구라카야노동과학연구소 설립	'노동과학' 탄생
1923년	공장법 개정	취업조건규제 강화
1928년	세계 최초 전국통일 안전주간 실시	안전의식 고양과 정보교환
1929년	공장위해 예방 및 위생규칙 공포	안전장치, 위생구급설비설치 의무화
1930년	일본 최초 산업안전위생전람회 개최	안전위생설비 PR
1932년	일본 최초 전국산업안전대회 개최	안전운동여명기의 일정수준 도착점

출처: 중앙노동재해방지협회(2011)에 기초해서 작성.

이 대회는 3일에 걸쳐 진행되었으며, 1일째, 2일째는 회원보고가 있었고, 3일째는 공장을 견학하는 일정이었다. 회원보고는 이틀 동안 총 31명의 민간기업의 경영자, 노무 담당자들에 의해 이루어졌는데 이 보고의 특징은 안전대책에 '과학을 도입'하는 것이었다(중앙노동재난방지협회, 2011).

예를 들어, 오사카철공소(지금은 히타치 조선 주식회사)의 스미야(栖宮)는 "재난은 특별한 사람에게 많다. 주의배분 능력을 연구하면 재난성 특징을 보유한 사람을 발견할 수 있는 것은 아닐까 생각하여 재난빈발자들과 주의능력의 관계를 심리학적 실험을 거듭하여 연구하였고, 그 결과로 서로 관계가 깊은 것을 밝혀냈다."라는 보고를 하였으며, 주식회사 스미토모제철소(지금은 스미토모 금속공업 주식회사)의 요시다(吉田)는 "인적 측면의 재난 요소를 제거하기 위해 지능검사, 적성검사를 실시한다. 그 방법으로 성능·특수 성능의 각 검사, 신체검사, 교양·경력·처지 등을 알기 위해 면접검사, 척추와 악력검사를 시행한다."라고 보고했다. 이미 적성문제를 심리학적 실험에 근거하여 검증했던 보고가 포함되었음이 놀랍다.

이 안전 대회에서 무엇보다 중요한 공통점은 '인간이란 무엇인가'를 파헤쳐 인간이 가진 '약점'을 인정한데다가 그것을 극복하는 방안에 임하려는 과학적 자세가 기업의 내부에서 생겨나고 있었다는 것이다. 80년 전의 보고라고는 생각되지 않을 만큼 현대적인 시각의 보고라고 할 수 있다.

2) 제2차 세계대전 중

대전 중 연구자료는 거의 남아 있지 않으며, 키리하라(桐原, 1942)가 집필한 『전시 노무관리』가 귀중한 자료이다. 여기에서 키리하라는 "1명의 노력도 낭비해서는 안되는 전시대비하에 있었기에 더욱 산업상의 적재적소 배치가 필요하다."라고 역설했다. 구체적으로는, "노무자의 직장 배치는 신체검사, 건강진단 및 간이지능검사를 시행하여 이를 바탕으로 정한다."라고 말했다. 이러한 검사를 취업 전에 학교에서 실시하고 공장이 그 성적을 배치에 참고하는 등, 정확성을 기하면서도 시간을 절약하도록 제창하였다. 이 책은 머리말에서 '싱가포르 함락에 감격의 눈물을 흘리면서'라고 언급되는 등 당시의 사회 정세가 엿보이긴 하지만, 주장하는 내용은 평시와 다름없이 노무관리가 중요하다는 것이 느껴진다.

당시 해군에도 육군에도, 예를 들면 해군 항공대 적성부와 해군 기술연구소 실험심리 연구부, 육군 기술연구소 등 적성 연구에 관련한 부서는 존재했던 것 같지만 그 부서가 어떻게 활동했는지는 확실하지 않다. 그러나 이 기간에는 적성 관련 연구의 진전은 보이지 않았던 것으로 보인다. 책의 기술된 내용으로는 전쟁 성과를 군수 공장을 중심으로 한 현장에 배분함으로써 생산성을 향상시키는 방향으로 일관하였다고 추측된다.

3) 전후부터 고도경제성장기까지

전후부터 고도경제성장기까지의 기간에는 적성에 관한 연구와 실천의 기록이 급증한다. 전후 불과 4년 뒤인 1949년에는 '노동의 과학'이라는 잡지에서, 1952년에는 '직업 연구' 잡지에도 적성 특집으로 노동과학연구소를 중심으로 적성에 대한 연구가 융성하는 시대를 맞이한다.

그 성과는 '적성검사 핸드북'으로 결실을 맺는다(노동과학연구소, 1953). 이 핸드북은 '지각, 고사급 작업검사'로서 실로 89종류의 검사가 소개되어 그 대부분이 수백에서 수천 단위의 실험 참가자에 의해 표준화가 진행되었다.

또한 '적성검사실시사례집'으로 53개에 달하는 업종·직종에 대해 수십 명에서 수백 명 단위의 실천 사례가 소개되고 있다. 해외의 실천 예를 문헌으로 소개하고 있는 내용을 포함했다고 하지만, 전후 혼란기 속에서 단기간만에 어떻게 이만큼의 데이터를 수집·분석했는지 상상도 할 수 없다. 철도원만 하더라도 14만 명이 넘는 대상에 대해 다섯 가지의 검사 데이터를 불과 반년 동안 수집하였고, '성능검사 성적과 기량 간의 관계'로 60개 직종에 대해 11개의 검사 항목으로 GF분석까지 실시하는 등 적성에 대한 높은 관심이 느껴진다.

그러나 능력적성에 관한 검사와 일부 심리적성검사를 제외하고는 산업현장에서의 구현은 그다지 진행되지 않았다고 할 수 있다. 이 시기에 적성검사를 제도화한 것은 후술할 일본국유철도(국철)뿐이었다는 점에서(狩野, 1965) 어쩌면 연구적인 관심이 더 강했는지도 모른다.

국철에서는 일찍이 전쟁 전부터 이미 적성문제에 조직적으로 임하고 있었지만 본격적인 노력은 전후에 시작된 것으로 보인다. 당시 교통부 관계부처에는 구(旧)

군관계 연구기관에서 적성에 관한 연구에 종사하던 심리학 전공자가 채용되어 그들이 주도하는 형태로 철도의 적성검사의 도입이 진행되었다.

1948년 국철 출범을 하게 되어 그 전년에 '직원채용 시 적성검사 규정'이 제정되고, 국철 출범 직후에는 '철도운전에 관련된 직원의 고사 기타에 관한 통지'가 이루어져 옛 군 출신들이 적성검사의 개발을 실시하였다. 운전적성검사는 1950년에 제1회가 시행되어 1952년부터 본격적으로 실시되었다(大庭, 1981).

철도기관사의 적성검사는 크게 나눠서 임시검사와 정기검사의 2종류가 있다. 임시검사는 운전에 관련된 업무에 새롭게 종사하는 자에 대하여 실시되는 등용 전 검사이며, 정기검사는 등용 후 3년마다 실시되는 갱신검사이다.

임시검사는 해당 종사하는 항목에 따라 검사 항목이 다르지만, 정기검사는 모든 종류에 대해 작업성검사만 실시된다. 또한 항공기 조종사와 우주비행사의 선발에 있어서도 철도기관사와 같은 종류의 적성검사가 실시되고 있다(大橋, 2011). 이러한 운전적성검사는 도입했을 때부터 현재까지 거의 동일한 것이 사용되어 왔지만, 최근 재검토가 진행되어 새로운 검사로 대체가 제안되었다(井上, 2008a, 2008b).

이와 같이 전후부터 고도경제 성장기에 걸쳐 일반 산업에서는 노동과학연구소가, 철도산업에서는 국철이 각각 적성 연구를 견인해 온 것을 알 수 있다.

4) 현재까지

고도경제 성장기 이후부터 현재까지의 큰 움직임으로는 자동차사고 예방대책에 적성검사를 도입한 것과 인사평가를 위한 SPI의 개발과 도입을 들 수 있다.

(1) 자동차적성검사 개발

고도경제 성장기에 들어서는 자동차사고가 다발하여 교통전쟁이라고 불릴 정도로 많은 사망자를 냈다. 가장 사망자 수가 많았던 1970년에는 16,765명의 사망자를 내서 그 대책이 시급했다.

대책의 하나로 직업운전자에 대해 운전적성검사를 실시하는 것이 결정되어,

1973년에 그 실시 기관으로서 정부 출자 법인인 자동차사고대책센터가 설치되었다. 당시는 적성검사(자동차 사고 방지대책에 있어서는 적성진단이라고 부른다.)의 진단은 임의적이었지만 2001년 화물자동차운송사업 운송안전규정이, 2002년에 여객자동차운송사업 운송규칙이 개정되어 사업자에 대해 전체 고용운전기사의 적성검사가 의무화되었다(〈표 7-4〉).

〈표 7-4〉 자동차운전적성진단 종류

종류	대상	진단시기	진단기간
초임진단	신규 채용된 자	해당 자동차 운송 사업자에 있어서 처음으로 사업용 자동차에 승무하기 전	약 2시간 20분
적령진단	65세 이상인 자	65세 이상, 75세 미만의 운전자: 3년에 1회	약 2시간 20분
		75세 이상 운전자: 1년에 1회	
특정진단 I	사망 또는 중상 사고를 냈고, 그 사고 1년 전에 사고를 내지 않은 자	해당 사고를 낸 뒤 다시 사업용 자동차에 승무하기 전	약 2시간 40분
	사망 또는 중상 사고를 냈고, 해당 사고 3년 전에 사고를 낸 적이 있는 자		
특정진단 II	사망 또는 중상 사고를 냈고, 그 사고 1년 전에 사고를 낸 자		약 5시간

출처: 국토교통성 웹사이트 수정, 작성.

이 적성검사의 종류는 '적성진단 인증요령'에 의해 세밀하게 규정되어 있다. 의

무화 전에는 자동차사고대책센터(지금은 독립행정법인 자동차사고대책기구)만 실시하
였지만, 규제 완화를 통해 민간기관의 참여도 가능해졌다. 국토교통성에 따르면,
2012년 4월 시점에서 여객자동차에 대해서는 자동차사고대책기구, 야마토스태프
공급주식회사 외 8개사가, 화물자동차에 대해서는 앞의 2개사를 포함한 15개사가
지정되었다. 국토교통성이 민간 참여를 더욱 촉진시켜 2016년도까지 인정사업자
를 전국에서 50개 사업자 정도로 하는 것을 목표로 하고 있다.

　또한, 화물자동차운송사업 운송안전규칙 및 여객자동차운송사업 운송규칙에
따라 정해진 적성진단 인증 요령에서는 질문지 검사 3종(성격검사, 안전운전태도검사,
위험감수성검사), 작업검사 3종(처치판단검사, 중복작업반응검사, 속도예측반응검사) 총 6종
의 검사가 규정되어 있다. 이러한 적성검사 개발 경위는 마루야마(丸山, 1982)에서
상세히 다루고 있다.

　자동차 사고 예방을 목적으로 하는 이 적성검사의 가장 큰 특징은 이 검사가 선
발을 목적으로 하지 않는다는 것이다. 즉, 아무리 적성이 낮게 판정되더라도 그만
큼의 이유로 운전이 제한되는 것은 아니다. 대신 검사 결과에 따른 적절한 사고 예
방을 위한 의견을 '조언 · 지도'라고 하는 형식으로 관리자와 운전자에게 제공하고,
관리자와 운전자는 그 의견을 참고하면서 사고 예방을 위한 조치를 강구한다. 철
도 적성검사는 자격시험과 연동하여 선발을 목적으로 하고 있는 반면, 자동차사고
예방대책의 적성검사는 선발과는 독립적으로 안전성 향상을 위해 사용된다는 점
이 특징이라고 할 수 있다.

(2) SPI의 개발과 선발에 적용

　또 다른 움직임은 주로 채용 시 선발에 이용되는 SPI(Synthetic Personality Inventory)
의 개발이다. 현재는 수식회사 리쿠르트매니지먼트솔루션즈에 의해 제공되고 있
으며, 2010년도 실적에서 8,610개 회사, 123만 명이 응시한 적성검사이다.

　이 검사의 개발은 1963년에 주식회사 일본리크루트센터(지금은 주식회사 리크루
트)에 검사부서가 발족되어 인사측정 사업을 시작한 것이 발단이다. 이 무렵에는
순차적으로 개발된 여러 지적 능력검사, 성격검사, 동기나 직업흥미에 관한 검사

등의 데이터와 지식을 축적하여, 그들을 조직적응이론과 성격이론에 맞추어 통합함으로써 완성되었다. 경영인사에 대한 종합적성검사로서는 처음이다(濱田, 2000). 현재는 SPI2가 제공되고 있으며, 2013년에는 SPI3이 제공될 것이라고 예고되었다.

SPI는 능력검사와 성격검사, 또한 이들을 조합한 종합검사의 세 가지 패턴으로 제공된다. 능력검사는 일반적인 지적 능력검사인 기초능력검사(General Ability Test: GAT) 이외에도 사무능력검사(Numerical and Clerical Aptitude Test: NCA), 실무기초능력검사(Practical and Clerical Aptitude Test: RCA)로 구성되어 있으며, 학력 등에 따라 추가로 네 가지로 구분된다. 성격검사에서는 4측면 17척도로 구성된 문항은 총 350항목, 40분 정도 실시 기준시간이 설정되어 있다.

5. 적성 파악의 과제

1) 두 가지 도전

이 장에는 적성에 대해 다룬 다른 문헌에는 없는 두 가지 특징이 있다. 그것은 적성 파악에 있어서 현 시점의 과제를 제기하는 것이기도 하다. 하나는 적성을 전체적으로 다시 살펴보는 것이고, 다른 하나는 적성 파악의 역사를 따라가는 것이다. 즉, 적성을 부분적으로 파악하려고 하는 것이 첫 번째 과제이며, 역사를 쫓지 않고 적성을 연구하려고 하는 것이 두 번째 과제가 된다.

제2절에서 언급한 바와 같이 기존의 적성 파악 방법은 인사에 관한 적성과 안전에 관련된 적성으로 나누어 별도로 논의되고 연구되어 왔다. 이러한 세분화·분업화는 학문의 발전과 함께 발생하는 일반적인 변화일 것이다. 그러나 세분화·분업화가 지나치면 '참호화'하고 다양한 폐해를 낳는다. 이 장에서는 적성 파악에 대한 수요 증가가 필연적이었던 시기에 심리학으로 취급하는 적성을 통합·정리할 필요성을 지적하고 일관된 설명을 시도했다.

안타깝게도 이 시도가 성공했다고 가슴을 펼 수준은 아닐지도 모른다. 예를 들어, 대학입시 센터시험¹으로 대표되는 이른바 '입시'도 적성검사의 하나이긴 하지만 이 장에서 다루지 않는 등의 문제가 있다. 그러나 적성에 대해 생각할 때, 다루기 쉬운 작은 단위로 나누는 것이 아니라 '인간의 적성' 전체를 파악하려는 자세가 중요하다는 점을 다시 한번 강조하고 싶다.

제4절에서는 적성 파악에 관한 100여 년의 역사를 개관하고, 실은 적성 파악이 100년 전부터 그다지 변하지 않았음을 보여 주었다. 이는 곧 산업현장의 상황이 본질적으로 변하지 않았음을 의미한다.

한편, [그림 7-2]에서 보여 준 바와 같이 가까운 장래에 노동 인구의 감소가 예측되는 현대는 적성 파악에 대한 노력이 크게 변화해야 할 시기에 접어들었다고 할 수 있다. 그런 의미에서 적성 파악의 역사를 배우는 것이 중요하다.

2) 적성검사를 이용하는 조직의 과제

오오하시(大橋, 2011)는 다양한 산업에서 적성검사의 활용에 대해 청취를 실시하고 있다. 그중에 밝혀진 것은 '뭔가 잘 모르겠지만 옛날부터 하고 있기 때문에 지금도 변하지 않게 하고 있다'는 사실이었다. 현재 채용 선발에 이용되는 경우가 많은 SPI에 대해서는 도대체 얼마나 많은 기업이 검사 내용 및 결과의 의미를 파악하고 있을까?

본래 한 직종에서 어떤 적성이 요구될 때, 그 적성에서 선발 기준을 명확히 하는 것이 필요하다. 구체적으로는 'A특성: 80%, B특성: 30%, C특성: 잘 모르겠다' 등의 기준을 채용하는 측이 명확하게 가져야 한다. 적성검사는 어떤 사람이 적성을 어느 정도 가지고 있는지, 그것은 다른 사람에 비해 얼마나 높은지 혹은 낮은지를 나타낼 뿐이고, 그중 무엇을 얼마나 중시하는가는 적성검사를 이용하는 사람이 결정하지 않으면 안 된다.

---

1 (역자 주) 일본의 대입 시험으로, 우리나라의 대학수학능력시험에 해당하며 이틀에 걸쳐 진행된다.

사실, 적성검사 개발에 있어서 가장 중요한 것은 이러한 적성검사를 이용하는 조직의 요구이다. 이 요구와 그에 근거한 기준은 본래 천차만별이고, 이 요구사항과 기준을 명확히 하는 것은 그 기업의 미래상과 거기에 필요한 인재상을 그려 내는 것일 뿐이다. 그러나 많은 기업이 노력을 게을리하는 것은 적성문제보다 훨씬 큰 문제이다.

그러나 기업이 각각의 인재상 파악의 필요성을 느끼거나 혹은 그것을 구체화하는 수단을 제공하는 대상은 적성 연구에 관련된 전문가이다. 그럼에도 불구하고 이러한 적성 파악의 중요성과 노하우를 전달하는 연구와 실천을 들어 본 적이 없다. 적성 파악 기법에 대한 연구뿐만 아니라 그 중요성을 전하는 노력도 중요할 것이다.

3) 적성검사의 적절한 사용

적성검사가 채용선발에 이용되는 경우, 적성검사의 결과는 채용 여부에 크게 영향을 준다. 그러나 이 예외를 제외하고 적성검사의 결과만을 이유로, 즉 적성이 낮다는 이유로 더 이상 고용을 하지 않거나 일방적인 전환배치를 하는 것은 철저히 삼가야 한다. 이 점은 적성 문제와 관련된 모든 연구자가 반복해서 지적하고 있다는 점에서도 그 중요성을 알 수 있을 것이다.

앞서 언급한 바와 같이 적성은 길러지는 것이어서, 신체적 특징과는 달리 불변한 것이 아니라고 여겨진다. 어디까지나 측정된 시점에 측정된 검사의 범위안의 결과이며, 이후 교육·훈련의 참고자료로서만 활용되어야 한다. 사고를 낼 가능성(사고친화성)이 높거나 혹은 불안전행동이 많은 작업자를 보다 적응력이 높은 방향으로 이끌기 위한 현황 파악이라고 생각해야 한다.

예를 들어, 자동차운전적성검사에서는 검사 결과가 나쁜 항목에 대해, 어떻게 조언·지도할지를 미리 결정하고, 그것을 피드백하여 운전 적성을 향상시키는 것이 목적이다. 즉, 운전자 자신이 적성검사에 의해 스스로의 약점을 알 뿐만 아니라, 또한 그것을 극복하기 위한 조언을 받음으로써 사고를 예방하려기 위함이다. 이러한 좋은 사례를 참고하면서, 각각의 직업·직종의 특성에 맞춘 연구가 필요하다.

북 가이드

丸山形放哉 편(1995). 적성·사고·운전의 심리학. 企業開発센터.

→ 이 책의 내용은 적성검사의 개발과정에서 검사 결과와 실제 운전 간의 관련성을 확인한다. 또한, 검사 결과에 근거한 조언·지도의 실제 및 안전 교육의 본연의 자세까지 다방면에 이른다. 운전 행동과 사고와의 관련성을 적성 관점에서 폭넓게 배울 수 있는 장점이 있다.

中央労働災害防止協会 편(2011). 안전 보건 운동사-오로지 안전만을 생각한 지 100년. 中央労雷炎害防止場会.

→ 다이쇼 시대 일본의 안전보건운동의 여명기부터 오늘까지의 약 100년간의 안전을 지키는 운동이 상세히 그려져 있다. 본문에서도 언급하고 있지만, 100년 전에 안전대회의 화두가 현대와 거의 다르지 않다는 것에 놀라게 된다. 안전 보건에 관한 실무자와 연구자들의 필독서이다.

田中堅一郎 편(2011). 산업·조직 심리학 에센셜즈(개정 3판). 나카니시야出版.

→ 산업·조직 심리학을 대상으로 하고, 작업, 인사·조직, 시장 중 뒤 두 사람을 중심으로 다루는 해설서. 제2, 3장에서 선발 적성에 관해 소개되어 있으며, 안전 보건적성에도 관련 내용이 되고 있다. 책의 끝부분에는 일본과 미국의 산업·조직 심리학의 역사를 정리하고 있어 참고가 된다.

大沢武志(1989). 채용과 인사 측정 우퍼 인사 선발의 과학. 朝日出版社.

→ 주로 채용선발에 대하여 그 기본적인 생각에서 이론적 배경, 심지어 채용시험의 실태까지 상세하고 알기 쉽게 정리하고 있다. 이 책만큼 이론에서 실천까지를 포괄적으로 다룬 책은 적다. 발간한 지 20년 이상이 지났지만 현재에도 충분히 통용되는 내용이다.

참고문헌 ⸻⸻⸻●

岡村一成(1997). 適性検査によるアセスメント. 人事管理, 321, 2-7.

大橋智樹(2011). 視覚認知特性の個人差測定に基づく事故予防. 日本認知心理学会 監修, 箱田裕司 編, 認知の個人差. 現代の認知心理学 7, 北大路書房, pp. 172-191.

大庭幸穂(1981). 国鉄における適性検査の歴史(その1. 鉄道労働科学研究資料. No. 80—23, 日本国有鉄道鉄道芳髓科学研究所.

桐原葆見(1942). 戦時勞務管理. 東洋書館.

労働科学研究所 編(1953). 適性検査ヘンドブック. 丸善出版.

芳賀繁(2003). 鉄道の安全はいかにして守られているか③ - 適性検査. 働く人の安全と健康, 4(6), 65-67.

所正文(1993). 運転適性の概念と事故傾性. 國士錦大學政経論議, 84, 1-28.

狩野広之 編(1965). 産業心理学からみた労働と人間. 誠信書房.

演田直美(2000). 人事アセスメントのための性格測定ツール. 大沢武志, 芝祐順, 二村英幸 編, 人事アセスメントハンドブック. 金子書房, pp. 251-275.

外島裕(2004). 人事測定の方法. 外島裕, 田中堅一郎 編, 産業·組織心理学エッセンシャルズ (増補改訂版). ナカニシヤ出版, pp. 61-98.

田中秀穂(1969). 適性検査妥当性の検討. 伊吹山太郎 編, 産業心理学の方法と問題. ミネルヴァ書房, pp. 328-333.

井上貴文(2008a). 運転適性検査の見直し. *Railway Research Review, 65*(9), 32-35.

井上貴文(2008b). 鉄道運転士の適性検査. 自動車技術, 62(12), 96-101.

正田亘(1981). 適性. 藤永保 編, 心理字事典(新版). 平凡社, p. 604

中西信男(1981). 職業への適応. 森清善行, 長山泰久 編, 産業心理. 心理学 8, 有斐閣, pp. 101-129.

中央労働災害防止協会 編(2011). 安全衛生運動史−安全専一から100年. 中央労働災害防止谤会.

豊原恒男(1965). 職業適性―才能と適性を測る. 講談社.

丸山形成哉(1982). 運転適性とはどのようなものか. 日本交通心理学会 編, ドラ
  イバーの特性をさぐる. 安全運転の人間科学 2, 企業開発センター, pp. 104-127.

丸山欣哉(1980). 人D事故親和特性. 自動車技術, 34, 199-205.

Drake, C. A. (1940). Accident-proneness: A hypothesis. *Character & Personality*, 8, 335-341.

Maruyama, K., & Kitamura, S. (1965). Speed anticipation reaction test as applied to bus
  drivers. *Tohoku Psychologica Folia*, 24, 46-55.

Super, D. E. (1957). *The psychology of careers: An introduction to vocational development*.
  Harper(日本職業指導学会 訳, 1960, 職業生活の心理学―職業経歴と職業的発達.
  誠信書房).

Warren, C. H. (Ed.) (1934). Aptitude. *Dictionary of psychology* (p. 8). Houghton Mifflin.

Yerkes, R. M. (1919). Report of the Psychology Committee of the National Research Council.
  Psychological Review, 26, 83-149.

제8장 노인과 인간 요인

1. 인공물의 역할과 노인 간의 관계

인류는 다양한 인공물(사람에 의해 만들어진 물건, 도구)을 발명하여 이용하는 것으로 생활의 질(Quality of Life: QOL)을 높일 수 있었다. 예를 들면, 세탁은 『만엽집(万葉集)』[1]에서 노래하는 만큼 오래전부터 행해져 왔는데(落合, 1984), 인공물이 없는 상황

---

1 (역자 주) 7세기 후반에서 8세기 후반에 걸쳐서 만들어진 책으로 일본에 현존하는 가장 오래된 가집(歌集)이다.

에서는 긴 시간이 걸리는 중노동이었다는 것을 쉽게 상상할 수 있다. 나중에 손잡이가 달린 통(에도시대), 빨래판(메이지 중기), 전기세탁기(1930년)와 같은 인공물의 발명과 발전을 통해 노동은 점점 경감되었다. 일본에서는 1972년에 전기세탁기의 가정보급률이 95%를 넘어섰으니, 노인을 포함한 가사노동자의 대부분이 세탁기를 이용하게 되었다고 볼 수 있다. 그 결과 감소된 노동시간에 반비례하여 자기실현을 위한 시간이 늘어났다.

현대사회에서 인공물은 인간의 삶에서 빼놓을 수 없는 것이다. 최근에는 정보통신에 소요되는 비용이 저렴해졌다. 실제로 IP전화 등을 이용하여 먼 곳에 사는 직계 가족이나 친구와, 과거에는 상상할 수 없었던 만큼 자주 의사소통할 수 있다. 이것은 노화에 따라 감소하기 쉬운 사회적 네트워크의 유지에 크게 공헌하고 있는 예일 것이다. 앞으로 등장할 새로운 인공물은 QOL의 향상에 더욱 기여할 수 있다. 예를 들어, 여행을 가지 않고도 그 자리에 있는 듯한 경험을 하게 해 주는 가전제품이 개발될지도 모른다.

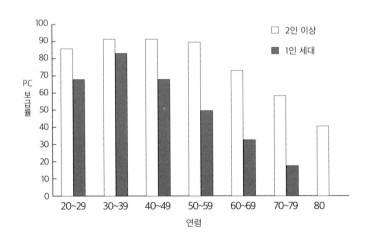

[그림 8-1] 세대의 주 연령별로 본 PC보급률

출처: 2011년 총무성 전국소비자실태조사
(http://www.e-stat.go.jp/SG-1/estat/List.do?bid=00000102731 l&cycode=0)

그러나 연령이라는 요인을 고려하면 다른 양상도 보인다. 최근 PC나 휴대전화가 보급되면서 인터넷 이용이 폭발적으로 증가하고 있다. [그림 8-1]은 2011년 총무성의 조사에서 PC의 보유 비율을 세대주의 연령별로 나타낸다. 1인 세대의 보유율이 상대적으로 낮긴 하지만, 2인 이상의 세대에 주목해 보면 60세 미만은 대략 90%의 가구가 PC를 보유하고 있다. 그러나 그 이상 연령대에서는 그 높이에 따라 지분율은 낮아지고, 80대에서는 40%까지 낮아진다. 이러한 경향은 1인 세대에서 더 현저하다. 휴대전화가 보급되고 있는 현재 컴퓨터 보유율만으로 간단하게 결론 지을 수는 없지만, 세대 간에 있어서 정보통신기술(Information And Communication Technology: ICT) 이용 격차가 존재하고, 그 결과 노인이 다양한 혜택을 받지 못한다는 점을 생각해 볼 수 있다.

인터넷 연결 가능성의 격차가 다양한 정보에 접근할 가능성에 영향을 미치고, 이후 받는 혜택의 차이가 사회 격차를 낳는 것을 디지털 격차(digital divide)라고 한다. 인터넷의 이용만으로 판단하면 노인은 그 혜택을 누릴 가능성이 낮은 집단이라고 할 수 있다. 한편, 인터넷을 이용한 조사에서는 인터넷을 이용하고 있는 노인은 젊은 세대와 비교해도 손색없을 만큼 인터넷을 이용하는 것으로 보고되고 있어서 세대 간이라기보다는 노인 세대 안에서도 디지털 격차가 진행하고 있는 모습도 엿볼 수 있다(IMJ 모바일, 2012).

2. 노인이 인공물을 이용하지 않는 요인

왜 노인은 인터넷과 PC를 사용하지 않는 것일까? 정확하게 말하자면 노인 세대에 이러한 인공물을 이용하는 노인과 그렇지 않은 노인이 갈라지는 것은 왜일까? 인간 요인은 이러한 문제에 어떻게 관련되어 왔을까? [그림 8-2]는 노인의 인공물 이용에 영향을 미치는 요인을 정리한 모델을 제시한다. 이 모델에서 인공물과 고령자의 관계에서 유의해야 할 요인을 정리한 하라다(原田, 2009)에 따르면, 4층 모델을 인간 요인과 관련된 핵심 요소로 간주하고, 그 층에 영향을 미치는 요인과 함께 상황 개선을 위한 대응도 동시에 기록하고 있다. 이 장에서는 이 모델에 따라 노인의 인공물 사용에 있어서 인간 요인의 문제를 정리한다.

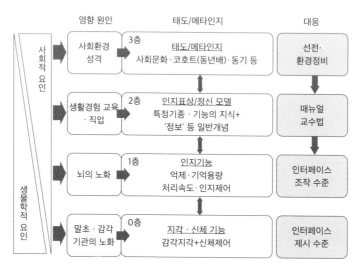

[그림 8-2] 노화와 인공물의 관계

※ 2층의 이름을 변경하고, 3층부터 방략/목적을 제외하였다.

출처: 原田(2009)에서 수정.

1) 사회적 · 생물학적 수준

노인의 인공물 이용에 영향을 미치는 요인은 크게 두 가지 개념 수준으로 분류할 수 있다. 제1요인은 뇌와 신경계의 노화에 관련된 생물학적인 요인이다. 노화에 따라 인공물의 작업을 지원하는 지각기능과 운동기능, 인지기능이 떨어지면 인공물 이용도 제한을 받는다. 예를 들어, 운동제어, 주의와 기억이 떨어지면 기기의 조작이 어려울 것이며, 스위치의 인식과 그 기능을 학습하는 것이 곤란하게 되어 장비를 잘 사용하지 못할 것으로 생각된다. 실제로 인지적 측면이 모두 노화의 영향을 받는 것은 아니고, 학습이 어려워지는 사태는 발생하지 않지만, 세탁기 등 예부터 있는 인공물과 비교하면 PC나 IT기기와 같은 새로운 인공물은 작업할 때 인지부하가 크기 때문에 생물학적 노화의 영향을 받기 쉬운 것이다.

제2요인은 개인의 생육환경, 생활환경 등 사회적인 요인이다. 과거의 인공물 조작 경험이나 주위의 사람들이 인공물을 이용하고 있는가 등과 같은 개인을 둘러싼 상황에 따라 개인의 인공물에 대한 친밀도와 이용 시 장점에 대한 인식이 다르다. 작업에서 컴퓨터를 사용한 경험이 있다면 고령이 되어도 저항 없이 컴퓨터를 사용할 것이다. 또한 태블릿형 단말기를 사용하는 사람이 주위에 많으면 이용에 대한 거부감도 적을 것이다.

2) 인간 요인의 수준: 하라다의 4계층 모델

하라다(原田)는 노인과 인공물 사이에 존재하는 문제를 0층 '지각·신체 기능', 1층 '인지기능', 2층 '지식표상·정신 모델', 3층 '태도/메타인지/방략/목적'의 계층으로 나누어 파악할 것을 제안하였다([그림 8-2]).

0층의 지각·신체 기능은 인공물 조작에 필요한 시청각 기능과 말초의 운동제어 수준을 가리키고 있다. 노화에 따라 증가하는 시청각장애가 다양한 인공물의 조작을 저해하는 요인이라는 점에 이의를 제기하는 사람은 없을 것이다.

1층의 인지기능은 인공물 작업에 필요한 인지적 능력을 가리킨다. 인지적 능력이 노화에 따라 감소하면 복잡한 인공물 조작이 어려워질 것으로 생각된다.

2층의 지식표상·정신 모델(이후, 인지표상/정신 모델이라 한다.)은 인공물의 구조와 동작에 대한 이해의 틀을 가리킨다. 그러나 정신 모델에 미치는 영향은 노화보다는 오히려 태어난 세대, 즉 생활경험의 차이에 영향을 받기 쉽다. 고장의 개념을 생각하면 알기 쉽다. 현대의 인공물은 소프트웨어로 제어되는 것이 대부분이고, 결함의 대부분은 재설정함으로써 해결할 수 있다. 한편, 오래전부터 존재해 왔던 인공물의 결함은 기어가 빠지는 것 같은 물리적 파손이 많아서 전문가의 수리가 필요했다. 따라서 마찬가지로 같은 PC를 사용하더라도 재설정(reset) 세대와 수리 세대는 동결(freeze)을 경험했을 때의 대응이 다를 것이다. 재설정 세대에서는 동결을 고장으로 생각하지 않겠지만, 수리 세대는 고장으로 생각하는 경향이 있다.

3층의 태도/메타인지/방략/목적(이후, 태도/메타인지라고 함)은 이제까지와는 다른 요소로 구성된 층이다. 지금까지의 층에 포함된 대부분의 요소는 인지기능의 문제로서 개인이 의식적으로 통제할 수 없는 수준에서 인공물과의 관계에 영향을 주는 반면, 이 계층은 의식수준에서 인공물과 관계를 상정한다. 예를 들어, '자신은 나이가 들어서 컴퓨터 조작할 수 있을 리가 없다'는 잘못된 신념과 '더 이상 친구를 늘리거나 교류하고 싶지 않다'는 태도는 인공물의 이용을 억제할 것이다. 한편, '손자와 교류하고 싶다'든지, '아직도 공부하고 싶다'는 태도는 인공물의 이용을 촉진한다.

또한, 이들 4층이 생물학적 요인과 사회적 요인에서 받는 영향의 강도는 계층에 따라 다르다([그림 8-2]). 생물학적 노화의 영향은 0층의 지각·신체 기능에서 가장 강하고, 계층이 높아질수록 감소한다. 한편, 사회적 요인은 반대의 경향을 보인다.

인지적 활동에 대한 요인을 생물학적 요인과 사회적 요인으로 나누는 사고방식은 인지정보처리를 크게 기계적 요소(mechanics)와 실용적인 요소(pragmatics)로 나누어 파악하는 메타 모델인 발테스(P. B. Baltes) 등의 이중구성 모델(dual Component model)에 기초해 있다. 이 모델에서 기계적 요소는 추론, 공간인지, 지각운동속도 등 새롭게 경험하는 법칙의 이해와 법칙에 따라 행위의 수행에 관련되는 기능으로 구성되고 뇌의 신경생리학적 구조의 변화 등 생리적 노화의 영향을 받아 노화에 따라 감소하기 쉽다고 여겨진다. 한편, 실용적인 요소는 말이나 세상 지식, 의미 기억, 구구단 같은 수의 조작 등으로 구성되어 문화와 생활맥락 등 개인의 생활환경이나 경험이 영향을 주고, 노화에 의해 직선적인 저하가 보이지 않으며 오히려 때로는 상승하는 경우도 있다(權藤, 2010).

이는 노인의 인지기능에 미치는 영향으로서 생물학적 노화 요인뿐만 아니라 사회적 요인을 고려하는 것이 중요함을 보여 준다. 사회적 요인에 있어서 세대[코호트(cohort)] 요인은 중요하다. 지능검사 성적이 세대가 진행됨에 따라 높아지는 경향은 플린효과(Teasdale & Owen, 2005)로 알려져 있다. 이 배경에는 교육내용의 고도화가 기여한 측면도 생각할 수 있겠지만, 어린 시절에 경험하는 지적 자극이 시대에 따라 복잡해진 영향도 클 것이다. 노인이 인생의 어느 시점에서 특정 인공물과 마주쳤는지, 그 역사적인 배경도 마찬가지로 인공물에 대한 친화성이나 정신 모델의 형성에 영향을 미치고, 다음의 인공물 이용에 큰 영향을 준다고 할 수 있다.

3) 인간 요인에 대한 노화의 영향

다음에는 하라다의 4층 모델에 포함된 요소에 대한 노화의 영향을 개관한다.

(1) 0층: 지각·신체 기능

나이가 들면 모든 말초 감각기관의 기능이 다양한 측면에서 저하된다. 시각은 원시(노안)가 진행되어 가까운 대상을 시각적으로 알아보기 어려워지고, 초점을 맞추는 데 시간이 걸린다. 공간적인 측면에서는 시각 주변, 특히 상단의 지각이 저하되고, 깊이 지각도 저하된다. 운동하는 물체의 지각도 저하된다. 이러한 공간적 변화의 측면은 자동차 운전 시의 합류와 전광판에 흐르는 문자를 알아보는 장면에서 현저하게 나타난다. 물체의 인식이라는 측면에서는 각막이나 수정체의 황탁(黃濁)과 백탁으로 인해(백내장) 망막에 도달하는 정보가 변용되어 파란색을 알아보는 능력이 저하되고 색의 대조를 알아채는 능력이 낮아지며, 밝기가 약한 자극을 알아보는 능력도 저하된다. 청각은 높은 주파수의 소리를 듣는 능력이 저하된다고 알려져 있으며, 시간 해상도의 저하, 잡음이 끼어드는 것에 대한 취약성 등 듣는 것에 관해 다양한 측면에서 기능 저하가 관찰된다(權藤, 2007).

운동제어에 관해서도 마찬가지이다. 안구운동은 잠재 시간이 길어지고 움직임의 정확성도 떨어진다. 운동 출력에 관해서는 인지처리와 운동처리를 분리하는 것이 어렵기 때문에 사건 관련 전위를 지표로 한 연구가 이루어지고 있다. 초기 검토 연구에서도 최근의 연구에서도 노인에서 인지처리보다 운동 반응의 지연이 문제가 되고 있다고 지적되었다(Bashore et al., 1989; Falkenstein et al., 2006). 또한 노인은 개인용 컴퓨터 사용에서 더블 클릭 동작이 약한 것처럼, 운동제어에 대해서도 한번 시작한 운동을 중지하는 억제적인 제어가 저하된다(Verbruggen et al., 2005).

(2) 1층: 인지기능
① 고령기의 인지기능 저하
인간은 인공물의 조작뿐만 아니라 다양한 일상생활 장면에서 어떤 목표를 향해 행동을 하고 있다. 그런 행동제어의 기본 요소가 1층을 구성하는 인지적 측면이다. 노화에 따라 감소하기 쉽다고 여겨지는 처리속도, 작업기억, 선택적 주의, 분할적 주의, 과제의 전환 등 실행기능에 한정하여 소개한다. 개인 PC를 사용하여 회의 자료를 작성하는 장면을 떠올려 봤으면 한다. PC로 자료를 작성하기 위해서는 워드 프로세서를 사용하여 문장을 작성하고, 스프레드 시트(spread sheet)를 사용하여 비용 계산을 하며, 사진 가공 소프트웨어로 자료의 이미지를 가공하고, 브라우저를 켜서 인터넷에서 자료를 수집할 것이다.

이 장면에서는 먼저 선택적 주의의 기능이 발휘된다(제2장 참조). 선택적 주의는 현재 하고 있는 행동의 목표에 관련한 정보에 주의를 기울이고 관련이 없는 정보를 무시하는 기능을 한다. 환경에 존재하는 정보 중에서 필요한 정보를 취사선택하는 이른바 필터와 같은 기능이다. 구체적으로는 바탕 화면에 무수히 늘어선(적어도 필자의 PC에서는) 아이콘 중에서 원하는 아이콘을 찾는 과정이다. 실험적으로는 표적이 되는 자극과 방해가 되는 자극이 동시에 제시되는 상황에서 표적을 선택하는 효율로 평가한다. 예로 든 같은 시각 탐색과 방해자극과 표적자극 중에서 표적자극을 선택하는 과제의 성적은 노인에게서 낮게 나타난다.

선택적 주의가 하나의 대상에 주의를 기울여 과정인 반면, 분할적 주의는 동시에 2개 이상의 행동 목표를 달성하기 위해 주의를 분산시키는 기능을 가리킨다. PC의 조작에 있어서는 시작하는 여러 소프트웨어 아이콘을 동시에 찾아서 친구와 채팅을 하면서 인터넷으로 물건을 찾는 장면이 드러난다. 실험적으로는 다중과제라고 불리며, 2개 이상의 행위를 동시에 병행하여 수행과제로 평가된다. 이러한 다중과제의 성적은 노인에게서 낮게 나타난다.

과제전환은 2개 이상의 과제를 수행한다는 점에서 분할적 주의와 비슷하지만 분할적 주의가 두 가지 과제를 병행적으로 동시에 수행하는 반면, 과제전환은 그때그때 해야 할 과제 내용이 변화한다. 컴퓨터 작업에서는 메뉴의 배치가 다른 몇 개의 소프트웨어를 바꾸어 사용하는 장면에 해당한다. 다른 소프트웨어에서는 조작 규칙도 바뀐다.

실험장면에서는 두 가지 규칙을 임의의 시간에서 전환하는 과제가 사용된다. 예

를 들어, 규칙 1 "'파랑'에는 '예'라고 '빨강'에는 '아니요'라고 대답한다", 규칙 2 "'빨강'
에는 '예'라고, '파랑'에는 '아니요'라고 대답한다"는 두 가지 규칙을 주어서 어느 한
규칙에 따라 일정 간격으로 제시되는 '빨강' '파랑'에 대해 '예' '아니요'라고 대답한다.
시행 도중 '변경' 신호가 주어지면 응답 규칙을 변경해야 한다. 이러한 과제전환의
부하가 있으면 하나의 규칙만으로 답변하는 조건보다 과제 성적이 떨어진다.

또한 과제전환에서 발생하는 부하에는 규칙의 전환 직후에 생기는 손실(국지적
비용: local cost)과 여러 규칙을 동시에 기억하지 않으면 안 되는 전환조건에서 전체
적으로 성적이 저하되는 손실(전체적 비용: global cost)로 나뉜다. PC의 소프트웨어를
전환하면 잠시 조작하는 데 당황할 수 있을 것이다. 이것은 이전에 사용하던 소프
트웨어 사용 규칙을 새로운 소프트웨어의 그것으로 전환해야 하기 때문에 국지적
비용이 발생하기 때문이다. 한편, 동시에 여러 소프트웨어를 사용하는 경우 양자
의 조작법을 명심해야 하므로, 1개의 소프트웨어에만 응답을 하는 경우에 비해 전
체적 비용이 발생하기 때문에 작업 효율이 떨어진다. 어떤 손실도 노인에게서 크
게 나타난다(상세한 내용은 후술한다).

작업기억은 목표를 향한 행동에 관련된 정보를 단기간 유지하는 동적 기억기능
이다(작업기억 내용은 제3장과 제4장 참조). 특정 정보가 목표에 관련되어 있는 동안 정
보를 보관하고, 관련이 없어지면 정보를 파기하는 것으로 한정된 기억용량을 효율
적으로 사용하는 것이 가능하다. 긴 문장을 읽을 때 모든 문장을 그대로 기억하지
않더라도 내용을 이해할 수 있는 필요한 정보만을 작업기억에 보관하고 불필요한
정보를 파기함으로써, 문장 전체를 요약하고 이해할 수 있다. PC의 작업장면에서
는 여러 소프트웨어로 작업할 때, 지금 어떤 소프트웨어에서 어떤 작업을 하고 있
고, 완료된 작업은 어떤 것인지 등의 정보를 작업의 진행에 따라 변화시켜 불필요
한 소프트웨어를 종료해 나간다. 작업기억이 작동하지 않으면 불필요한 소프트웨
어가 언제까지나 열어 둔 채여서 컴퓨터의 속도가 느려진다. 이 같은 경험을 하고
있는 것은 필자뿐만은 아닐 것이다.

구체적인 실험 장면에서는 N-Back 과제를 대표적인 예로 들 수 있다. N-Back
과제는 '1' '5' '6' '9' '8' '7' '4' '6'과 같이 연속적으로 제시되는 숫자 등의 목록을 돌림노

래처럼 N개 만큼 늦게 반응할 것을 요구한다. 예를 들어, 2 back에서는 '6'이 제시되었을 때 두 번 앞의 숫자인 '1'을, '9'가 제시되는 때에는 '5'를 응답하는 것이다. 숫자를 대답하기 위해서는 현재 제시되는 숫자 정보를 유지하면서 N개의 앞에 제시된 필요 없는 정보를 파기해 나가지 않으면 이 과제는 잘 실행할 수 없다. 또한 문장을 읽으면서 지시된 문장의 단어를 기억하고 그 후에 기억한 단어를 재생하는 기억 보유량 테스트(retain span test)라는 과제에 따라 작업기억을 평가한다. 어느 과제에서도 노인은 젊은 사람보다 성적이 우열상 낮고, 이 저하는 중년기에 시작될 가능성이 지적되고 있으며 노화의 영향이 크다고 할 수 있다.

  ② 기능 저하 기제
  여기까지 소개한 인지기능은 노화에 따라 감소하기 쉽지만, 그 배경 기제에 관한 결론은 나와 있지 않다. 대표적인 가설로 감각 저하(sensory decline), 처리속도 저하(general slowing), 억제 저하(inhibition decline), 처리자원의 저하(resource decline) 등이 있으며, 이러한 가설은 다양한 인지기능의 노화 저하를 설명할 수 있다.
  감각 저하 가설은 크게 말초감각기관과 인지기능이 공통적으로 노화의 영향을 받는다는 생각(Lindenberger & Baltes, 1994)과 말초감각기관의 노화에 의해 입력되는 정보의 질이 저하되어 결과적으로 인지처리가 잘 되지 않는다는 생각(Cervera et al., 2009)으로 나뉜다.
  처리속도 저하 가설(Salthouse, 1996)은 노화에 따른 인지처리 속도의 저하에 의해 처리 과정에서 필요한 정보를 적절한 시기에 처리할 수 없기 때문에 인지활동의 효율성이 저하된다는 가설이다. 이 가설에서는 다양한 인지과제의 성적이 처리속도의 저하로 설명할 것으로 예상한다. 또한, 실제 처리속도의 저하에 따라 다양한 인지과제의 성적이 설명되기 때문에 매우 강력한 가설이라고 할 수 있다. 다만, 0층의 설명에서 언급한 바와 같이 처리속도 지연이 운동생성 단계에서 발생하는 가능성도 생각할 수 있다.
  억제 저하 가설은 인지정보처리의 여러 단계에 개입된 억제처리가 노인에게서는 저하되기 때문에 선택적 주의와 작업기억의 처리 효율이 저하된다는 가설이다.

잘 알려진 해서 등의 가설(Hasher & Zacks, 1988)에 따르면, 정보처리를 수행하는 동안 작업기억에는 행위의 목적과 관련이 있는 정보와 관련이 없는 정보가 들어오는데, 억제기능에 의해 무관한 정보의 활성화가 억제됨으로써 작업기억의 정보가 효율적으로 갱신된다고 생각한다. 그러나 나이가 들면 억제가 저하하여 작업기억에 무관한 정보가 잔존하고 관련이 있는 정보의 처리를 저해한다고 생각하는 것이다.

처리자원의 저하 가설(Craik & Byrd, 1982)은 노화에 따라 인지처리에 할당된 인지적 자원이 감소하여 고령자의 인지처리능력이 저하한다고 생각한다. 이 가설에 부합하는 경우에는 분할적 주의와 같이 여러 대상에 자원을 배분하지 않으면 안 되는 조건에서는 자원이 충분하지 않기 때문에 노화의 영향이 클 것으로 여겨진다. 분명 다중과제를 부과한 실험 연구에서는 대부분 노인의 성적 저하가 보고되어 있으며, 분할적인 주의는 노화에 따라 감소한다고 할 수 있다. 그러나 메타분석(Verhaeghen & Cerella, 2002)에 따르면, 분할적인 주의에 대한 노화의 영향은 동일한 특성을 가진 문제가 겹친 과제(예를 들어, 곱셈과 덧셈)보다 다른 특성의 과제(보행과 기억)가 결합되었을 때 크다고 지적되고 있다. 마찬가지로 과제전환에서 노화의 영향은 전체적 비용에서는 크지만 국지적 비용에서는 작다(Wasylyshyn et al., 2011). 즉, 서로 다른 특성의 과제와 동시에 2개의 과제처리 틀을 유지하지 않으면 안 되고, 처리자원을 더욱 압박하는 상황에서 노화의 영향은 커진다고 할 수 있다. 이들로부터 의도적인 인식 처리를 중복 수행해서 실행하지 않으면 안 되는 복잡한 제어가 필요한 조건이 겹칠수록 노인은 인지처리의 효율이 나빠지는 것이 특징이라고 할 수 있다.

(3) 2층: 인지표상/정신 모델

지금까지 소개한 0층, 1층이 생물학적인 노화와 밀접하게 관련 있는 것에 비해, 2층은 생물학적 노화 요인보다 사회적 요인의 영향을 강하게 받는 계층이다. 인지표상과 정신 모델은 경험에 의해 형성되는 특정 사건에 대한 지식의 총체라고 할 수 있다(정신 모델에 대해서는 제5장도 참조). 장기기억에 저장되어 있는 정신 모델(지식)은 작업기억에게 호출되어 일상장면에서 추론과 문제해결에 이용된다(Nersessian, 2002). 인공물과의 관계에서 보면 인공물의 기능, 반응 및 운영에 관한 정신 모델을 보유하고 있으면 그 인공물을 효율적으로 운영하고 이용할 수 있다. 예를 들어, 평소에 신경 쓰지 않을 것이라고 생각하지만, 전기 주전자에서 물을 따르거나 전자레인지에 반찬을 따뜻하게 하는 동작도 정신 모델이 형성되어 있기 때문에 문제없이 할 수 있는 것이다. 만약 그렇지 않다면, 설명서를 읽고 한쪽 끝에서 버튼을 누르며 주전자의 반응을 살피면서 새롭게 형성할 필요가 있다.

컴퓨터 작업에 필요한 정신 모델은 오래된 인공물의 작업경험에서 형성되지 않는다. 특히 화면에 나오는 아이콘을 클릭하면 소프트웨어가 실행되는 동작은 인공물의 역사에서도 특이한 것이라고 할 수 있다. 그러나 같은 인공물에 다른 정신 모델을 적용해도 충분히 기능하기 때문에 비록 특이한 특징도 각각 다른 정신 모델에 따라 조작할 수 있다. 클릭하여 소프트웨어를 시작하는 방법을 사용하면서 소인(小人)이 속에서 조작하고 있다고 생각하는 사람은 없을 것이라고 생각하지만, 아이콘 클릭의 동작을 TV 리모컨 채널을 눌러 다른 프로그램을 화면에 띄운다는 비유로 이해하든, 컴퓨터의 올바른 작동 원리를 이해하든 작업에 의해 얻은 결과는 변하지 않는다. 당연히 깊은 수준에서 PC나 정보기기의 구조와 기능을 알고 있다면 문제가 생겼을 때 원인을 규명하는 것도 가능하지만, 일상적으로 사용하는 범위에서는 별 문제가 되지 않는 것이다. 특히 새로운 정신 모델을 형성할 때 이것은 매우 유용하다.

고령자가 이미 형성한 정신 모델과 새로운 인공물 작업에 필요한 정신 모델 간의 격차가 존재하는 경우에는 인공물 작업에 문제가 생긴다. 대표적인 예는, ICT 기기를 처음 사용하는 노인이 우연히 스위치를 길게 누르는 것이다. 스위치는 전기제품이 일상생활에서 사용되도록 만들어진 이후로 생활환경 속에 무수히 존재하고 있지만 그 대부분이 ON, OFF의 양자택일적인 조작으로 충분했다. 그러나 컴퓨터와 휴대전화(단말기)라는 소프트웨어 제어기기는 스위치를 길게 누르는 조작에 전원을 끄거나 다시 시작하는 작업이 추가되었다. 즉, 동일한 전원 스위치에 다른 정신 모델을 적용하지 않으면 올바른 조작을 할 수 없는 사태가 발생한 것이다. 고령자가 오래 누르기를 어려워하는 배경에 이미 형성된 정신 모델에 근거하여 스위치 작업을 수행하는 경향이 있기 때문이라고 생각하면 이해하기 쉽다(제5장 참조).

그러면 노인들에게 새로운 정신 모델을 형성하는 것은 어려운 것일까? 최근 PC

를 이용하는 고령자가 증가하고 있지만, 고령이 되고 나서 처음 사용법을 배운 노인도 많다. 이것은 노인에게도 충분히 학습능력이 남아 있어서 어떤 틀이라도 새로운 정신 모델을 형성할 수 있음을 시사한다고 할 수 있다. 노인의 학습에 관한 연구(Poon, 1986)에 따르면, 노인의 학습 능력은 평균으로 보면 젊은이에게 뒤떨어지지만, 개인차가 크고 높은 학습 능력을 유지한 개인도 존재한다. 또한 학습 영역이 과거의 경험에서 익숙한 영역인 경우에는 노인의 학습 성적은 더 좋아진다. 또한 노인의 인지과제 성적은 알려진 개념과 지식을 활용할 수 있을 때 개선되는 것으로 알려져 있으며, 학습장면에서도 이미 형성된 정신 모델을 이용하는 것이 효과적이라고 생각한다. 하라다 등(Harada et al., 2010)은 노인의 학습장면에서 IT 기반 기기를 이용하는 것보다 책자 형식을 사용하는 것이 더 효율적으로 학습이 진행되고, IT 기반의 기기에서도 내용의 제시 방법을 보다 책자에 가깝게 제시하면 학습 효율이 좋아진다고 보고하였다. 전술한 PC 조작의 아이콘을 클릭하여 프로그램을 시작하는 작업을 TV 리모컨의 채널을 누르기에 비유하여 이해시키는 것도 효과적일지도 모른다. 실제로 PC의 메인 화면은 데스크톱(책상 위)이라고 한다. 이것은 컴퓨터 작업에서 고전적인 도구인 책상의 비유를 사용한 것으로서, 컴퓨터의 이용에서 시작 화면의 기능과 역할의 이해를 촉진하는 효과를 기대하는 것이라고 할 수 있다. 마찬가지로 휴지통에 불필요한 서류를 버리는 개념은 파일을 지우는 것보다 쉽게 그 기능에 대해 이해할 수 있다.

고령자의 정신 모델의 형성에 관해서는 의도적이지 않은 잠재적 학습(implicit learning)이나 절차적 기억(procedural memory)이라고 하는 고령화의 영향을 받기 어려운 요소의 역할도 적지 않다. 컴퓨터 작업의 'Ctrl + C(선택한 것의 복사)' 및 'Ctrl + V(붙여 넣기)' 등의 동작은 습득 초기에 의도적인 과정에도 관여하지만, 학습이 진행되면 필요할 때 자동적으로 행동이 나타난다. 이것을 광의로 보아 정신 모델이 형성되었기 때문이라고 생각해도 좋지 않을까? 노인의 운동학습 연구(Smith et al., 2005)는 직선, 물음표, S자가 2개씩 연속하는 형태의 금속 튜브에 약간 큰 볼트를 끼워 튜브를 따라 이동하는 속도를 지표로 운동학습에 미치는 나이의 영향을 검토했다. 그 결과, 이동 속도는 62세 이후에 크게 느려지는 것으로 나타났지만, 연습효과는 나이의 영향은 없고, 한번 연습한 효과는 연령에 관계없이 2년 후 실시한 추적 조사에서도 유지되었다. 또한, 잠재적인 기억에 관해서도 노인은 잠재적으로 제시되는 규칙이 계층적이지 않으면 젊은이 못지않게 기억할 수 있었다(Howard et al., 2008). 이러한 결과는 노인도 인공물 사용법의 습득이 충분히 가능하다는 것을 지지한다고 할 수 있다.

(4) 3층: 태도/메타인지

여기까지 소개한 층은 인지 노화라는 맥락을 중심으로 인공물 조작 관련 요인으로 구성되어 있었지만, 이 계층은 사회적 요인을 중심으로 구성되어 인공물 이용의 동기 형성과 관련한다. 이 계층은 교육 경력이나 직업 경험과 같은 사회 경험, 경제 상황과 친구 관계와 같은 생활환경, 심지어 성격 성향이나 자신의 인지능력 평가와 행동 성향과 같은 다양한 개인차를 낳는 요인과 관련한다. 또한 이러한 요인은 동기부여에 직접 영향을 주기 때문에 인공물의 이용에 미치는 영향이 0~2층보다 강력하다 할 수 있다.

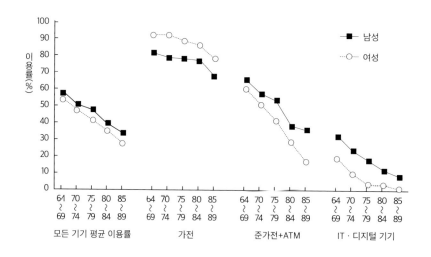

[그림 8-3] 성별, 연령별 IT · 전자 기기의 활용도

필자 등이 조사한 결과를 소개한다. 이 조사는 2005년에 도쿄도에서 지역 거주 노인 65세에서 85세의 1,121명(평균 연령 73.7세[SD = 62세]; 남성 431명, 여성 690명)을 대상으로 실시한 것이다(權藤, 2008). [그림 8-3]은 성별, 연령별 IT · 전기 기기의 활용도를 나타낸 것이다. IT · 전기 기기는 그 특징에 따라 가전, 준가전 + ATM(automatic teller machine), IT · 디지털 기기의 3개 그룹으로 분류했다. 가전은 아날로그 TV나 세탁기 등의 전형적인 전기제품, 준가전 + ATM은 자동응답기, VCR 등과 같이 텔레비전이나 세탁기 정도로 오래된 것은 아니지만, 비교적 예전부터 사용되었던 가전과 ATM 등 비교적 신규 장비(가정용 비디오도 ATM도 1970년대에 도입되었다), IT 디지털 기기는 디지털 카메라, PC, 인터넷 이용 등 최근 이용하기 시작한 기기로 구성되어 있다.

결과를 보면, 우선 가전의 경우 이용률은 전체적으로 높았으며 또 여성 이용률이 높았다. 비교적 높은 연령대의 대상자도 이용하는 것 또한 특징이었다. 준가전은 남성의 이용률이 높고, 나이가 높아짐에 따라 이용률의 저하가 뚜렷했다. IT · 디지털 기기는 전반적으로 이용률이 낮고, 특히 높은 연령의 여성의 이용률이 낮았다. 이용에 영향을 미치는 배경 요인을 검토한 결과, IT · 디지털 기기는 남성, 젊은, 교육 연수가 길고, 체력이 있으며, 문제해결적 사고를 하고, 동거자가 있는 경우에 사용률이 높았다. 가전에서는 여성이며, 경제력이 있고, 체력이 있으며, 시력이 좋고, 문제를 대할 때 논리적인 대처를 하는 경우 사용률이 높았다. 준가전 + ATM에서는 젊고, 교육 연수가 길며, 질병이 없고, 체력이 있으며, 성격특성에서는 개방성이 높은 것이 사용률을 높이는 요인이었다. 개방성이라는 것은 5개의 성격특성의 하나로, 개방성이 높은 사람은 지적 호기심이 강하고 새로운 아이디어 등을 받아들이기 쉽다.

이러한 결과는 시대적 배경, 교육력, 생활환경, 신체기능, 성격 성향과 같이 3층을 구성하는 요인이 인공물의 이용에 영향을 미치는 것을 보여 주었다. 여성에게서 가전 이용률이 높다는 결과는 여성이 집안일을 하는 경우가 많았던 노인 세대의 사회적 환경을 상징하는 것이라고 할 수 있다.

3. 각 층의 상호관계 및 보상 가능성

여기까지 노화와 인간 요인 간의 관계를 하라다 등의 4층 모델에 따라 설명해 왔다. 각 층에서 발생하는 문제는 [그림 8-2]의 오른쪽 열과 같이 0층, 1층에서는 인터페이스의 개선, 2층은 사용설명서의 개선과 교수법의 개발, 3층에서는 노인을 포함한 사회전체의 환경정비 등 대응이 가능하며, 현재 점차 상황이 개선되고 있다고 할 수 있다. 그러나 앞서 조금 소개했지만, 이러한 4층은 분리된 별도의 프로세스가 아니라 상호작용적인 관계에 있다. 따라서 인공물 이용에 있어서의 인간 요인의 문제를 해결하기 위해서는 이러한 계층 간의 관계를 고려할 필요가 있다. 그렇게 함으로써 노인이 인공물을 이용할 때 발생하는 인지적·심리적 부하를 시스템 전체에 분산시켜 줄일 가능성을 높여 줄 것으로 생각된다. 다음은 각 계층 사이의 관계에 대한 몇 가지 연구 사례를 소개하고 그 보상 가능성에 대해 언급한다.

0층(지각층), 1층(인지층)은 이미 감각 저하 가설에서 소개한 바와 같이 밀접한 관계가 있고, 지각층의 기능 저하가 인지처리의 부하를 높일 수 있다. 예를 들어, '밧줄'을 집어 달라는 부탁을 받았다고 하자. 청각장애가 있는 경우에는 '밧줄'과 '맛술'은 혼동하기 쉽다. 명확하게 들리지 않으면 '밧줄'을 집으면 좋을지, '맛술'인지 판단하기 위해서는 본래 불필요한 여분의 인지처리를 해야만 행동을 실행할 수 있다. 문장 이해와 작업기억 과제의 성적 하락은 청각 저하에서 유래(Cervera et al., 2009)한다는 지식이나 fMRI 뇌 영상을 이용한 연구에서도 노인이 시각피질의 활동보다 전두엽의 활동이 높은 현상이 보고되었다. 이 결과는 노인의 시각 정보처리가 저하하면 하향식 인지처리를 동원하여 인지적인 과제를 수행하기 때문이라고 해석할 수 있다(Davis et al., 2008). 또한 인식하기 쉽도록 자극의 대비를 주면 인지 과제 성적이 개선되는 등, 지각층에 대한 작용은 인지처리 전반의 효율성을 향상시킬 것으로 생각된다. 따라서 시각적으로는 색의 사용이나 글꼴 모양, 특히 색 대비 등을 연구하고, 청각적으로는 주파수 특성뿐만 아니라 강약과 속도를 개선하여 인식하기 쉬운 정보 제시를 하는 것이 중요하다.

1층(인지층)과 2층(정신 모델층)의 관계에서는 노화에 따른 정신 모델의 인지기능 저하에 대한 보상적인 기능이 주목된다. 노화에 따른 인지처리의 저하는 의식적인 인지과정을 중심으로 발생한다. 이미 언급한 바와 같이 정신 모델은 인지처리를 효율적으로 수행하기 위한 주형이기에 그것을 잘 활용하면 자동인식처리가 증가하여 의식적인 처리를 줄일 수 있다. 예를 들어, 컴퓨터 소프트웨어의 대부분은 계층적인 메뉴 구조를 가지고 있는데 하위 계층에 대한 정신 모델이 있으면 원하는 명령을 탐색할 필요가 없어 인지적 부하가 감소한다. 처리자원 저하 모델은 노화에 따라 인지처리에 되돌릴 수 있는 자원이 감소하는 것을 가정하지만, 정신 모델을 효율적으로 사용할 수 있다면 적어진 자원을 효율적으로 사용하여 인지처리를 수행할 수 있다.

이미 언급했지만 고령자에게도 학습능력은 충분히 유지되고 있으며, 이미 형성된 정신 모델을 기초로 새로운 정신 모델을 형성할 수 있다. 따라서 정신 모델의 형성을 안내하는 개입은 인지처리 전체에 있어서 효과적일 수도 있다. 버튼을 길게 누르기에 관해서도 꺼짐 행위와 여행 장면에서 떠나는 상대가 보이지 않을 때까지 손을 계속 흔드는 행위를 연관 짓는 식으로 이해하기 쉬워 다른 정신 모델의 형성에도 기여할 수 있다. 또한, 정신 모델이 있으면 새로운 인공물을 조작할 때 스트레스도 줄어들며(Kang & Yoon, 2008) 3층에 대해서도 보다 큰 영향을 줄 가능성도 있다.

3층(태도/메타인지 층)은 0~2층이 잘 작동하지 않는 경우에 그 영향을 받기 쉽다. 컴퓨터를 조작하기 시작했을 때 절차가 많아 혼란스럽고 이해할 수도 없어 거부적인 태도를 취하게 된 노인도 무척 많을 것이다. 한편, 반대로 가장 핵심적인 요인인 동기 등을 높임으로써 0~2층에서 받은 부정적인 영향을 억제할 가능성을 생각할 수도 있다. 모리와 하라다(Mori & Harada, 2010)는 노인을 대상으로 동거 가족이 있는 쪽이 휴대전화 기능의 상세한 부분까지 조작하는 것으로 보고하였다. 휴대전화나 인터넷 등 정보통신기기는 정보의 쉬운 접근 등 실리적인 장점뿐만 아니라 감정의 교환이라는 심리적 장점도 존재한다. 특히 현대사회에서는 혈연 관계와도 멀리 떨어져 사는 경우가 늘어나고 있기 때문에 자녀나 손자와의 교류를 촉진할 수 있는 이점은 크다. 노인의 행동경향은 직계가족이나 친한 친구와 같이 보다 친밀한 존재와 긴밀한 관계를 가지려는 것으로 알려져 있다(Scheibe & Carstensen, 2010). 이러한 경향을 이용하면, 휴대전화나 인터넷을 사용하는 동기가 높아질 것이며, 손자와 젊은 세대와의 교류를 추구하면, 그 매개 요인으로서 비디오 게임과 같은 인공물을 적극적으로 이용하게 될 가능성도 있다. 인공물 사용에 대한 직접적인 동기가 0~2층에서 발생하는 심리적 부하를 상회하면, 인공물의 조작법 습득에 대한 동기가 높아지는 좋은 순환도 생겨날 것이다.

4. 정리와 향후 전망

지금까지 인간 요인을 중심 개념으로 하여 노인과 인공물의 관계에 대해 개관해 왔다. 노인과 인공물의 관계는 복잡하며 쉽게 해결하기는 어렵다. 그러기 위해서는 생물학적 요인과 사회적 요인의 양측면에서 착실하게 접근하는 것이 필요하다.

먼저 생물학적 측면에 관해서는 노화에 따라 감소하기 쉬운 지각 저하, 주의 제어, 작업기억의 부하를 낮출 인터페이스의 개발이 필요하다. 이를 위해서는 정신모델을 고려한 인지 체계 전체의 구성요소 간 관계를 정교화한 모델이 필요하다. 쿠마다 등(熊田 et al., 2009)이 제안한 모델([그림 8-4])은 인터페이스 디자인을 고려한 인지기능의 모델로서 0층에서 3층까지의 구성 요소를 포함하고 있다. 이 접근처럼 인지의 노화와 관련된 인공물의 작업에 관련된 구성요소의 기능에 대하여 보다 상세히 검증하는 것이 노인뿐만 아니라 일반적으로도 사용하기 쉬운 인터페이스의 개발에 기여할 것이다. 인공물의 인터페이스 설계의 문제는 노인의 지각, 인지적 세계를 모르는 젊은 설계자가 연구 등의 지식에 의지하여 설계해야 하는 한계가 있으나, 이 모델이라면 노인의 인지적 세계를 상상하기 위한 도구로 사용할 수 있을 것이다. 필자 개인의 생각이지만 설계 경험이 있는 노인이 자신의 생활체험을 바탕으로 인터페이스를 설계하면 흥미롭지 않을까?

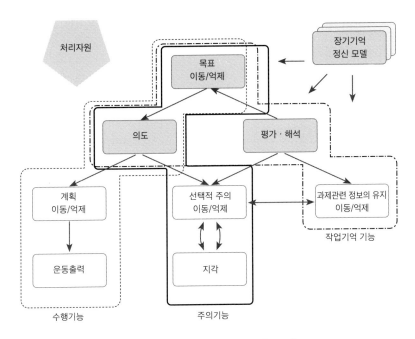

처리자원

목표
이동/억제

장기기억
정신 모델

의도

평가 · 해석

계획
이동/억제

선택적 주의
이동/억제

과제관련 정보의 유지
이동/억제

운동출력

지각

작업기억 기능

수행기능

주의기능

[그림 8-4] 쿠마다 등의 인지기능 모델

출처: 熊田 et al. (2009).

사회적 측면에 관해서 세대의 영향과 사회환경의 개인차라는 두 가지 문제가 존재하지만, 세대의 영향은 가까운 미래에 해소될 것이라고 생각된다. 2009년도 총무성 통신이용 동향조사에 따르면(총무성, 2012), 인터넷 이용률은 50대까지는 85% 이상이며, 60~64세에서 72%, 65~69세에서 58%, 70~79세에서 33%로 연령이 높아질수록 낮아지는 경향이지만, 1년 전 조사에서는 각각 63%, 38%, 28%로 집계되어 고령자 중에서도 젊은 연령층에서 증가가 큰 것을 알 수 있다. 이러한 경향에서 예측해 보면 이용률이 87%인 50대가 노인 세대가 되는 10년 후에는 인터넷이용의 세대 간 격차는 소멸하지 않을까?

이러한 예측은 헛수고가 아니다. 노인의 취업 모델의 성공사례로 알려진 도쿠시마현 우에카츠쵸에서는 일본 요리에 사용되는 양질의 잎을 수확하여 전국에 출하하는 비즈니스 모델을 전개하고 있다. 거기에서는 노인이 태블릿을 가지고 산을 걸어 시장에서 필요로 하는 상품을 확인하고 수확하는 시스템을 가동하고 있다. 이것은 태블릿을 이용하면서 생물학적 노화 요소의 감소와 취업으로 인한 생활 속

창조로서, 사회적 측면에 대한 움직임이 유기적으로 융합한 좋은 예가 아닐까? 책이나 수첩 등 기존의 인공물의 조작 체계와 단순하게 정리된 데스크톱 PC를 답습한 태블릿 PC의 등장은 가격에 따라 노인들에게 보급될 수 있을 것이다. 향후 사회적 측면을 움직이는 콘텐츠가 제공되면, 디지털 불균등의 해소를 추진하여 노인의 QOL에 기여할 것이 틀림없다.

북 가이드 ————————— ●

松川順子, 權藤恭之 편(2009). 심리학 평론 특집: 인지노화, 52(3), 心理字評論刊行余.
  → 제목에 표시된 것처럼 인지 노화에 관련된 개관 논문이 다수 게재되어 있다.

椎藤恭之 편(2008). 고령자 심리학. 창조심리학강좌, 15. 朝倉書店.
  → 노인심리학 연구를 포괄적으로 개관하는 교과서로, 입문자에게 적절하다.

Park, D. C., Schwarz N. 편 / ロノ町康夫, 坂田陽子, 川口潤監 공역(2004). 인지 노화 입문편. 北大路書房.
  → 조금 오래된 인지노화에 관한 연구의 기초적인 지식이 소개되고 있다.

野島久雄, 原田悦子 편(2004). '집안'을 인지과학하기-변화하는 가족·물건·학습·기술. 新曜社.
  → 노인뿐만 아니라 인간과 인공물의 관계를 인지과학의 관점에서 고찰한다.

Fisk, A. D., Rogers, W. A., Charness, N., Czaja, S. J., & Sharit, J. (Eds.)(2009). *Designing for Older adults: Principles and creative human factors approaches* (2nd ed.). Human Factors & Aging Series, CRC Press.
  → 장년과 노인의 인지와 인공물의 관계에 대해 연구해 온 연구자에 의한 포괄적이고 심층적인 연구 및 설계를 위한 지침이 소개되어 좋은 책.

Lesnoff-Caravaglia, G. (Eds.)(2007). *Gerontechnology: Growing old in a technological society.* Charles C. Thomas.
  → 고령자를 지원하는 기기도 포함하여 고령자를 위한 다양한 장치가 소개되어 있다.

참고문헌

IMJモノパイル (2012). シニアのインターネット利用に関する調査.

権藤恭之(2007). 感覚・知覚のエイジング. 谷口幸一, 佐藤眞一 編, エイジング心理学 - 老いについての理解と支援. 北大路書房, pp. 69-86.

権藤恭之(2008). 地域在住高齢者のIT・電気機器の利用実態. 情報福祉の基礎研究会 編, 情報福祉の基礎知識 - 障害者・高齢者が使いやすいインタフェース. ジアース教育新社. pp. 164-167.

権藤恭之(2010). 百毒者D機能. 高齢期D認知. 大内尉義, 秋山弘子, 折茂肇 編, 新老年学(第3版). 東京大学出版会, pp. 319-320, 1659-1662.

給務省(2012). 平成21年「通信利用動向調査. http://www.soumu.go.jp/main content/000064217.pdf.

落合茂(1984). 洗う風俗史. 未來社.

熊田孝恒, 須藤智, 日比優子(2009). 高齢者の注意・ワーキングメモリ・遂行機能と認知的 インタフェース. 心理学評論, 52, 363-378.

原田悦子(2009). 認知加齢研究はなぜ役に立つのから. 心理学評論, 52, 383-395.

Bashore, T. R., Osman, A., & Heffley, E. F. (1989). Mental slowing in elderly persons: A cognitive psychophysiological analysis. *Psychology and Aging, 4*, 235-244.

Cervera, T. C., Soler, M. J., Dasi, C., & Ruiz, J. C. (2009). Speech recognition and working memory capacity in young-elderly listeners: Effects of hearing sensitivity. *Canadian Journal Of Experimental Psychology / Revue Canadienne de Psychologie Expérimentale, 63*, 216-226.

Craik, F. I. M., & Byrd, M. (1982). Aging and cognitive deficits: The role of attentional resources. In F. I. M. Craik & S. E. Trehub (Eds.), *Aging and cognitive processes*(pp. 191-211). Plenum Press.

Davis, S. W., Dennis, N. A., Daselaar, S. M., Fleck, M. S., & Cabeza, R. (2008). Que PASA?:

The posterior-anterior shift in aging. *Cerebral Cortex, 18,* 1201-1209.

Falkenstein, M., Yordanova, J., & Kolev, V. (2006). Effects of aging on slowing of motor-response generation. *International Journal of Psychophysiology: Official Journal of the International Organization of Psychophysiology, 59,* 22-29.

Harada, E. T., Mori, K., & Taniue, N. (2010). Cognitive aging and the usability of IT based equipment: Learning is the key. *Japanese Psychological Research, 52,* 227-243.

Hasher, L., & Zacks, R. T. (1988). Working memory, comprehension, and aging: A review and a new view. In G. H. Bower (Ed.), *The Psychology of learning and motivation.* (Vol. 22, pp. 193-225). Academic Press.

Howard, D. V., Howard, J. H., Jr., Dennis, N. A., LaVine, S., & Valentino, K. (2008). Aging and implicit learning of an invariant association. *The Journals of Gerontology: Series B, Psychological Sciences and Social Sciences, 63,* 100-105.

Kang, N. E., & Yoon, W. C. (2008). Age-and experience-related user behavior differences in the use of complicated electronic devices. *International Journal Of Human-Computer Studies, 66,* 425-437.

Lindenberger, U., & Baltes, P. B. (1994). Sensory functioning and intelligence in old age: A strong connection. *Psychology and Aging, 9,* 339-355.

Mori, K., & Harada, E. T. (2010). Is learning a family matter?: Experimental study of the influence of social environment. On learning by older adults in the use of mobile phones. *Japanese Psychological Research, 52,* 244-255.

Nersessian, N. J. (2002). The Cognitive basis of model-based reasoning in Science. In P. Carruthers, S. Stich & M. Siegal (Eds.), *The cognitive basis of Science* (pp. 133-153). Cambridge University Press.

Poon, L. W. (1986). Learning. In P. Maddox, R. C. Atchely, L. W. Poon, G. S. Roth, I. C. Siegler & R. M. Steinberg (Eds.), *The encyclopedia of aging* (pp. 380-381). Springer.

Salthouse, T. A. (1996). The processing-speed theory of adult age differences in cognition. *Psychological Review, 103,* 403-428.

Scheibe, S., & Carstensen, L. L. (2010). Emotional aging: Recent findings and future trends. *The Journals of Gerontology: Series B, Psychological Sciences and Social Sciences, 65B,* 135-144.

Smith, C. D., Walton, A., Loveland, A. D., Umberger, G. H., Kryscio, R. J., & Gash, D. M. (2005). Memories that last in old age: Motor skill learning and memory preservation. *Neurobiology of Aging, 26,* 883-890.

Teasdale, T. W., & Owen, D. R. (2005). A long-term rise and recent decline in intelligence test performance: The Flynn effect in reverse. *Personality and Indiuidual Differences, 39,* 837-843.

Verbruggen, F., Liefooghe, B., Notebaert, W., & Vandierendonck, A. (2005). Effects of stimulus-stimulus compatibility and stimulus-response compatibility On response inhibition. *Acta Psychologica, 120,* 307-326.

Verhaeghen, P., & Cerella, J. (2002). Aging, executive control, and attention: A review of meta-analyses. *Neuroscience and Biobehavioral Reviews, 26,* 849-857.

Wasylyshyn, C., Verhaeghen, P., & Sliwinski, M. J. (2011). Aging and task switching: A meta-analysis. *Psychology and Aging, 26,* 15-20.

제9장 장애인 지원과 인간 요인

의족 주자, 오스카 피스토리우스

(사진 제공: 시사통신사)

1. 장애인 지원에 관한 인간 요인

1) 소개

2011년 세계육상선수권대회에서 오스카 피스토리우스라는 선수가 화제가 되었다. 양쪽 다리의 무릎 아래가 의족인 피스토리우스가 장애가 없는 선수와 같은 필드에서 공식적으로 승부하는 것이 인정됐기 때문이다. 의족을 사용하는 선수의 기록이 의족을 사용하지 않은 선수의 그것과 동등하게 비교할 수 있는 것인가? 그의 기록은 '인간 본래의 능력'이 아닌 것이냐는 논란이 일어났다. 그리고 1년 후 2012년 런던장애인올림픽 육상 남자 200m 결승에서 2위를 차지했던 피스토리우스가 1위를 한 선수에 대해 "그의 의족은 너무 길다."라고 발언하여 물의를 일으켰다 (1위 선수의 의족 길이는 규정 범위 내이며, 후에 피스토리우스는 발언에 대해 사과하였다).

이 같은 사례를 감안하면 인간 본래의 능력을 어떻게 평가해야 할지를 생각된다(2013년 2월에 연인을 살해한 죄목으로 피스토리우스는 체포되어 이후 유죄판결을 받았다. 다만 장애인 지원과 인간 요인을 생각할 때 피스토리우스의 사례가 많은 문제를 제기하는 사실은 변함없다). 우리는 일상적으로 휴대전화를 사용하여 친구에게 전화를 하지만, 아마 번호는 기억하지 않을 것이다. 기억하고 있는 것은 기술 쪽이다. 그런데 우리는 기술을 통한 능력을 자신의 능력 일부라고 인식하고 있다. 다른 한편으로 기술에 의해 능력을 발휘한 피스토리우스는 비판을 받는다. 기술의 발전으로 인하여 기술에 의한 능력과 인간 본래 능력의 경계가 없어지고 있다. 장애로 인해 '자력'으로 활동이 어려워도 기술과 환경조정에 의해 활동이 가능해진 현재, '장애' 주변에서의 기술에 대해 고려해야 할 인간 요인(인간 측의 요인)은 바뀌고 있다.

이러한 배경을 바탕으로 이 장에서는 인간 요인을 '인간이 안전하고 건강하게 활동하기 위해 기술과 시스템을 활용할 때 인간 측의 요인'이라고 정의하고 이야기를 진행한다.

2) 장애를 파악하는 방법의 변화

2001년 이후 장애 자체의 파악하는 방법은 크게 바뀌었다. 2001년 세계보건기구(World Health Organization: WHO)는 국제생활기능분류(International Classification of Functioning, Disability and Health: ICF)를 채택해서 국제적인 '장애'의 정의를 크게 변경하였다. 기존의 정의는 마찬가지로 WHO가 1980년에 채택한 국제장애분류(International Classification of Impairments, Disabilities and Handicaps: ICIDH)이었다. ICIDH는 그전까지 애매한 개념이었던 장애에 대해, 첫째, 기능장애(impairment)가 일으키는 것, 둘째, 능력장애(disability)가 생기는 것, 셋째, 결과적으로 사회적 불리함

(handicap)으로 발전하는 것의 3단계 인과관계에 따라 정리하여 분류·정의했다. 이것은 장애의 원인을 개인에게서 유래한다는 의료 모델에 기반한 분류였다.

그러나 ICIDH는 개인의 부정적인 부분에만 주목하고 있다는 비판이나, 기능장애 없이 사회적 불리함에 노출된 상황을 설명할 수 없다는 비판을 받고 2001년 ICF로 개정되었다. ICIDH의 의료 모델에 비해 ICF는 사회 모델이라고 할 수 있다. ICF는 심신기능과 배경요인(개인 요인, 환경 요인)의 상호작용 결과로 인해 활동과 사회참여가 저해되는 상황을 장애로 설명하고 있다.

예를 들어, 수어로 의사소통하는 청각장애인은 수어를 사용하는 장면에서는 통신에 '장애'가 없다. 그런데 수어를 사용할 수 없는 사람과의 의사소통의 경우에는 소통이 곤란한 장면이 발생한다. 이것은 장애가 개인에만 기인하는 것이 아니라 환경과의 상호작용에서 발생한다는 것을 보여 준다.

이렇게 ICF에서는 심신 기능이나 구조뿐만 아니라 개인과 환경의 상호작용의 결과로 장애를 파악하고, 그에 따라 의미 있는 사회활동과 사회참여를 할 수 없는 것을 문제라고 보았다. 이를 통해, ICF는 특정 질병이 있는 사람뿐만 아니라 모든 사람의 생활기능 문제를 포괄할 수 있는 모델이 되었다.

원래 장애라고 하더라도 문제는 사람에 따라 각각이다. 현재 일본에서 제도상 '장애'로서 지원의 대상이 되는 것은 신체장애(시각장애, 청각장애, 지체부자유, 내부 장애), 지적 장애, 정신장애의 세 가지 장애이다. 그리고 2011년 8월 5일 「장애인기본법」의 개정에 따라 발달장애가 정신장애의 범위 내에서 새롭게 제도의 대상에 추가되었다. 최근 발달장애라는 말이 언론을 통해 널리 알려지게 되었는데, 그중에는 자폐증, 아스퍼거 증후군, 전반적 발달장애, 학습장애, 주의력결핍/과잉행동장애가 있으며 그 상태는 사람마다 다르다. 이처럼 장애라는 것이 특성과 정도가 다양화됨에 따라 최근에는 기존의 장애 분류에 따른 대응이 어려워서 대신 각자의 '곤란함'(difficulty)에 응하는 것을 지원의 중심으로 삼고 있다. 즉, 장애인 지원에 관한 인간 요인을 생각할 때 개인의 신체적 특징과 기능적인 특징만을 고려하는 것으로는 불충분하다는 것이다.

3) 능력감의 변화

독자 중에는 안경이나 콘택트렌즈를 사용하지 않으면 이 글을 읽기 어려운 사람도 있을 것이다. 아마 그런 사람의 대부분은 자신에게 시각장애가 있다는 것을 자각하지 못할 것이다. 안경이나 콘택트렌즈를 사용하면 읽을 수 있으니까 그것을 당연하게 여기는 사람도 있을 것이다. 물론 정확한 장애의 정의와 대조하면 그것은 '장애'는 아닐지도 모르지만 글자를 읽을 수 없다는 곤란함 자체는 같다. 그 문자를 인식하는 능력은 안경이 없이는 발휘할 수 없다. 이러한 상황에서 인간의 능력은 본래 어떻게 평가가 이루어져야 할까?

기존의 심리학에서는 인간의 능력에 관해, 도구의 힘을 빌리지 않고 발휘한 실적을 바탕으로 평가되어 왔다. 지능검사가 좋은 예일 것이다. 답변에 대한 필기구 이외에 아무것도 사용하지 않고 동일한 조건에서 측정해야만 그 사람의 능력으로 여겨 왔다. 그러나 우리의 현실을 생각했을 때, 얼마나 많은 사람이 아무것도 없이 혼자의 힘만으로 생활하고 있는 것일까? 컴퓨터, 휴대전화, 자동차나 전철이 없이는 우리의 삶과 일은 성립되지 않을 것이다.

나카무라(中邑, 2007)는 대면 상황에서 대화할 때는 어려운 단어가 나오면 이해할 수 없는 사람이, 이메일을 사용할 때는 어려운 단어의 이해와 표현이 가능한 사례를 소개하였다. 이 배경으로 대면 상황의 대화에서는 모르는 단어의 의미를 생각하고 있는 사이에 대화를 따라갈 수 없게 되어 버리는 반면, 이메일에서라면 이해할 수 없는 단어에 대해 시간을 들여 알아보고서 적절한 시기에 대답할 수 있다. 이 사례의 중요한 점은 대면이든 이메일이든 그 사람은 혼자의 힘으로 의사소통을 하고 있다는 점이다. 그렇지만 기존의 평가에서는 대면으로 잘 의사소통할 수 없다는 것이 그 사람의 능력으로 파악될 것이다. 이메일을 사용했던 경우도 그 사람이 혼자서 생각하고 의사소통하는 것이라면, 원래는 그가 사용했던 도구의 능력도 포함하여 그 사람의 능력으로 평가되어야 할 것이다.

이러한 예를 감안하면, 우리의 삶에서 그 '능력'은 기술과 함께 발휘되고 있다. 나카무라(中邑, 2007)는 이렇게 기술에 의한 기능을 심신기능의 일부와 융합하여 생활하고 있는 사람을 '하이브리디언(Hybridian)'이라고 명명하고 있다. 돌이켜서 인간 요인을 생각해 보면, 기존에는 기술에 의한 기능과 자신의 심신기능 사이에서 인간 측의 요인을 인간 요인이라고 부르는 경우가 많았다. 그러나 이제는 기술과 심신기능의 융합된 결과로 발휘할 수 있는 능력 또한 인간 요인의 틀 안에서 검토해 나갈 필요가 있다.

2. 기술에 의한 장애 지원

1) 지원기술

장애와 인간 요인의 관계를 생각할 때 중요한 분야로 (장애) 지원기술(assistive technology)이라는 것이 있다. 예를 들어, 지체부자유가 있는 사람을 위한 환경제어장치나 입력보조장치, 휠체어, 시청각장애인을 위한 음성낭독 소프트웨어나 음성인식 소프트웨어 등이 지원기술로 꼽힌다(King, 1999; Lazzaro, 2001; 金森, 2012를 참조). 지원기술은 장애에 의해 발생하는 다양한 문제를 기술로 해결하는 개념 및 기술 그 자체이다. 가까운 분야로는 재활공학이나 복지공학(伊福部, 2004를 참조)이 있다. 장해가 발생하면, 그 정도에 따라 자신의 삶을 통제할 수 없을 때가 있다. 말을 잘 못하는 사람은 의사소통이 되지 않는 경우가 많고, 자력으로 걸을 수 없는 사람은 자력으로 가고 싶은 곳에 갈 수 없는 경우가 많다. 기술을 통해 자신의 삶을 통제하고 사회활동에 참여할 수 있도록 하는 것이 지원기술의 역할이다.

지원기술이라는 것이라고 해도 반드시 특별한 것만 있는 것은 아니다. 일반적으로 많은 사람이 시력 저하를 안경이나 콘택트렌즈로 보충하고 있는데, 안경이나 콘택트렌즈도 넓은 의미에서 지원기술 중 하나라고 생각할 수 있다. 현재 사용되고 있는 지원기술의 대부분은 제2차 세계대전과 베트남 전쟁 후 미국에서 부상군인을 위한 보철물이나 휠체어의 요구와 함께 발전해 왔다(e-AT 이용촉진협회, 2011). 일본에서도 1970년경부터 신체장애 때문에 생긴 생활의 어려움 해소를 중심으로 기기의 개발과 보급이 진행되어 왔다.

지원기술과 인간의 관계에서 중요한 것은 어떤 사람에게 어떤 기술이 효과적인 가라는 것이다. 현재 지원기술은 다방면에 걸쳐 있다. 일본에서 장애는 제도의 안에서 시각장애, 청각장애, 지체부자유, 정신지체, 정신장애로 분류되어 있다. 다만, 같은 종류의 장애에도 사람에 따라 그 어려움이 다르기 때문에 이 장애에는 이 지원기술이 유효하다는 식으로 단순히 연관할 수 없다. 장애에 관해서 인간 요인을 고려할 때에는 대상자의 장애 종류별보다 오히려 개별적인 요구를 어떻게 해소하는지가 중요하다.

개별 요구는 자세히 분류하면 끝이 없지만, 장애인 지원 현장의 요구는 큰 틀에서 공통되는 것으로 알려져 있다. 장애인의 요구에 전자정보지원기술로 부응하기 위해 활동하고 있는 e-AT 이용촉진협회(2011)는 지원기술의 적용을, ① 달리기, ② 보기, ③ 듣기, ④ 말하기, ⑤ 기억·이해하기로 요구사항을 분류하고 있다. 구체적으로는 ①에 대해 휠체어와 입력지원장치, 환경제어장치, ②에 대해 확대표시장치와 음성출력장치, ③에 대해 조청기·보청기 및 시각표시장치, ④에 대해 그림카드와 의사소통 보조장치, ⑤에 대해 영상·음성 기록 장치, 시간 보조장치나 알림장치 등 소개하기 힘들 정도로 다방면에 걸쳐 있다. 자세한 사항은 일본 최대의 지원기술 정보데이터베이스인 AT2ED(http://at2ed.jp)가 도움이 된다. 장애인은 자신의 요구와 능력에 따라 많은 것 중에서 자신에게 적합한 지원기술을 선택하게 된다. 이를 감안하면, 장애에 대한 인간 요인을 생각하는 데는 장애의 종류가 아니라 개별 요구와 개인의 능력을 어떻게 평가하고 그 결과를 바탕으로 어떻게 기술을 적용할 것인지가 중요하다.

2) 컴퓨터 접근성

장애의 유무에 관계없이 제품이나 시설, 서비스 등에 대해 이용할 수 없는 상태에서 사용할 수 있는 상태로 만드는 것을 접근성이라고 한다. 일본규격협회의 정의(JIS Z8071)에 따르면, 접근성은 '노인, 장애인, 일차적인 장애인과 비장애인을 포함한 다양한 범위의 사람이 교통, 건축물, 정보통신기기류, 생활용품 등을 사용할 수 없는 상태에서 사용할 수 있는 상태로 만들어, 모든 사회·경제 활동에 참여할 수 있도록 하는 것'이다. 접근성이라는 사고방식은 장애가 있는 사람의 지원에는 특히 중요하다.

현재 사회에서는 컴퓨터의 이용이 생활에는 없어서는 안 되는 것이 되었지만, 장애인은 일반적인 방법으로는 컴퓨터에 접근(사용)하지 못할 수도 있다. 그 때문에 그다지 알려져 있지 않지만, Windows나 Mac과 같은 OS(운영체제)는 신체 기능에 장애가 있어도 컴퓨터를 사용할 수 있도록 고안되었다. 이 기능은 일반적으로 접근성 기능이라고 부른다. Windows XP의 경우 제어판 내 '사용자 보조' 기능이, Windows Vista 등 Windows 7의 경우는 '컴퓨터간단조작센터'에서 Mac OS X이면 시스템 환경 설정 중 '유니버설 액세스'(OS 10.8부터는 '액세서빌러티')에서 접근성 기능을 설정할 수 있다.

접근성 기능에는, 예를 들어 양손으로 키보드를 입력하는 것이 어려운 사람에게는 Shift 키와 Control 키 같은 조정키(modifier key)를 잠그는 것으로 한 손을 써서 여러 키를 동시에 누를 수 있도록 인식시키는 기능, 화면을 눈으로 보고 문자를 읽기 곤란한 사람에게 화면의 문장을 읽어 주는 기능, 귀가 들리지 않는 사람에게는 경고음 대신 화면 깜빡임 기능과 같이 신체기능에 장애가 있어도 컴퓨터를 사용할 수 있도록 도와준다. 그 밖에도 많은 기능이 있으므로, 자세한 내용은 각 OS의 접근성 기능 소개 사이트를 참조하면 좋을 것이다.

OS의 접근성 기능을 사용하는 것으로, 외부 입력장치의 간단한 ON/OFF 스위치만으로 컴퓨터 조작이 가능하나. 즉, 눈꺼풀과 같은 일부분이라도 임의로 움직이는 신체 부위가 있고, 그곳에 ON/OFF 스위치만 연결할 수 있으면 컴퓨터는 충분히 이용할 수 있다. 그 밖에도 OS는 확대 표시기능과 대비 강조 기능, 화면의 음성 읽기 기능 등 곤란함에 따른 다양한 기능이 있으며, 예를 들면 보고 이해하기 어렵더라도 물어서 이해할 수 있도록 되어 있는 경우도 있다. 또한 시중의 '스크린 리더'라는 소프트웨어를 사용하면 커서의 위치와 메뉴 선택지와 그 내용까지도 읽는 것이 가능하므로 앞을 전혀 볼 수 없는 사람도 컴퓨터를 사용할 수 있다. 일단 컴퓨터를 이용할 수만 있다면, 장애가 있더라도 많은 사회활동에 참여할 수 있다.

3) 장애와 기술의 관계

장애인을 위한 기술의 적용에 관해 생각해 볼 때, 관계가 깊은 것이 그 디자인과 콘셉트이다. 현재 일본에서는 장애를 극복하는(barrier-free) 디자인과 보편적(universal) 디자인이라고 하는 말이 일반화되었으며, 최근에는 포괄적(inclusive) 디자인이라는 말도 들리기 시작했다. 장애를 극복하는 디자인이라는 말은 1974년 유엔 장애인 생활환경 전문가회의에서 제안되었다(日比野, 1999). 원래는 물리적·사회적 장벽을 제거하고 모든 사람의 사회참여를 촉진하기 위해 제안된 개념이지만, 장애인에 대한 대응을 중점적으로 추진한 결과, 세간에서는 장애인을 위한 디자인이라고 인식되었다. 예를 들어, 인간공학 분야에서는 신체계측학적 연구 결과를 참고로 95%의 사람이 사용할 수 있는 설계가 권장되지만(예를 들어, Kroemer & Grandjean, 1997), 뒤집어보면 이것은 5%의 사람이 그 디자인을 사용할 수 없음을 의미한다. 이와 같이 '일반'을 대상으로 설계하면서 발생하는 장벽을 제거하고 누구나 그 기계·시설을 이용할 수 있도록 하자는 것이 장애를 극복하는 디자인의 개념이다.

그러나 이 결과, 장애인의 사회참여를 촉진하는 한편, '장애인이 사용하는 물건/설비'라는 점이 강조되어, 불필요하게 장애가 강조되었다는 비판이 일어났다(川内, 2001). 이러한 배경에서 미국에서 보편적 디자인이라는 개념이 생겼다. 1985년에 론 메이스(R. Mace)에 의해 제안된 보편적 디자인은 '모든 건축물과 제품은 설계 초기부터 누구나 이용할 수 있도록 최대한의 노력을 하여 설계되어야 한다.'라는 콘셉트(concept, 개념)를 가지고 있다. 즉, 앞서 제시한 '일반'의 대상을 넓혀야 한다는 생각이며, 이 점에서 장애를 극복하는 디자인과는 차이점이 있다. 또한, 메이스가 개설한 미국의 노스캐롤라이나 주립대학 보편디자인 프로그램 센터가 정한 〈표 9-1〉의 7개 원칙은 많은 사람에게 좋은 디자인의 지침으로 이용되고 있다.

그 후에는 1991년에 영국왕립예술대학의 디자인 세대라는 프로그램으로부터 포괄적 디자인의 개념이 제창되었다. 보편적 디자인이 하나의 디자인으로 보다 더 많은 사람이 사용할 수 있는 것을 목표로 한 것에 비해, 포괄적 디자인은 다양한 사람을 다양한 채로 포괄하는 디자인을 지향한다. 또한 포괄적 디자인은 다양한 사람을 자사의 제품과 시스템을 디자인하는 과정에 끌어들여, 그 과정 자체를 중시한다(Myerson & Gheerawo, 2006).

<표 9-1> 보편적(유니버설) 디자인의 원칙

- 누구에게나 사용할 수 있고, 손에 넣을 수 있는 것
- 개인의 선호도와 능력에 따라 사용법을 조정할 수 있는 것
- 사용자의 경험, 지식, 언어 능력, 교육 수준에 관계없이 사용법을 알 수 있도록 설계된 것
- 주변 환경이나 이용자의 감각 능력에 상관없이 필요한 정보가 바로 이용자에게 전해지도록 설계된 것
- 상정하지 않은 사용법과 갑작스러운 사고가 생겼을 피해가 최소화되도록 설계되어 있는 것
- 최소한의 피로로 인해 효과가 편안하게 유지되도록 설계된 것
- 이용자의 신체 크기, 자세, 이동 능력에 상관없이 스스로 다가가 조작할 수 있고, 이를 위한 적절한 크기와 공간이 있는 것

출처: http://www.ncsu.edu/project/design-projects/udi/. 2011년 5월 개정판, 필자 역.

이 세 가지 개념은 어느 것이 잘못되고 어느 것이 옳다는 것이 아니며, 각각의 개념은 모두 그 가치를 가지고 있다. 모든 사람이 이용하기 쉬운 기술 개발을 목표로 하는 것이 중요하지만, 거기에도 반드시 한계가 있다. 개별 요구에 대한 대응의 필요성은 없어지지 않을 것이다. 그리고 다양한 개별 요구에 대해 생각할 때는 다양한 가치관을 포괄하는 관점이 중요해질 것이다. 어떤 디자인 개념도 지향점은 같다. 어쨌든 장애와 기술의 관계에 대해 생각할 때, 단순히 물리적 특성만을 생각한 것은 불충분하고 사회적 맥락(이용 상황이나 사회 문제)을 어떻게 디자인에 포함시켜 나갈지 고민하는 관점이 중요하다.

3. 장애인 지원에 관한 연구 방법

1) 장애인 지원에 관한 능력 평가 및 효과 검증에 도움이 되는 도구

장애인의 지원에 관한 능력 평가 및 효과 검증에 관해서는 장애인에 특화한 척도와 같은 것을 사용하기보다는 모든 사람에게 적용할 수 있는 측정 방법 중 장애의 상태와 종류에 의해 평가된 능력의 차이와 지원의 효과를 확인할 수 있는 것이 좋다.

장애 지원을 위한 능력 평가에서 중요한 개념으로 일상생활활동(Activity of Daily Living: ADL)과 생활의 질(Quality of Life: QOL)을 들 수 있다. ADL이란, 한 명의 인간이 독립적으로 생활하기 위해 수행하는 기본적이고 또한 누구나 매일 반복하는 일련의 신체적 동작군(動作群)이다(今田, 1976). ADL은 구체적으로 식사, 옷 갈아입기, 용모정리, 용변보기, 목욕 등 신변 동작 항목과 기거하기, 도보, 계단 오르내리기 등 이동 동작 항목으로 구성된다. 가장 자주 이용되는 평가 척도로는 ADL을 100점 만점으로 평가하는 바셀 지표(Barthel index)가 있다(Mahoney & Barthel, 1965).

한편, ADL에는 생활활동능력 평가 중에서도 신체동작기능만 평가하는 데 그치는 문제가 있다. 이러한 비판을 받아 신체동작기능뿐만 아니라 사회활동에 관련된 활동(예: 금전관리, 쇼핑, 가사 등)에 관해 평가하는 수단적 일상생활활동(Instrumental Activities of Daily Living: IADL)과 조합하여 평가할 수도 있다. 일본에서는 IADL의 지표로서 노년활동능력지표(古谷 et al., 1987)를 이용하는 경우가 많다.

이러한 ADL과 IADL이 타인이 본 생활 활동의 평가인 반면, 주관적인 생활평가를 중요시한 개념이 QOL이다. WHO 헌장(WHO, 1946)에 의하면, "건강은 신체적·정신적·사회적으로 완전히 양호한 상태이며, 단순히 질병이나 허약함이 존재하지 않는 것은 아니다."이고 이것이 일반적인 QOL의 정의이다. QOL 지표로 자주 이용되고 있는 것으로서 WHO QOL 26이 있다(田崎, 中根, 2007).

또한 장애인의 지원에 관한 능력평가 및 효과검증에 대한 범용성이 높은 지침으로서 ISO 13407(인간공학 상호작용 체계의 인간중심 디자인 절차)이 있다. 인간중심 디자인은 제품이나 시스템의 디자인에서 인간 요인 및 인간공학의 지식을 바탕으로 인간의 신체 특성 및 인지 특성을 고려하여, 사용자의 관점에 중점을 둔 디자인 사상이다. 인지심리학 분야에서는 먼저 노먼(Norman, 1988)이 인간의 인지 특성에 맞춘 디자인의 중요성을 지적하고 있으며, 여기에서는 사용자 중심 디자인이라고 불린다.

인간중심 디자인에는 4개의 활동이 있다. 그 활동들은, 첫째, 이용 상황의 파악과 명시, 둘째, 사용자와 조직의 요구사항 명시, 셋째, 설계에 의한 해결 방안 작성, 넷째, 요구사항에 대한 설계 평가이며, 제품이나 시스템이 사용자의 요구사항을 만족시킬 때까지 반복된다. 이 과정은 장애인의 지원에 관한 능력 평가 및 효과 검증에도 적용 가능하다.

이 인간중심 디자인 과정에 대해 사단법인 일본사무기계업회(2001)는 사용 가능한 분석 방법과 도구를 네 가지 관점에서 정리하였다. 먼저 사용자와 제품이나 서비스의 이용 상황을 파악하고 사용자의 요구사항을 추출하기 위한 '요구분석기법'이다. 구체적으로는 사용자가 어떤 상황에서 어떻게 행동할지는 시나리오를 만들어 사용자와 시스템의 문제를 검토하는 시나리오 법이나 실제 사용자의 이용 작업 상황을 관찰하는 작업분석기법, 면접이나 설문조사에 의한 요구분석기법 등이 있다.

이어서 시제품(prototype)이나 사양서 등으로 제시한 디자인 해결안을 평가하기 위한 '사용성 평가법'이 있다. 구체적으로는 몇 명의 평가자에 제품을 실제로 사용하고 평가하는 휴리스틱 평가와 사용 과정의 사고내용을 말하게 하여 그것을 분석하는 사고발화 프로토콜(protocol)법, 제품의 조작 과정을 모두 기록해서 문제점을 분석하는 로깅(logging) 도구의 활용, 사용자의 인지 구조를 목표(Goals), 구체적 조작자(Operator), 수법(Methods), 선택규칙(Selection rules)의 4개 요소부터 모델화된 GOMS, 심리학적 방법을 이용한 생리반응측정, 반응시간 및 오류측정 등이 있다.

또한, 디자인 해결안 작성 시 사용성(usability)을 고려하는 데 사용하는 '지침'이다. 제품을 이용할 때의 유의점을 제시함으로써 이용 절차를 통일시키는 기법이다.

마지막으로, 인간중심 디자인을 다양한 대상의 디자인 과정에 통합하는 형식으로 기능하는 '평가지원방법'이다. 구체적으로는 다양한 제품에 공통으로 사용할 수 있는 사용성 평가 형식을 정하는 방법이나 기업의 제품 개발 중에서 인간중심 디자인이 어떻게 실현하고 있는지 알기 위해 제품 개발의 작업 과정과 작업 내용 등 그 구체적인 방법을 명시적으로 나타내는 SIDOS(Strategic Design for Organizational Structure) 등이 있다.

2) 기술과 기법으로 나누어 기술 분석

지금까지 장애를 지원하는 기술에 대해 소개해 왔지만, 기술에는 2개의 의미가 있다. 기술과 기법이다. 기술은 기술 그 자체이며, 기법은 그 기술을 활용하는 기법이다. 여기까지의 이야기는 기술에 의한 장애 지원이 중심이 되어 왔지만, 기술에 의한 장애 지원도 중요하다.

예를 들어, 자폐스펙트럼장애[1]를 가진 사람들에게 시각적 구조화 기법이 상황의 이해에 도움이 많다(예: 佐々木, 2004). 많은 자폐스펙트럼장애인의 인지 특성으로는 청각정보에 의해서만 이해하는 어려움, 다른 사람의 마음을 파악하는 것의 어려움, 정보통합에의 어려움, 상황에 따른 행동 조정의 어려움 등이 있다. 이런 사람은 상대적으로 시각적인 정보처리 방식을 잘하는 경우가 많아서 환경에서 애매한 요소를 폐기하고 상황을 판단하기 위한 단서와 규칙이 명확한 상태가 대응하기 쉽다(물론 자폐증 환자와 관계없이 모두 이 사람을 이해하기 쉽다고 생각되지만 자폐증 환자는 특히 이러한 경향이 강하다). 일본에서는 특히 '암묵적 양해'나 '분위기 파악'이라는 눈에 보이지 않는 것을 이해하는 능력을 사회에서 요구받는다. 이런 경험과 계시에 근거한 암묵지(暗默智)(野中, 竹内, 1996)를 눈으로 보게 해야 한다. 그 사람의 생활환경을 시각적인 정보로 제시하고 또한 행동의 규칙(구조)이 명확하게 제시되도록 바

---

1 Autism Spectrum Disorder(ASD)는, 사회적 상호작용과 의사소통 능력의 부족, 그리고 행동 · 관심 · 활동에서 이상 증상을 보이는 신경생물학적 장애라고 한다. 이 장애에는 전형적으로 세 가지 유형이 있는데, 고전적 자폐증, 아스퍼거 증후군, 비전형성 전반적 발달장애가 있다.

꿔 놓는다면 자폐 장애인의 난감함을 상당히 줄일 수 있다. 이것이 시각구조화라
는 기법이다.

이것은 전혀 특별한 것이 아니다. 어떤 이벤트도 시간표가 있다면 그 내용을 한
눈에 알고, 처음 가는 장소에 대한 지도와 배치도가 있으면 전체의 위치 관계를 파
악할 수 있으며, 열차 승강장에 줄이 그어져 있는 쪽이 정렬하기 쉽다. 이러한 연구
를 발전시키는 것이 시각적 구조이다. 장애 지원의 인간 요인을 생각할 때 단순히
기술과 인간의 관계만을 상정하는 것은 불충분하다. 이러한 기법이 인간에 미치는
영향, 그것 때문에 장애에 의한 어려움을 어떻게 줄일 수 있는지를 수량적으로 검
토하는 것 또한 인간 요인의 과제이다.

3) 접근성 파악하는 방법의 변화에 대한 대응

이전까지 기술과 장애의 관계에 있어서는 기술 자체에 대한 접근성이 중시되어
왔으나 최근에는 바뀌고 있다. 장애인이나 고령자를 대상으로 한 제품의 광고를
보면, 어떻게 이전 제품에 비해 보기 쉬워지거나 듣기 쉬워졌는지, 또는 조작하기
쉬워졌는지 장치 자체의 접근성을 선전 문구로 삼은 경우가 많다. 그렇지만 실제
인간생활에서의 지원을 감안할 때, 제품을 얼마나 사용하기 쉬운가라는 장치 자체
의 접근성 관점만으로는 불충분하고, 그 장치를 사용하여 어떻게 활동의 폭이 넓
어지는가라는 활동을 대상으로 한 접근성의 관점이 필요하다(モバイル社会研究所,
2008).

최근의 세조현장에서는 사용자가 제품을 사용함으로써 어떤 가치 있는 경험을
제공할 수 있느냐는 이야기를 중시하는 사용자 접근성 디자인이 등장하고 있다(예:
Quesenbery & Brooks, 2010). 이런 흐름을 감안하면, 앞으로는 장애가 있는 사람들의
지원에 관한 인간 요인을 생각해 볼 때, 기술과 시스템을 적용한 결과로서의 인간
활동과 경험에 미치는 영향을 생각해 볼 필요가 있다.

4. 실제 지원 현장에서 발생하는 문제

1) 장애 지원에서 개별 요구 파악의 어려움

앞에서는 장애인의 지원과 인간 요인에 관해서 그 개별 요구를 파악하는 것이 얼마나 중요한지를 논하였다. 그러나 이 개별적인 요구의 파악은 매우 어려운데, 그 이유는 장애 당사자가 모두 자신의 요구를 다른 사람에게 설명할 수 있는 것은 아니기 때문이다. 실제 지원현장에는 스스로 무엇을 요구하는지조차 모르는 경우도 있다. 또한 장애의 정도가 심각해서 의사전달조차 어려울 수도 있다.

인간중심 디자인 방법의 하나로서 소개한 바와 같이 일반적으로 조사장면에서는 장애 당사자(그 밖에도 노인의 경우도 있다.) 몇 명을 직접적으로 인터뷰하여 요구를 확인하는 것만으로 장비 개발의 중요성이나 특정 장애에 대한 요구를 담보할 수 있다고 생각하기는 어렵지만, 그런 조사에서 초래된 결과만으로는 진정한 욕구를 파악하는 데 충분치 않은 경우가 많다. 앞서 소개한 인간중심 디자인 방법으로도 그것은 불충분하다는 것이 필자의 생각이다. 나카무라(中邑, 2009)는 장애 당사자가 지원기기 개발에 참여하고 성과를 올리기 위해서는 당사자 자신에게 '장애 다양성의 이해' '기기의 일반적인 기능 전체의 파악' '사회적 기술'의 능력이 요구된다고 시사하였다. 장애인에 대한 기술적용 및 인간 요인을 생각할 때, 거기에 참여하는 사람들의 장애 및 기술 능력과 그것을 타인에게 전달하는 의사소통 능력에 대해서도 검토할 필요가 있을 것이다. 개별 요구 파악에는 이미 앞의 세 가지 능력의 장애 당사자의 협력을 얻는가, 당사자가 그 능력을 획득할 수 있는가, 어쩌면 그 능력이 있는 사람이 일상 속에서 장애가 있는 사람과 접하며 시간을 들여서 요구를 파악하는 것이 효과적일 것이다.

2) 하드웨어 정비와 관리 문제

일본의 장애인 지원에 관해서 필자가 문제라고 느끼고 있는 것 중 하나는 하드웨어 정비의 편중이다. 지원을 위한 장비와 시설의 개발 및 설치가 중시되고 그들이 정말·얼마나·어떻게 사용되고 있는지에 대해 상대적으로 경시되는 것으로 보인다. 예를 들어, 일본에서 개발되어 세계적으로 퍼진 점자블록(시각장애인 유도용 블록)의 경우, 일본 이외에서는 일본만큼 놓여 있지 않다. 그런가 하면 일본이 시각장애인에 대한 지원이 가장 많이 진행되고 있느냐면 그런 것도 아니다. 아무래도 일본에서는 하드웨어만 정비하면 그것으로 문제가 해결된다고 착각하는 성향이 있다고 생각한다.

[그림 9-1] 미로와 같은 복잡한 점자블록

점자블록에 관해서는 과도하게 부설된 결과 오히려 미로처럼 복잡한 부분도 있고([그림 9-1]), 모처럼 놓여 있어도 그 위에 당연하다는 듯이 장애물이 놓여 있는 상황도 자주 보인다. 즉, 실제로는 사용하지 못하는 경우도 있다. 이것은 하드웨어적인 것을 정비할 수는 있어도 관리는 할 수 없음을 의미하고 있다. 이 문제의 배경에는 원래 장애인에 대한 지원을 어떻게 해야 할지에 대한 논의가 부족했기 때문으로 보인다. 사람 자체가 아니라 장애 종류별로 대상에 대응한 결과, 사람의 다양성에 대응할 수 없게 된 것이다.

일본에서 장애인에 대한 지원은 '일반용' 제품이나 설비를 정돈한 후, 거기에 '장애인'의 시설을 통합하는 것과 같은 방략을 취하는 경우가 많다. 따라서 앞서 언급한 장애를 극복하는 디자인에 대한 비판과 같은 '장애의 강조'의 문제가 생긴다.

이것과 관련하여 예를 들어, 덴마크 사례에서는 장애인이 제품이나 설비를 이용할 수 있도록 돕는 디자인이 고려되고 있다(田中, 保志場, 2002). 시각장애인이 이용하는 시설에 대해, 일본에서는 통로에 점자블록을 부설하고 대응할 장면에서 덴마크에서는 방마다 바닥의 소재와 천장의 높이를 바꾸어 대응하였다. 이렇게 함으로써 걸을 때의 발소리와 소리의 반향의 정도가 변화하여 자신이 얼마나 이동했는지, 어느 방에 있는지 등을 알 수 있는 장치가 된다. 이 장치가 있으면 그 자리에 점자블록을 부설할 필요가 없다. 그 밖에도 스웨덴의 지적 장애인이 이용하는 시설에서도 표시 문장을 줄이고 일러스트와 사인을 새로 그리거나 불필요한 정보를 줄이면 굳이 훈련하지 않아도 지적 장애인이 자연스럽게 정보를 이해하고 위험을 회피하도록 하는 연구가 이루어지고 있다(石田, 二井, 2003).

이러한 예를 감안하면 장애인을 도와주려고 생각할 때 무엇 때문에 하드웨어를 정비할 것인지, 어떤 지원이 정말 장애당사자를 위하는 것인지, 정비했던 하드웨어가 어떻게 운용되어 어떤 효과를 거두고 있는지와 같은 장기적인 관리의 관점도 포함하여 인간 요인에 대해 검토할 필요가 있을 것이다.

3) 사회적 맥락에서 제약과 '합리적인 배려'

장애인에 대한 지원에 대해 지원기술의 적용은 효과적인 방법이다. 그러나 실제 장면에서는 기술이 있어도, 사회적인 제약 때문에 그것을 적용하기 어려운 경우가 있다. 즉, 장애인의 지원에 관한 인간 요인을 고려할 때 개인뿐만 아니라 실제로 지원기술을 이용하는 사회적인 맥락을 포함해서 검토할 필요가 있다. 그러나 현재의 연구 및 개발현장을 감안할 때, 장애가 있는 개인의 특성이나 기술 자체만이 주목받고 있는 것 같다.

예를 들어, 문장을 보고 읽는 것을 어려워하는 사람이 평소에는 음성낭독기술에 의해 문장을 음성으로 제시받아 청각으로 문장을 '읽고' 있었다고 하자. 그러나 입학시험이나 자격시험 같은 장면에서 평소에 이용하는 그런 기술의 이용이 제한되어 진정한 능력을 발휘하지 못하는 경우도 있다(近藤, 2012를 참조). '다른 응시자와 동일한 조건으로' '1명만 기술을 이용하는 것은 공정성 결여' '전례가 없다' 등과 같은 이유가 붙은 모습이 쉽게 상상된다. 이러한 경우, 공정성과 합리성을 어떻게 생각하면 좋을까? 기술이 어떻게 사람을 도와야 하는가라는 현실의 문제에 대해 생각할 필요가 있다.

2011년 8월 5일 「장애인기본법」의 일부 개정에 따라 장애인에게 '합리적인 배려'의 제공이 의무화되어 장애를 이유로 한 차별과 권리 또는 이익의 침해가 금지되었다. 합리적인 배려는 장애인이 사회에 참여하도록 사회적인 장벽을 제거하기 위해, 과도한 부담이 되지 않는 '합리적'인 범위에서 배려를 제공하는 것이다. 예를 들어, 장애인이 취업하는 데 있어서 그 사람이 능력을 발휘할 수 있도록 노동환경과 조건을 갖추는 것에 대해 검토를 거부해서는 안 된다. 합리적 배려는 선의에 기초한 것이 아니라 의무이다. 여기서 어려운 것은 '합리성'이 어떻게 결정되느냐이다. 어떤 배려가 제공되는지는 당사자와 고용 측 직장 동료 등 이해 관계자가 합의하여 납득한 후 결정해야 한다(岡, 2012 참조).

이러한 것은 인간 요인의 문제와는 거리가 먼 것처럼 생각될지도 모르지만, 현실장면에서 인간에 대한 기술의 적용을 생각할 때 단순히 기술과 사람의 관계만을 논하는 것이 아니라 사회의 맥락에서 인간이 어떻게 기술과 관계하는가 하는 관점도 필요하다. 인간 요인은 기존의 인간과 기계 시스템 간의 관계만을 논하고 있지만 현실적인 문제해결에는 충분하지 않다.

4) 안이한 기술의 적용에 대한 비판

장애인에 대한 기술의 적용을 생각할 때, 반드시 제기되는 비판이 있다. 그것이 '안이한 기술의 적용에 대한 비판'이다. 특히 이것은 교육현장에서 발생한다. 예를 들어, 학습장애가 있어서 글자를 필기하는 것이 곤란한 아동 중에는 컴퓨터를 사용하여 문자 입력을 통해 글을 쓸 수 있는 사람도 있다. 이러한 경우, 휴대용 워드프로세서 노트를 할 수 있다면 그 아이는 수업에 참여할 수 있을 것이다.

그러나 이러한 상황에서도 필기에 집착하는 사람들이 있다. 기술을 적용하는 것으로 인해 노력이 무의미해진다는 사람도 있다. 1명만 워드프로세서를 사용하는 것은 학생의 평등성에 위배한다는 사람도 있다. 또는 기술을 안이하게 적용해서 그 아이가 필기를 할 수 있는 가능성을 빼앗아 버리는 것은 아닌가 하고 걱정하는 사람도 있다. 여기에 기술의 적용에 대한 갈등이 생긴다.

이러한 상황에서는 장애인에 대한 기술의 적용에 대해, 무엇을 위해 기술을 적용할 것인지를 생각할 필요가 있다. 기술의 적용은 그 사람을 다른 사람들과 '같은 씨름판에 오를 수 있도록 하는' 데 목적이 있다. 앞의 예에 대해 말하면, 학교수업에서 '손으로 문자를 쓰는 것' 자체는 본래의 목적이 아닌 경우가 많다. 원래 목적은 스스로 생각한 내용을 문장으로 표현하는 것이다. 그 아이가 필기 대신 워드프로세서를 사용했다고 해서 생각하지 않거나 그 내용을 표현할 수 없는 것일까? 그 아이는 자유롭게 표현하는 수단을 손에 넣었을 뿐이다. 생각에 따른 노력은 손실되지 않는다. 자신의 힘을 발휘하고 표현하는 것을 목적으로 한다면 표현하는 수단을 손에 넣은 것으로 처음 평등해진 것이고, 그 전까지가 불평등이었다고 생각해야 한다. 기술은 자기결정에 의한 선택의 기회를 제공한 것이다.

장애라는 것을 노력만으로 없애거나, 의료로 완전히 치료할 수 없기 때문에 장애이다. 그런 사람에게는 오로지 노력만을 요구하면 많은 사람은 무력감을 느낄 것이다. 이것은 자신이 노력해도 소용이 없다는 것을 학습하는 것으로 학습된 무력감이라고 한다(Peterson et al., 1993을 참조). 중요한 것은 자신이 목표를 향해 노력하면 성과를 거둘 수 있다는 느낌, 즉 자기효능감(Bandura, 1977)을 얻는 것이다. 기술은 지금까지 자기효능감을 얻을 기회가 적었던 사람을 임파워먼트할 가능성이 있다.

예를 들어, 다케우치와 나카무라(竹内, 中邑, 2010)는 척수손상 등의 중중 신체장애 때문에 재택근무를 하고 있는 사람들을 대상으로 컴퓨터의 접근성 기능 등의 지원기술의 도입이 그 사람의 자기효능감을 높이고 있는 것을 보여 주었다. 또한, 쥬타이와 데이(Jutai & Day, 2002)는 지원기술의 이용자가 기기 이용으로 얻은 이득이나 자신감 등 심리적 효과를 측정하는 척도를 개발하였다. 이러한 것을 감안하면 기술을 통해 자기효능감과 같은 심리적 측면이 어떻게 바뀌었는지 검토하는 것은 인간 요인을 생각하는 데 있어서 중요하다.

북 가이드

中邑賢龍, 福島智 편(2012). 장벽 극복·갈등-다투는 몸과 상생의 방안. 東京大学出版会.

　→ 장벽 극복이라고 하면 물리적 장벽의 제거만이 조명되지만, 실제로는 제도나 가치관 등 눈에 보이지 않는 장벽도 많이 존재한다. 현실적인 장벽 극복의 실시 과정에서는 어떤 장벽 극복에 대한 궁리가 다른 사람의 장벽을 낳기도 한다. 이 책은 장벽의 개념을 재검토하여 입장의 차이를 넘어 장벽 극복에 대해 생각하는 책이다.

中邑賢龍(2007). 발달장애아동의 '독특함'을 늘리는 기술. 中央法規出版.

　→ 발달장애가 있는 사람 중에는 능력의 요철이 현저하기 때문에 살아가는 데 괴로움을 느끼는 사람이 많다. 이 책에서는 이러한 요철을 독특함으로 다시 파악하고, 기술에서 그 장점을 어떻게 확장하거나 대체수단으로 어떻게 어려움을 해결하는가라는 생각과 구체적인 아이디어를 소개하고 있다.

e-AT利用促進協会(2011). 상세한 해설 복지정보기술-복지와 기술의 공존을 목표로. NPO法人 e-AT利用促進協会.

　→ 일반 서점에서는 구하기 힘들지만, 비슷한 책이 없기 때문에 게재한다. 이 책은 보조 기술의 역사·제도·생각의 해설과 더불어 다양한 장애에 대한 구체적인 기술에 의한 지원에 대해 망라하고 있다.

川内美彦(2001). 보편적 디자인-장애 극복을 위한 질문. 学芸出版社.

　→ 일반적으로 보편적 디자인과 장애 극복이라고 하면 무조건 좋은 것이라고 인식되는 경우가 많은 것 같다. 이 책에서는 장애 극복을 실현함에 있어서 장애가 반대로 강조되거나 은폐되는 사례를 통해 정말 중요한 장애 극복이란 무엇인가를 고찰하고 있다.

田中直人, 保志場国夫(2002). 오감을 자극하는 환경디자인-덴마크 보편적 디자인 사례에서 배운다. 彰国社.

→ 이 책을 읽고, 국가에 따라 장벽 극복의 생각 방식이 얼마나 다른지 알아차릴 수 있다. 장애인 지원을 위한 우수한 연구나 디자인의 사례가 많이 소개되어 있다.

참고문헌　————————　●

モバイル社会研究所(2008). 障がいのある人の生活支援ツールとしての携帯電話の可能性 調査・研究. 2007 モバイル社会研究所, p. 6.

岡耕平(2012). 障害者雇用って本当に必要なの? - 制度の功罪と雇用の未来. 中邑賢龍, 福島智 編, バリアフリー・コンフリクト—争われる身体と共生のゆくえ. 東京大学出版会, pp. 73-92.

古谷野亘, 柴田博, 中里克治, 芳賀博(1987). 地域老人における活動能力の測定 - 老研式活動能力指標D開発. 日本公衆衛生雑誌, 34, 109-114.

近藤武夫(2012). 読み書きできない子どもの難関大学進学は可能か? - 障害学生への配慮と支援の公平性. 中邑賢龍, 福島智 編, バリアフリー・コンフリクト- 争われる身体と共 生のゆくえ. 東京大学出版会, pp. 93-111.

今田拓(1976). ADL評価について. リハビリテーション医学, 13, 315.

金森克浩 編(2012). [実践] 特別支援教育とAT (アシスティブテクノロジー) 第1集. 明治國書.

社団法人日本事務機械工業会(2001). 人間中心設計(ISO13407対応)プロセスノヘンドブック. http://gijutsu.jbmia.or.jp/gl-hcd.pdf.

石田祥代, 二井るり子(2003). スウェーデンの福祉施設. 二井るり子, 大原一興, 小尾隆一, 石田祥代, 知的障害のある人のためのバリアフリーデザイン. 彰国社, pp. 153-208.

野中郁次郎, 竹内弘高/梅本勝博訊(1996). 知識創造企業. 東洋經濟新報社.

伊福部達(2004). 福祉工学の挑戦—身体機能を支援する科学とビジネス. 中央公論新社.

日本規格協会 編(2007). 高齢者・障害者等 —アクセシブルデザイン. JSIヘンドブック 38, 日本規格榜会.

日本規格協会 編(2012). 高齢者及び障害のある人々のニーズに対応した企画作成配慮指針.

日比野正己(1999). 図解バリア・フリー百科. 阪急コミュニケーションズ.

田崎美弧子, 中根允文(2007). WHO QOL26(手引改訂版) 金子書房.

田中直人, 保志場国夫(2002). 五感を刺激する環境デザイン－デンマークのユニバーサルデザイン事例に学ぶ. 彰国社.

佐々木正美(2004). 自閉症児のための絵で見る構造化 学習研究社.

竹内晃一, 中邑賢龍(2010). 自己効力感の時間変動と利用者の語りに着目した支援技術導入効果の評価. ヒューマンインタフェース学会論文誌, 12(4), 37-46.

中邑賢龍(2007). 発達障害の子どもの「ユニークさ」を伸ばすテクノロジー. 中央法規出版.

中邑賢龍(2009). 障害・高齢ユーザ本位の技術開発・支援を促進するコーディネータ養成システムの研究. 科学研究費補助金研究成果報告書 (基盤研究(B), 課題番号:18300190).

川内美彦(2001). ユニバーサル・デザイン ベリアフリーへの問いかけ. 学芸出版社.

e-AT利用促准嵌会(2011). 町需洋解福社情辍技術NPO法人e-AT利用促莲榜会.

Bandura, A. (1977). Self-efficacy: Toward a unifying theory of behavioral change. *Psychological Review, 84,* 191-215.

Jutai, J., & Day, H. (2002). Psychosocial Impact of Assistive Devices Scale(PIADS). *Technology and Disability, 14,* 107-111.

King, T. W. (1999). *Assistive technology: Essential human factors.* Allyn & Bacon.

Kroemer, K. H. E., & Grandjean, E. (1997). *Fitting the task to the human. A textbook of Occupational ergonomics*(5th ed.). CRC Press.

Lazzaro, J. J. (2001). *Adaptive technologies for learning & work environments*(2nd ed.). American Library Association.(安村通晃 監訳, 2002. アダプティブテクノロジー － コンピュータによる障害者支援技術. 慶應義塾大学出版会).

Mahoney, F. I., & Barthel, D. (1965). Functional evaluation: The Barthel Index. *Mary land State Medical Journal, 14,* 56-61.

Myerson, J., & Gheerawo, R. (2006). 「インクルーシブデザインとは何か」平井康之 監修「インクルーシブデザインハンドブック」たんぽぽの家, pp. 4-6.

Norman, D. A. (1988). *The psychology of everyday things*. Basic Books. (野島久雄 訳, 1990. 誰のためのデザイン？－認知科学者のデザイン原論. 新曜社).

Peterson, C., Maier, S. F., & Seligman, M. E. P. (1993). *Learned helplessness: A theory for the age of personal control*. Oxford University Press. (津田彰 訳, 2000. 學習性無力感－パーソナル・コントロールの時代をひらく理論. 二瓶社).

Quesenbery, W., & Brooks, K. (2010). *Storytelling for user experience: Crafting stories for better design*. Rosenfeld Media. (UX TOKYO 訳, 2011. ユーザエクスペリエンスのためのストーリーテリングーよりよいデザインを生み出すストーリーの作り方と伝え方. 丸善出版).

WHO (1948). WHO 憲章前文. http://www.who.int/governanceleb/whoconstitutionen.pdf.

제10장 심리생리학적[1] 접근

컴퓨터 작업 중 뇌파 측정

1. 인간 요인과 생체 신호

1) 말과 행동으로 알 수 없는 것을 어떻게 알아내는가

• 사례1: A 군은 컨베이어벨트식 작업공장에서 일하고 있다. 실수를 하

---

1 (역자 주) 이 책에서 사용하는 '심리생리학'은 심리학에서 사용하는 '생리심리학'과는 다르다고
보고 있지만, 혼용 가능성도 열어 두고 있다.

지 않기 때문에 더 빠른 속도로 일을 할 수 있을 것 같지만, 본인은 '더 이상 여유가 없습니다.'라고 말한다. A군이 작업할 때 마음의 여유를 측정하는 방법이 있을까?

- 사례2: B 씨는 어떤 사건의 용의자로 조사를 받고 있다. '피해자와 만난 적이 없다'고 주장하는데, 아무래도 의심스럽다. B씨가 피해자를 알고 있다는 것을 나타낼 방법이 있을까?

- 사례3: C 군은 3년 전에 근위축성 측색 경화증(Amyotrophic Lateral Sclerosis: ALS)으로 진단되었다. 전신의 근육이 점차 움직일 수 없게 되는 난치병이지만 두뇌는 정상으로 알려져 있다. 지금은 움직일 수 없게 된 C 군과 의사소통할 수 있는 방법은 있을까?

이 세 가지 사례에는 공통점이 있다. 본인의 말과 행동 이외의 방법으로 그 사람의 마음의 상태를 알고자 하는 것이다. A 군 자신이 감당할 수 없다고 말하고 있지만 행동에서 여유가 있어 보인다. B 씨는 거짓말을 하고 있을지도 모르지만 의심스러운 행동만으로는 증거가 되지 않는다. C 씨는 질병 때문에 말과 행동으로 자신의 의사를 표현할 수 없다.

이러한 문제를 해결하기 위해 생체신호의 측정이 도움이 될 수 있다. 사례1은 정신부하의 추정, 사례2는 다원측정기(polygraph)에 의한 허위 검출 검사, 사례3은 뇌-컴퓨터 인터페이스(brain machine interface)라고 하는 주제로 연구될 수 있다.

인간 요인 분야에서 생체신호를 측정하는 것은 공학자에게는 질문지와 행동실험보다 친숙한 방법일지도 모른다. 기계의 내부 상태(예를 들어, 온도가 너무 높게 되지 않았는가, 진동이 발생하지 않았는가 등)를 알기 위해 센서를 사용하는 것은 일반적이다. 마찬가지로 인간의 몸에 센서를 장착하면 인간의 내부 상태를 알 수 있다. 그러나 실제로는 그렇게 쉽지는 않다. 생체에서 측정된 신호와 연구자가 알고 싶은 심리적 구성개념[2](예를 들어, 주의와 정신부하 기대 등) 사이에는 큰 격차가 존재하기 때

---

2 (역자 주) 일반적으로 영어로 construct라고 한다.

문이다. 이 장에서는 이러한 격차를 극복하기 위한 방법론을 소개한다.

2) 심리학의 세 측정방법

사례1을 해결하는 방법을 생각해 보자. 제3장에서 언급한 바와 같이 작업을 수행하는 데 필요한 심적 노력(주의자원)의 양을 정신부하라고 부른다. 한 번에 사용할 수 있는 주의자원의 양에는 한계가 있으므로 정신작업 부하량이 높으면 남아 있는 주의자원의 양이 줄어든다. 즉, '마음의 여유'가 되지 않는다. 정신작업 부하량을 측정하는 것은 작업자의 안전을 지키거나 업무효율을 높이는 데 중요하다. 정신작업 부하량이 너무 높으면 여유가 없어 비상 상황에 대응할 수 없다. 너무 낮아도 지루하게 하거나 졸음이 생기거나 하기 때문에 바람직하지 않다. 정신작업 부하량의 측도로서 다음의 세 가지가 제안되어 있다(Wickens & Hollands, 2000; 제3장도 참조).

(1) 주관 측정방법

얼마나 작업이 중요한 일인지, 얼마나 여유가 있는지를 본인에게 직접 물어서 측정한다. 심리척도라는 것도 있다. 신뢰성을 높인 표준 질문지도 개발되어 있다(예를 들어, NASA-TLX). 주관적 측정방식이 측정은 쉽다. 종이와 연필이 있으면 실시할 수 있다.

그러나 단점도 있다. 먼저 작업 후에 경험을 돌이키면서 반응하기 때문에, 기억의 왜곡이 생긴다. 예를 들어, 수술이 전체적으로 얼마나 불편했는지 수술 후 기억해서 응답해 달라고 하면 최대의 통증과 마지막 고통에 의해 평가의 대부분이 결정된다고 알려져 있다(Redelmeier & Kahneman, 1996). 이와 같이 주관적 측정방식은 경험의 일부분이 강조되어 나타난다. 또한 응답자가 자신의 심적 상태를 정확하게 평가할 수 없다. 작업에 익숙하지 않은 사람의 경우, 자신의 주의자원의 총량을 모르기 때문에 여유량도 모른다.

(2) 행동 측정방법

정신작업 부하량의 높낮이는 그 과제의 수행성적에 나타나지 않는 경우가 많다. 정신작업 부하량이 높아도 노력하면 극복할 수 있기 때문이다. 그럴 때는 다른 작업을 동시에 진행시켜 보면 마음의 여유 정도를 알 수 있다. 실수를 하지 않고 작업을 하고 있는 A 군에게 상사가 말을 걸었다고 하자. 주의자원의 대부분을 작업에 사용하고 있다면 작업을 계속하면서 대답할 여유는 없을 것이다. 이와 같이 한 작업(주 과제)을 평소처럼 하고 있는 상태에서 다른 작업(부차 과제)을 수행하고 부차 과제의 수행 성적(반응시간과 정답률)을 조사하는 것으로 주 과제의 정신작업 부하량을 추정할 수 있다. 이 방법은 부차 과제법(secondary task technique)이라고 불린다. 남아있는 자원(여유)의 양이 많으면 부차 과제의 수행 성적이 좋아지는 것이다.

이 방법은 이론적으로는 우수하지만 문제도 있다. 부차 과제를 도입하여 작업의 구조가 바뀌어 버리는 것이다. '여유가 있으면 부차 과제를 하십시오.'라고 해도 두 가지 과제를 동시에 하려고 하면 하나의 과제에 전념할 때와는 심적 상태가 달라진다. 주 과제의 수행성적이 저하될 수 있다. 부차 과제를 간단하게 하면 방해의 정도는 낮아진다. 그러나 이번에는 부차 과제의 수행 성적이 떨어지지 않으므로 주 과제의 정신작업 부하량을 반영하기 어렵게 된다.

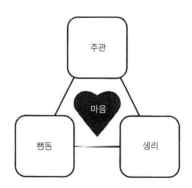

[그림 10-1] 심리생리학적 접근

(3) 생리 측정방법

사람은 살아 있는 정보처리시스템이기 때문에 환경의 변화에 적응하기 위해 신체적·생리적 상태를 변화시킨다. 의식에 이르는 변화도 있고, 이르지 않는 변화도 있다. 정신작업 부하량의 높낮이에 따라 신체적·생리적 상태가 변화한다면, 그것을 측정하는 것으로 정신작업 부하량을 추정할 수 있을 것이다. 중추신경계에서는 뇌파, 자율신경계는 심장박동의 변화와 동공반응 등의 측정치를 주목해 왔다. 이러한 생체 신호를 측정하는 것만으로는 심리적 구성개념의 '지표'(판단이나 평가를 위한 표적: index indicator)가 되지 않는 점에 유의하기 바란다. 주관적 측정치를 얻을 수 있는 질문지와 행동측정치를 얻을 수 있는 부차 과제법은 정신작업 부하량을 반영하는 지표가 되도록 이론적으로 연구하고 만들어졌다. 그러나 뇌파와 심장박동의 변화, 동공반응 등 생체신호는 정신작업 부하량의 추정이라는 목적과는 무관하게 존재한다. 그것을 정신적 작업부하의 지표로 사용하기 위해서는 그 변화가 어떤 생리적 기제로 발생하거나 심리적 과정과 어떻게 대응하는가 하는 지식이 필수적이다. 이 대응이 합리적으로 될 수 있다면, 현재 정신작업 부하량을 작업을 방해하지 않고 연속적으로 측정할 수 있다.

앞에서 설명한 바와 주관적·행동적·생리적이라는 세 가지 관점에서 인간의 심리활동을 바라보는 방법론을 '심리생리학적 접근'이라고 부른다([그림 10-1]). 심리생리학(psychophysiology: 정신생리학라고도 함)은 심리적 조작과 생리적 반응 간의 대응관계에 대해 연구하는 분야이다. 뇌를 중심으로 한 의식과 행동을 설명하려는 것이 아니라, 세 가지 측면(계층, 수준)에서 마음을 다각적으로 파악하려고 한다. 예를 들어, 감정의 연구는 심리생리학적인 접근방식이 적합하다. 시험에서 만점을 얻고, 기쁜 마음이 되어(주관적), 흥분하여 웃고(생리적), 그다음에도 열심히 공부한다(행동적). 모든 배경으로 뇌 활동이 있는 것은 사실이지만, 그 측면만을 강조해 버리면 감정이라는 다층적인 심리현상의 풍요로움을 해치게 된다.

심리생리학과 비슷한 말로 '생리심리학'이라는 말이 있다. 협의의 의미로는, 약물투여 및 뇌 손상 등 생리적 조작이 행동에 미치는 효과를 조사하는 연구 분야(physiological psychology)를 가리키지만, 심리생리학과 같은 의미로 사용되는 경우도 있다. 심리생리학적 접근은 심리학뿐만 아니라 의학이나 스포츠 과학의 분야에서도 사용되고 있다. 제2절에서는 인간 요인 분야에서 심리생리학적 접근 방법 뇌파를 이용한 구체적인 예를 소개한다.

이 소개를 하기 전에 사례2와 사례3의 해결책을 소개하겠다. 사례2는 다중생체신호를 동시에 기록하는 다원측정기를 사용하여 한 사람이 숨기는 기억이나 지식을 찾을 수 있다. 흔히 '거짓말 탐지기'라고 하는 장치이다. 일본 경찰에서는 거짓말을 하는지가 아니라 기억의 유무를 판정하는 은닉정보검사법(concealed information test)이 사용된다. 예를 들면, 피해자와 동일한 성별과 연령의 사람의 얼굴 사진 4~5장을 준비해 거기에 피해자의 얼굴 사진을 섞는다. 사진을 한 장씩 보여 주며 생체 신호를 기록한다. 피해자와 안면이 없는 사람에게는 어떤 사진도 같이 보이는 것이다. 그러나 B 씨가 피해자를 알고 있으면 어떤 사진이 피해자인지 알고 있으므로 피해자의 사진에 대해서만, 다른 사진과는 다른 생리적 반응이 생긴다. 그것을 단서로 B 씨가 피해자를 알고 있는지 여부를 판정하는 것이다(平 등, 2000).

사례3과 같이 질병에 의해 운동기능이 손실된 경우에도 뇌파를 비롯한 생체신호를 단서로 하여 의사소통을 할 수 있다. 예를 들어, 문자나 단어 같은 대안을 몇 가지 제시한다. C 군이 선택하고 싶은 것에 주의를 돌리면 그 선택에 대해서만 다른 옵션과는 다른 생리적 반응이 생긴다. 그 차이를 컴퓨터에서 탐지함으로써 C 군이 선택하고 싶은 것을 추정할 수 있다(川人, 2010).

2. 뇌파를 사용한 마음 탐구

1) 뇌파란

뇌파(electroencephalogram: EEG)는 대뇌피질의 신경활동을 두피상에 위치시키는 전극에 기록된 것이다. 대뇌피질에 있는 신경세포(뉴런)에서도 대뇌피질의 표면을 향해 수직으로 뻗은 축색돌기가 뇌파의 발생에 기여하고 있다. 다른 뉴런에서 입력을 받으면 축색돌기의 내부에 시냅스 후전위가 생겨 세포의 주위에 작은 전기장이 생긴다. 인접한 다수의 축색돌기가 동시에 활동하면 두피에서 기록할 수 있는 크기의 전기장이 된다.

뇌파를 기록하려면 두피에 부착한 2개의 전극 사이의 전위차를 증폭한다. 뇌파는 마이크로 볼트(μV, 1μV는 100만분의 1V) 단위의 미약한 신호이므로 수만 배의 증폭이 필요하다. 전극과 두피가 전기적으로 연결되도록 피부의 먼지나 각질층을 문질러 떨어뜨리거나 전기를 통하는 페이스트(크림)를 바른다. 2개의 전극 이외에 접지(ground, 접지) 전극이라는 제3의 전극을 붙인다. 접지라고 해도 지상에 연결하는 것은 아니고 전기회로의 기준으로 한다. 전극A와 전체 전극 사이의 전위차, 그리고 전극B와 전체 전극 사이의 전위차를 각각 구하고 그 차이를 증폭한다. 차동(差動) 증폭이라고 하는 방법은 A와 B에 공통되는 전기 노이즈를 제거하여 전극 간의 미세한 전위차를 기록할 수 있다. 뇌파뿐만 아니라 심전도 및 근전도 등의 생체전기신호를 기록할 때는, 여기에 언급된 적어도 3개의 전극을 장착할 필요가 있다.

생체전기신호는 연속적인 아날로그 정보로 생긴다. 컴퓨터로 분석할 때에는 그 신호를 일정한 시간 간격으로 수치화한다. 이것을 아날로그-디지털(Analog-Digital: A-D) 변환이라고 한다. 어느 정도의 간격으로 수치화하는가(샘플링 주파수)는 분석하고자 하는 신호의 변화 속도에 의해 결정한다. 뇌파의 경우 적어도 200~250Hz(초당 200~250회)로 기록하는 것이 일반적이다. 샘플링 주파수의 절반 값을 나이퀴스트(Nyquist) 주파수라고 부른다. 그것을 넘는 속도로 변화하는 신호는 샘플링 후에 정확하게 재현할 수 없다. 뇌파의 경우 100Hz 정도의 변화까지 기록할 수 있도록, 그 2배 이상(보통은 3~4배)의 샘플링 주파수를 사용한다. 근전도처럼 더 높은 주파수를 포함한 신호는 1000Hz 이상으로 기록할 수도 있다. 피부전기활동과 같이 초 단위로 완만하게 생기는 변화라면 10~20Hz로 기록해도 문제가 없다. 샘플링 주파수가 높을수록 데이터의 양이 늘어나 분석하는 데 시간이 걸린다. 높은 샘플링 주파수로 기록된 데이터를 분석할 때는 솎아서 할 수도 있다(다운 샘플링).

뇌파 데이터는 두 가지 방법으로 분석할 수 있다. 하나는 임의의 구간을 분석대상으로 하는 방법이다. 뇌파에는 자발적으로 생기는 진동(oscillation)과 일시적으로 생기는 전위변화가 있다. 자발적으로 발생하는 진동주파수 대역마다 이름이 붙여져 있다. 낮은 편에서부터 델타(δ: 0.5~4Hz), 세타(θ: 4~8Hz), 알파(α: 8~13Hz), 베타(β: 13~35Hz)라고 부른다. 또한 높은 대역을 감마(λ)라고 분석할 수도 있다. 대역의 정의는 연구자에 따라 다소 다르다. 또한 하나의 대역을 2개 이상으로 나누기도 한다(높은 알파 대역, 낮은 알파 대역 등).

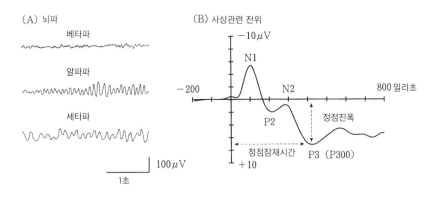

[그림 10-2] 뇌파와 사상관련 전위의 예

[그림 10-2]의 A에 각성 중에 관찰되는 뇌파의 예를 나타낸다. 분명히 깨어서 작업을 수행할 때 낮은 진폭의 베타파가 우세하게 된다. 작업을 중단하고 편안한 상태(특히 눈을 감은 상태)가 되면 정현파에 가까운 일정한 알파파가 높은 진폭이 된다. 또한 각성이 저하되어 졸리면 알파파가 감소하고 세타파가 출현한다. 집중하고 과제를 수행하는 경우에도 전두부에서 세타파가 관찰될 수 있다(frontal midline theta: fmθ). 잠이 깊어지면 델타파가 생긴다. 이러한 파형 패턴은 관찰에 의해 진폭과 발생 시간을 측정할 수 있다. 또한, 고속 푸리에 전환(Fast Fourier Transform: FFT) 등의 주파수 해석으로 파형에 포함된 대역당 전력값을 구할 수 있다. 뇌파는 각성 수준에 따라 크게 변화하기 때문에 졸음과 수면을 연구할 때 자주 사용된다(堀, 2008).

또 하나의 뇌파 분석법은 특정 사건의 전후의 전위변화를 분석대상으로 하는 방법이다. 뇌파를 기록하면서 어떤 사건(자극과 운동)을 반복해서 경험시킨다. 그 시작 시점에 맞춰서 뇌파를 정렬하고 시간마다 평균치를 구한다. 약 20회에서 100회 가산평균을 하면 사상과는 무관하게 발생하는 자발적인 진동이 상쇄되어 사건에 시간적으로 관련된 전위변화를 추출할 수 있다. 이와 같이 해서 구하는 파형을 사상관계전위(Event-Related Potential: ERP)라고 부른다(入戶野, 2005).

[그림 10-2]의 B에 나타낸 바와 같이, ERP는 긍정적인 방향과 부정적인 방향으로 진동하는 일련의 물결로 표현된다. 각각의 흔들림(산과 계곡)은 사상에 의해 신경 활동이 나타난 것으로 해석된다. 진동의 극성은 절대적인 것이 아니다. 기준이 되는 전극에 비해 다른 쪽 전극이 더 양성인지 음성인지를 나타낸다. 양성(positive)이 되면 P, 음성(negative)이 되면 N이라고 부르고, 일찍 생긴 방향부터 번호를 붙이거나, 대략적인 정점 잠시(진동이 최대가 될 때까지의 시간)를 붙여서 명명한다. 음성을 상향하여 파형을 그리는 경우가 많다. 약 200~300밀리초 이내의 짧은 잠시에 생기는 전위는 감각·지각 수준 처리 관련 성분(component)이며, 이후 긴 잠시에 생기는 전위는 자극의 인지적 평가나 기억 검색, 의사 결정, 반응 실행 등과 관련되는 성분인 것으로 생각된다.

임의의 구간을 분석하는 방법과는 달리, ERP는 사건과의 시간적 관계가 명확한 여러 성분이 포함된다. 각각을 처리 단계와 대응시켜 해석할 수 있는 것이 장점이다. 머리 전체에 전극을 붙여서 기록하면 동일한 전압을 나타내는 부위를 연결한 선을 그리는 것으로 두피의 전위 분포지도를 그릴 수도 있다(p. 262의 [그림 10-6]의 B 참조). 또한 전위를 그대로 평균하는 것이 아니라, 사건 전후의 뇌파를 주파수 분석을 수행하여 평균을 내서 전력과 위상의 변화를 조사하는 방법도 있다(Makeig et al., 2004).

2) 영상에 대한 주의를 측정

생리측정을 사용하여 정신부하량을 추정하는 방법에 ERP프로브 자극법이 있다. 프로브(probe)는 '탐침'이라는 뜻으로 남아 있는 주의자원의 양을 외부에서 자극을 넣는 것으로 조사하는 방법이다. 앞서 언급한 부차 과제법과 비슷하지만, 행동

반응을 요구하지 않고 기록할 수 있다.

　P300라고 불리는 ERP 성분은 드물게 발생하는 유의미한 자극에 약 300밀리 초 이후에 정점을 갖고 나타나는 양성 전위이다. 세 번째 양성파이므로 P3라고도 불린다. P300은 자극에 주의를 돌리고 있으면 커지고, 향해 있지 않으면 (발생하지 않고) 작아진다. 따라서 P300의 진폭은 자극을 향한 주의의 양을 반영하는 지표가 된다. 프로브 자극법은 정신부하량을 측정하고 작업을 수행하면서 그 작업과 관련이 없는 자극을 제시한다. P300을 출현시키는 프로브 자극을 낮은 빈도로 제시하고 그것에 주의를 기울이면 좋다. 주 과제의 정신부하량이 높으면 프로브 자극을 향한 주의의 양이 감소하여, P300의 진폭도 작아진다. ERP프로브 자극법을 이용하여 항공기와 자동차를 조종할 때 정신부하량을 측정하려는 연구가 1970년대부터 진행되어 왔다(入戸野, 2006).

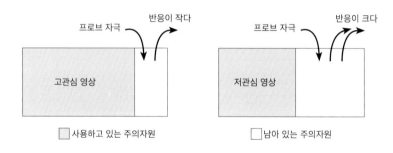

[그림 10-3] ERP프로브 자극법의 원리

　ERP프로브 자극법은 TV와 영화에 대한 관심을 측정하는 경우에도 유효하다. 영상에 얼마나 주의를 기울였는지 질문지를 사용하여 물을 수도 있다(주관적 측정). 주의했던 대상은 기억에 남기 때문에 기억 테스트를 할 수도 있다(행동적 측정). 그러나 두 방법 모두 영상을 보고 있는 동안에는 실시할 수 없다. ERP프로브 자극법을 사용하면 영상을 볼 때의 주의상태를 실시간으로 확인할 수 있다. [그림 10-3]에 그 원리를 보여 준다. 관심이 높은 영상은 관심이 낮은 영상에 비해 더 많은 주의자원을 소비한다. 이용할 수 있는 주의자원의 양이 일정하다고 하면 프로브 자

극을 향한 주의자원의 양이 줄어든다. 따라서 프로브 자극에 대한 P300의 진폭이
작을 것이라고 예상할 수 있다.

필자의 그룹이 수행한 연구를 소개한다(Suzuki et al., 2005). 관심이 높은 영상으로
액션 영화의 일부를, 그다지 높지 않은 영상으로 과학교재 영화의 일부를 5분씩 발
췌했다. 이 그림을 음성 없이 보고 있을 때, 프로브 자극으로 소리를 제시했다.
P300을 측정하기 위해 3종류의 소리 음향 70%의 확률로 제시되는 중음(1,800Hz 표
준자극), 15%의 확률로 제시되는 고음(2,000Hz 표적자극), 15%의 확률로 제시되는 저
음(500Hz 일탈 자극)을 무작위 순서로 들려 주자 고음에 대하여 버튼을 눌러 물었다.
소리에 주의를 향하게 함으로써 저주파에서 제공되는 프로브 자극에 대한 P300이
출현한다. 자극의 온세트 사이의 간격은 평균 1.5초였다. 통제조건으로 정지 화면
을 보면서 고음에 버튼 누를 때의 반응도 측정했다.

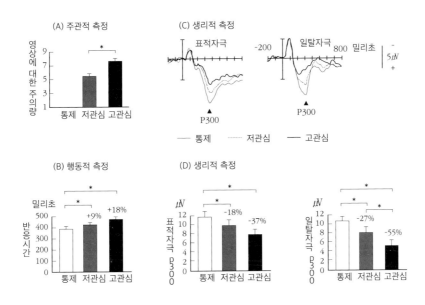

[그림 10-4] 영상에 대한 주의를 ERP프로브 자극법으로 측정

※ ERP는 중심정부중부(Cz)에 있는 파형과 진폭을 표시한다.
오류파는 표준오차, *는 유의미한 차이(p<.05)를 나타낸다.

출처: Suzuki et al. (2005).

주관적 측정치로서 '영상에 얼마나 주의를 기울였는지'를 9점 척도법[3](1: 전혀 집중하지 않았다. ~ 9: 매우 집중해 있었다.)으로 답변하도록 했다. 행동측정치로서 표적자극(고음)에 대한 버튼 누르기 반응시간을 측정했다. 생리측정치로는 낮은 빈도로 발생 표적자극과 일탈자극(저음)에 대한 P300의 진폭을 측정했다. 반응시간과는 달리 ERP는 행동 반응을 요구하지 일탈 자극에 대해서도 측정할 수 있다.

도출한 결과를 [그림 10-4]에 나타내었다. 주관적 측정치(A)에서는 예상대로 관심이 높은 액션 영화에 주의를 집중하고 있던 것으로 나타났다(통제조건에서는 측정하지 않는다). 행동측정치(B)는 표적자극에 대한 반응시간이 높은 관심 영상을 볼 때 연장되었다. 생리측정치(C) ERP 파형을 보면 표적자극에 대해서도 일탈자극에 대해서도 P300이 나타났다. 모두 통제조건에서 최대가 되고 높은 관심 영상을 보는 조건에서 최소가 되었다. 표적자극과 이탈자극에 생긴 P300의 진폭(D)에 대해 각 조건에서는 통제조건의 값에서 얼마나 변화했는지를 백분율로 표시했다. 변화가 가장 컸던 것은 일탈자극에 대한 P300의 진폭으로 높은 관심 영상을 보고 있는 조건에서는 통제조건의 절반 이하(55% 감소)가 되었다. 표적자극에 버튼을 누르도록 요구되고 있기 때문에 비록 영상이 재미있었다고 하더라도 주의를 기울 수밖에 없다. 그러나 일탈자극에는 행동 반응이 요구되지 않기 때문에, 여유가 없으면 처리를 생략할 수 있다. 따라서 P300의 진폭조건 차이가 더 두드러졌다고 볼 수 있다. 비슷한 결과는 액션 영화를 2종류 준비하여 한쪽을 반복해서 보여 주어 질리게 함으로써 관심도를 조작한 실험에서도 확인되었다(入戸野, 2006).

따라서 ERP프로브 자극법을 이용하여 작업을 하고 있는 바로 그 순간의 주의상태를 확인할 수 있다. 프로브 자극으로서 소리를 이용하면 청각정보를 필요로 하는 작업에 적용하기 어렵다. 그런 경우는 체성감각자극(진동자극과 전기자극)을 사용하면 시청각 경험을 향하는 수의를 측정할 수 있다(重光 et al., 2007). 또한 P300 이외의 ERP 성분에 주목한 프로브 자극법을 개발할 수도 있다(入戸野, 2010).

---

3 (역자 주) Likert 척도법이다.

3) 기기 조작 시의 위화감을 측정

'컴퓨터로 보고서를 작성하고 있다. 지금까지 순조롭게 작업하고 있었는데, 어째서인지 갑자기 멈춰 버렸다. 마우스를 클릭해도 키보드를 두드려도 아무 변화가 없다. 이제 조금 더 하면 끝났을 것 같았는데 짜증이 났다.'

컴퓨터 등의 정보기기가 생각대로 움직이지 않았던 경험은 누구나 있을 것이다. 제5장에서 소개된 것처럼 도구를 사용할 때의 심리과정에는 실행과 평가라는 두 가지 측면이 있다. [그림 10-5]에 나타낸 바와 같이, 사용자는 '이 장비는 이렇게 움직인다'는 지식(정신 모델)을 가지고 있으며, 그 정신 모델에 따라 작업을 선택하고 실행한다. 이때 사용자는 작업 후 발생할 상황을 의식적·무의식적으로 기대한다. 마우스를 클릭하는 등의 간단한 작업에도 목적이 있는 행위라면 그 후에 일어나는 결과를 기대할 것이다. 실제로 발생한 결과는 기대와 비교하여 평가된다. 기대와 일치한 결과라면 다음 단계로 넘어 간다. 기대 밖의 결과라면 잘못된 정신 모델을 갱신하고 조작을 고쳐서 다시 작업한다. 기기를 사용할 때 위화감을 기억하는 것은 이런 기대 밖의 일이 일어나기 때문이다.

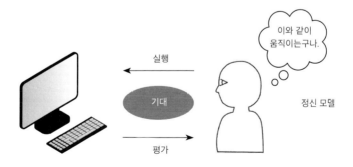

[그림 10-5] 기기조작 시 심리과정

그런데 이런 심리과정을 실험으로 확인하려면 어떻게 하면 좋을까? 인간의 심리활동을 주관·행동·생리의 세 가지 측면에서 바라보는 심리생리학적 접근으로 생각해 보자. 얼마나 기대를 벗어났는지(놀랐는지)를 본인에게 물어볼 수도 있고, 기대 밖의 일이 생긴 후에 일어나는 행동이나 생리적 반응을 검토할 수도 있다. 샤이러 등은 실험참가자들에게 컴퓨터 과제를 수행하게 하고, 클릭해도 화면이 다음으로 진행되지 않는 상황에서 행동과 생리적 반응을 측정했다(Scheirer et al., 2002). 컴퓨터가 응답하지 않으면, 대부분의 사람은 추가로 클릭을 했다. 생리적 반응으로서 피부 전도도의 상승과 손가락 끝 말초 혈관의 수축이 확인되었다. 전자는 손에 붙인 2개 전극 사이에 약한 전류를 흘려 얼마나 잘 통하는지(전도도: conductance)를 측정한다. '손에 땀을 쥐게'라고 하듯이 각성이 높아지면 손바닥의 땀이 증가하므로 피부 전도도가 높아진다. 후자는 손가락에 붙인 광전식 용적 맥파센서에 의해 측정한다. 피부표면에서 근적외선을 비추면 그 밑에 있는 말초 혈관의 양에 따라 투과광과 반사광의 강도가 달라진다. 그것을 수광부에서 전기 신호로 변환하면 심장박동이 나와 따른 혈액량의 증감을 파형으로 표시할 수 있다. 대처해야 할 사태가 발생하면 교감신경계의 활동이 증가하여 말초혈관이 수축해 맥박 1번당 변화 폭이 좁아진다. 샤이러 등(Scheirer et al., 2002)은 이러한 행동적·생리적 정보를 컴퓨터에 입력하여 사용자의 내부에서 일어나는 심적 상태를 추정하고 그에 적합하게 작용하는 시스템 개발을 목표로 하고 있다.

필자는 ERP를 사용하여 기기 조작 시 사용자의 심적 상태를 추정하는 방법으로 '마우스 클릭 패러다임'을 제안했다(Nittono et al., 2003). ERP는 외부에서 주어지는 자극에 대해 종종 측정된다. 그러나 컴퓨터 작업 중인 사용자의 조작(예를 들어, 마우스 버튼 클릭)을 모아 측정하면 사용자의 주의상태와 정신 모델의 추정에 사용할 수 있다. 사용자가 가지는 기대와 기기 동작의 불일치는 조작 후 ERP로 나타날 것이다.

구체적인 예를 소개한다. 마우스를 클릭해도 화면에 변화가 없을 때의 ERP 반응을 조사하기 위해 다음과 같은 컴퓨터 과제를 수행하였다(Nittono, 2005). 마우스 버튼을 클릭하면 화면에 '○' 또는 '×' 자극이 무작위로 제시된다. ×가 제시될 확률은 ○의 3분의 1이다. 클릭 후 ×가 나오면 키보드의 스페이스 키를 빠르게 누른다.

실험자에게는 클릭해도 자극이 제시되지 않을 수도 있지만 쉬지 않고 도전을 계속하라고 한다. 이러한 상황에서 작업하는 것을 상상하기 바란다. 머리로는 알고 있어도 자극이 제시되지 않으면 의아해 한다. 자극이 나오지 않는 것은 ×에 대해 반응하는 문제와는 관계가 없다. 그래도 신경이 쓰여서 위화감을 기억하는 것은 기대 밖의 일이 일어났기 때문이다.

[그림 10-6]의 A에 마우스 클릭 후 자극이 제시되지 않았던 때의 ERP 파형을 나타낸다. 제시되지 않을 확률은 20%였다. 마우스 클릭 전후에는 손가락을 움직이는 데 따른 운동 관련 전위나 마우스에 접촉하는 것에 따른 체성감각유발 전위가 포함되어 있다. 그것을 제거하기 위해 자극이 100% 제시되지 않은 상태에서 동일하게 마우스 클릭할 때의 ERP 파형을 요구했다(통제조건). 기대를 벗어났을 때(실험조건)와 그렇지 않을 때(통제조건)의 차이가 기대 밖의 일에 대응하는 ERP가 된다. 이와 같은 방법을 공제법(subtraction method)이라고 말하고, 특정 인지과정에 대응하는 ERP 성분을 추출하기 위해 사용된다. 굵은 차분 파형상에서 확인되는 바와 같이 기대를 벗어난 것에 대한 현저한 반응이 버튼을 누르는 약 200~250밀리초 후에 나타나게 된다. 이 전위는 결락자극전위(missing stimulus potential)라고 하며 측두부에서 최대진폭을 나타낸다. 클릭했는데 화면이 변화하지 않는 실망은 적어도 0.2초 후에는 뇌에서 발견된다는 것을 알 수 있다.

마우스 클릭 후 자극이 나오지 않았던 경우에도 그 원인이 자신에게 있다고 생각하고 있을 때와 컴퓨터에 있다고 생각하는 경우의 반응은 다르다. 닛토노와 사카타(入戸野, 坂田, 2009)는 일정 간격으로 버튼을 누르는 과제를 수행할 때의 뇌파를 측정했다. 버튼을 누르면 화면에 ○이 제시되지만, 때로는 제공되지 않은 적도 있었다(15%). 그 원인에 대해, 하나는 컴퓨터가 멋대로 제시하지 않는 원인이 없는 조건(사용자에게 원인이 없는 조건), 또 하나는 버튼 누르는 간격이 일정하지 않으면 제시되지 않는 조건이었다(사용자에게 원인이 있는 조건). 실제로 두 조건 모두 무작위로 자극이 제시되지 않았다. [그림 10-6]의 B에 표시된 것과 같이, 어느 조건에서도 버튼을 눌러서 약 0.2초 후 측두부 우세 결락자극전위가 생겼다. 이 외에도 자신에게 원인이 있다고 생각하는 경우도 마찬가지로 잠시 동안 전두부에서 다른 네거티브

전위가 생겼다. 이 전위는 피드백 관련 부정성(feedback-related negativity)이라고 부르며, 기대보다도 좋지 않은 결과가 생겼을 때 나타난다. 자극이 제시되지 않은 뒤의 행동 반응에도 조건 차이가 확인되었다. 자신에게 원인이 있다고 생각하는 조건에서는 자극이 제시되지 않은 다음에 버튼 누르는 간격이 더 많이 달라진다. 즉, 자신의 행동을 조정하는 경향이 나타났다. 이에 대해 자신에게 원인이 없다고 생각하는 조건에서는 자극 제시 유무에 따라서는 버튼 누르는 간격이 변하지 않았다.

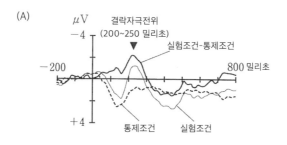

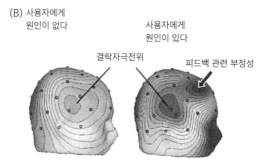

[그림 10-6] 마우스 클릭 후에 자극이 제시되지 않을 때의 ERP

※ A: 중심 정중부(Cz)에 있는 파형. 종선이 버튼을 누르는 시점을 나타낸다.
　 B: 200~250밀리초의 구간 평균전위(전류원밀도)의 두피 상 분포의 우측 두부로부터 보인다.

출처: A: Nittono(2005), B: 入戸野, 坂田(2009).

　　앞에서 설명한 바와 같이, 마우스 클릭 후에 생기는 ERP를 측정하여 기기를 조작할 때 사용자의 기대 밖의 결과 발생 및 그에 대한 인식의 차이를 검토할 수 있다. 이 방법은 버튼을 누른 후 자극이 생기지 않는 경우뿐만 아니라 생각했던 것과는 다른 자극이 나올 때도 효과적이다. 예를 들어, 드라마의 영상을 기대하고 리모 컨의 버튼을 눌렀는데 광고의 영상이 제시되었다고 한다. 그런 고차원적인 개념의 실망이 발생하면 500~700밀리초 후에 후기양성전위(late positive potential; LPP)가 생 긴다(Adachi et al., 2011). 짧은 순간에서 긴 순간까지의 여러 ERP 성분을 정보처리 단 계와 대응시켜 해석함으로써 감각 수준, 지각 수준, 인지 수준에서 기대 밖의 것을 검토할 수 있다.

3. 다양한 생리적 측정방법

뇌파 및 ERP 이외에도 인간 요인 분야에서 사용할 수 있는 생리적 측정방법은 많다. 일반적으로 말하면, 주관적 측정과 행동적 측정에서 해결할 수 있는 문제라 면 생리적 측정을 사용하지 않는 것이 비용이 들지 않고 효율도 좋다. 그러나 주관 적 측정과 행동적 측정이 괴리되는 경우(시작 부분의 사례1), 주관적 측정이 신뢰할 수 없는 경우(사례2), 주관적·행동적 측정을 할 수 없는 경우(사례 3)는 생리적 측정 이 문제 해결의 실마리가 된다. 여기에서는 대략적인 분류와 명칭을 나타내므로 자세한 사항은 북 가이드에 올린 문헌을 참조하기 바란다.

인간의 신경계는 중추신경계(뇌와 척수)와 말초신경계(그 밖에)로 나뉜다. 말초신 경계는 내장과 땀샘을 지배하는 자율신경계와 근육활동에 관한 체감각신경계로 나뉜다.

중추신경계의 측정은 앞서 언급한 뇌파와 ERP 외에 같은 신경의 전기활동을 자 기장으로서 측정되는 뇌자도(magnetoencephalogram: MEG)가 있다. 또한 신경활동에 수반하여 발생하는 물질 수준의 변화를 측정하는 방법으로서 포지트론 단층촬영 법(Positron Emission Tomography: PET), 기능적 자기공명화상법(functional Magnetic Resonance Imaging: fMRI), 근적외분광법(Near Infra Red Spectroscopy: NIRS) 등이 있다.

말초신경계 중 자율신경계의 측정은 심박 수나 심박의 변화, 피부전기활동, 혈 압, 맥파, 혈류량, 동공 반응, 호흡 등이 있다. 자율신경계는 휴식상태에서 우세한 부교감신경계와 활동 때 우세한 교감신경계가 있다. 대부분의 기관은 두 신경계의 지배를 받고 있다. 체성신경계의 측정에는 근전도나 눈 깜빡임, 안구운동 등이 있다. 말초신경계의 활동은 뇌파와 같이 전기적으로 증폭하여 기록하거나 센서를 사용하여 전기신호로 변환해 기록한다.

이 외에도 타액과 혈액을 채취하여 화학적으로 분석함으로써 내분비계(코르티솔)와 면역 체계(면역 글로블린과 자연살해세포 활성) 활동을 측정할 수 있다. 이는 바이오마커(bio-marker)라고 하며 감정이나 스트레스가 건강에 미치는 영향을 조사할 때 유용하다.

또한, 최근 신경전달물질 관련 유전자의 개인차(유전자 다형성)와 인지활동 간의 관계가 주목받고 있다. 이러한 뇌에 대한 새로운 연구 결과를 포함하여 인간 요인의 연구에 도움을 주기 위한 신경인간공학(neuroergonomics)이라고 하는 분야가 제창되었다(Parasuraman, 2011).

인간 요인 분야에서 생체신호의 이용은 향후 더욱더 증가할 것으로 생각된다. 그러나 생리적 측정과 심리적 구성개념 간에는 항상 격차가 존재한다. 그것을 채우기 위해 필요한 것은 심리적 조작과 생리적 측정 간의 대응관계를 실험 데이터 및 생리적 지식을 바탕으로 이론적으로 밝히고자 하는 자세이다. 지름길로 하려고 하면 논리의 비약과 억지가 생긴다. 마음을 이해하는 데 생리적 측면을 무시할 수 없지만, 생리적 측정에 의해 모두 해결할 수 있는 것은 아니다. 직장이나 일상생활에서 '살아 있는 심리활동'을 포괄적으로 파악하기 위해 주관·행동·생리의 세 가지 측면을 염두에 둔 심리생리학적 접근이 유용하다.

북 가이드 ──────────── ●

宮田洋 감수(1998). 생리심리학의 기초. 새로운 생리심리학, 1. 北大路書房.

宮田洋 감수(1997). 생리심리학의 응용 분야. 새로운 생리심리학, 2. 北大路書房.

宮田洋 감수(1997). 새로운 생리심리학의 전망. 새로운 생리심리학, 3. 北大路書房.

　→ 출간된 지 10년 이상 지났지만, 생리적 측정을 이용한 연구를 할 때 먼저 참조하기 좋은 책이다.

入戸野宏(2005). 심리학에 대한 사건 관련 전위 가이드북. 北大路書房.

　→ 사건 관련 전위의 측정과 해석에 대해 알기 쉽게 해설한 입문서이다.

堀忠雄(2008). 생리심리학-인간의 행동을 생리 지표로 측정. 培風館.

　→ 생리적 측정을 이용한 연구를 간략하고 핵심적으로 소개한 교과서이다.

Andreaci, J. L. / 今井章 감역(2012). 심리생리학-마음과 뇌의 심리과학 핸드북. 北大路書房.

　→ 해외에서도 정평이 나 있는 교과서이다. 다양한 내용이 소개되어 있다.

참고문헌

堀忠雄 編(2008). 睡眠心理学. 北大路書房.

川人光男(2010). 脳の情報を読み解く―BMIが開く未来. 朝日新聞出版.

入戸野宏(2005). 心理学のための事象関連電位ガイドブック. 北大路書房.

入戸野宏(2006). 映像に対する注意を測る-事象関連電位を用いたプローブ刺激法の応用例. 生理心理学上精神生理学, 24, 5-18.

入戸野宏(2010). プローブ刺激法を用いた興味の認知心理生理学的研究. 科学研究費補助金研究成果報告書. http://kaken.nii.ac.jp/d/p/20730476.

入戸野宏, 坂田彩(2009). 応答しないコンピュータに対する事象関連電位に及ぼす教示の効果. 生理心理学と精神生理学, 27, 215-223.

重光ゆみ, 入戸野宏, 堀忠雄(2007). 振動プローブ刺激に対するP300を指標とした視聴覚体験に対する注意配分の検討. 生理心理学と精神生理学, 25, 277-285.

平伸二, 中山誠, 桐生正幸, 足立浩平 編(2000). ウソ発見―犯人と記憶のかけらを探して. 北大路書房.

Adachi, S., Morikawa, K., & Nittono, H. (2011). Identification of event-related potentials elicited by conceptual mismatch between expectations and self-chosen TV images. *Applied Psychophysiology and Biofeedback, 36*, 147-157.

Makeig, S., Debener, S., Onton, J., & Delorme, A. (2004). Mining event-related brain dynamics. *Trends in Cognitive Sciences, 8*, 204-210.

Nittono, H. (2005). Missing-stimulus potentials associated with a disruption of human computer interaction. *Psychologia, 48*, 93-101.

Nittono, H., Hamada, A., & Hori, T. (2003). Brain potentials after clicking a mouse: A new psychophysiological approach to human-computer interaction. *Human Factors, 45*, 591-599.

Parasuraman, R. (2011). Neuroergonomics: Brain, cognition, and performance at work.

Current Directions in Psychological Science, 20, 181-186.

Redelmeier, D. A., & Kahneman, D. (1996). Patients' memories of painful medical treatments: Real-time and retrospective evaluations of two minimally invasive procedures. *Pain, 66,* 3-8.

Scheirer, J., Fernandez, R., Klein, J., & Picard, R. W. (2002). Frustrating the user on purpose: A Step toward building an affective computer. *Interacting with Computers, 14,* 93-118.

Suzuki, J., Nittono, H., & Hori, T. (2005). Level of interest in video clips modulates event-related potentials to auditory probes. *International Journal of Psychophysiology, 55,* 35-43.

Wickens, C. D., & Hollands, J. G. (2000). *Engineering psychology and human performance*(3rd ed.). Prentice-Hall.

제11장 개인과 조직의 사회적 행동

이케부쿠로역(池袋驛) 부근에서 대피훈련(사진 제공: 시사통신사)

어떤 도시에서의 이야기이다. 기상청이 올 여름은 매우 더울 것이라고 예보했다. 그래서 많은 사람이 급히 에어컨을 구입하여 이에 대비했다. 그리고 예보대로 무더운 여름이 찾아오자 사람들은 일제히 에어컨을 틀었다. 그 순간, 도시 전역이 정전되어 모두가 더운 여름을 보내게 되었다.

이처럼 개인적으로서는 획득한 정보로부터 적절한 조치를 취했다고 생각하더라도 사회적 상황 속에서는 기대한 결과를 얻지 못할 수도 있다. 이 장에서는 개인과 사회와 조직이 어떻게 상호작용하는지를 설명하려고 한다.

1. 개인의 사회적 행동

현대사회에 살고 있는 우리는 어쩔 수 없이 사회적인 존재이다. 본인의 의도와는 무관하게 개인의 행동은 사회에 영향을 미친다. 동시에 그 행동 자체도 사회에게서 영향을 받는다. 여기서는 개인의 의사결정이 전체 결과에 어떻게 연결되는지를 생각한다.

1) 게임이론

일반적으로 자신이 결정하고 행동한 결과가 본인에게만 직접적인 영향을 미친다고 생각하기 쉽다. 그러나 개인이 내린 의사결정의 결과는 타인의 결정과 상호작용에 의해 결정된 경우도 있다. 이 같은 결정을 불확실성하의 의사결정이라고 부르는데, 주로 게임이론을 이용하여 연구가 진행되어 왔다.

게임이론 중에서 가장 유명한 것은 죄수의 딜레마(prisoner's dilemma)로 그 내용은 다음과 같다(〈표 11-1〉).

〈표 11-1〉 죄수딜레마게임의 이득행렬

어느 중대한 범죄의 용의자로 당신은 친구와 함께 체포되었다. 당신은 독방에 들어가 친구와 격리되어 있다. 담당 검사는 두 사람을 따로 심문하고, 다음과 같은 제안을 계속해 왔다.

"너희는 정말 여죄가 있을 듯하다. 거래를 하자. 만약 친구가 시치미를 떼고 있는 동안 네가 자백을 해 준다면 정상참작을 해서 너는 3개월 형으로 하겠다. 하지만, 반대로 친구가 자백했는데도 네가 시치미를 떼면 고려할 여지가 없다. 20년은 콩밥을 먹어야 한다. 2명 모두 얌전히 자백하면 형량을 10년형으로 하겠다. 만약 둘 다 묵비권을 계속 행사하면 어쩔 수 없다. 이 사건에 대해서 3년형 정도밖에 내리지 못하지만."

그렇다면 당신은 묵비권을 행사하겠는가, 아니면 자백하겠는가?

이러한 사태는 사회적 딜레마(social dilemma)의 2자간 구조를 가진 형태라고 할 수 있다. 일반적으로 사회적 딜레마는 도우즈(Dawes, 1980)에 의해 다음과 같이 정의되었다.

첫째, 먼저 각각 개인에 대해 '협력' 또는 '비협력' 중 하나를 선택할 수 있는 상황이다.

둘째, 이 상황에서 각자에게는 '협력'을 선택하는 것보다 '비협력'을 선택하는 것이 원하는 결과를 얻을 수 있다.

셋째, 개인에게는 '비협력'이 원하는 결과를 낳지만, 모두가 '비협력'을 선택한 경우의 결과는 모두 '협력'을 선택할 경우의 결과보다 나쁘다.

즉, 모두 협력하는 것이 좋은 결과를 가져온다 해도, 아무도 협력하려고 하지 않아 결국 모두에게 바람직하지 않은 결과를 맞는 것을 '사회적 딜레마'라고 부른다. 죄수의 딜레마 게임에도 이 사회적 딜레마의 정의가 들어맞는다. '죄수의 딜레마' 상황에서 개인의 의사결정이 어떤 결과를 낳을지는 불확실하다. 단, 비협력의 배신행위가 자신에게 유리하다고 논리적으로 판단하고 결정한다. 서로 자기에게 유리한 결정을 했음에도 불구하고 반드시 바람직하다고는 할 수 없는 결과가 생기고만 상황이다. 이는 자신만 좋으면 혹은 자신만이 옳다와 같은 판단이 결국 '스스로 자신의 목을 조르는' 것이 될 수 있음을 시사한다.

사회생활을 하는 데 있어서 자기 한 사람이 이득을 보고, 편하게 하려고 한 경우가 뜻하지 않는 큰 문제를 일으킬 수도 있다. 예를 들어, 불법주차와 쓰레기 분리수 거 문제 등 주변의 일부터 나아가 지구온난화 등의 환경문제, 국제분쟁 등 다양한 문제가 그 예에 해당하는 것이다. 이 사회적 딜레마의 문제는 심리학자뿐만 아니 라 사회학자, 경제학자 등이 광범위하게 연구하고 있으며, 앞으로도 중요한 연구 주제 중 하나로서 자리매김할 것이다.

2) 리더십

집단이나 조직 등을 구조적 · 기능적으로 파악하는 데 '리더'나 '리더십'의 개념은 필수적이다. 최근 연구 결과에 따르면, 흥미롭게도 리더와 리더십의 용법에서 주 객전도가 생기고 있다고 한다. 본래 '리더'라는 말이 처음에 생겼고, 그 리더의 양태 를 정의한 것이 '리더십'이었다. 그런데 최근 '리더십'을 소개하며 그 개념에 가장 가 까운 인물을 '리더'라고 한다와 같이 변하고 있다.

리더십의 정의는 연구자 사이에서 다양하게 제기되고 있다. 여기에서는 다소 포괄적인 의미에서 리더십을 기능으로 파악해 다음과 같이 정의하고자 한다.

리더십이란 '집단의 목표를 달성하기 위해 개별 구성원의 태도와 행동에 대해 통합적으로 조직화하고, 그것을 일정한 수준으로 유지하거나 그 수준을 향상시키 는 집단 전체에 대한 기능이다.' 그럼 지도력은 어떤 변천을 이뤄 왔는지를 개관해 보자.

집단의 목표 달성을 위해 리더는 중요한 역할을 한다고 볼 수 있다. 1950년 이전 의 초기 연구에서는 개인의 특성과 리더십 관련성에 대해 연구되었다. 그 결과를 정리하면 리더에게는 대체로 공통된 5개 특성으로서, 첫째, 능력(지능, 민첩함, 표현 력, 판단력, 창의력), 둘째, 소양(학식, 경험, 지식, 체력), 셋째, 책임감(신뢰성, 인내, 자신감, 우월욕구), 넷째, 참여태도(활동성, 사교성, 협조성, 적응성, 유머감각), 다섯째, 지위(사회적 위엄, 인기)가 도출되었다(Stogdill, 1948).

그러나 리더십의 특성요인이 도출되었다고 하더라도 실제로 이러한 특성을 모 두 겸비한 인물이 많다고는 생각하기 어렵다. 또한, 어느 팀에서 훌륭한 리더십을 발휘한 사람이라도 팀이 바뀌면 그 정도의 리더십을 발휘할 수 없다는 보고도 있다. 그래서 1950년대 이후 리더십 연구는 집단 활동에 관한 제반 요인의 역동 속에서 포착해야 한다는 주장이 강해졌다.

　수많은 리더십 이론 중에서 유명한 것 중 하나로서 수반성 모델(contingency model)이 있다(Fiedler, 1967). 이 모델은 우선 리더 개인 특성을 파악하는 가장 함께 일하고 싶지 않은 인물(Least Preferred Co-worker: LPC[1]) 득점을 산출한다. LPC 점수가 높은 리더는 다른 사람과 좋은 인간관계를 확립하며 유지하는 것을 원하는데, 이 유형은 '관계동기형'이라고 불린다. 한편, 이 점수가 낮은 리더는 과제를 달성하는 데 관심이 있으며 '과제동기형'이라고 불린다.

　다음으로, 구성원에 대한 리더의 통제력 정도에서 본 집단의 상황을, ① 리더와 구성원의 관계, ② 과업의 구조도, ③ 리더의 지위 세력의 세 가지 구성요소로 파악한다. 이러한 각 구성요소를 양분하여 조합하면 집단의 상황은 8개 상황으로 분류할 수 있다. 또한, 상황을 규정하는 중요도를 ①, ②, ③의 순서라고 가정하면, 리더에게 상황통제력의 강도가 순서대로 배열된다. 피들러는 LPC 점수와 집단성과 사이의 관련성에 대해 정리했다([그림 11-1]). 그 결과, 상황통제력의 강도가 중간 정도의 경우에는 높은 LPC 리더십스타일(관계동기형)이 효과적인 반면, 그것이 낮거나 높은 경우에는 낮은 LPC 리더십스타일(과제동기형)이 유효하다고 했다.

---

1 리더에게 그동안 같이 일해 본 사람 중에서 함께 일하고 싶지 않은 사람 한 사람을 상정하고 그 사람의 특성 항목에 대해 응답하게 하여 얻은 점수를 LPC 점수라고 한다.

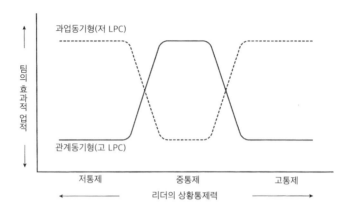

[그림 11-1] 수반성(contigency) 모델

출처: Fiedler (1967).

수반성 모델의 특징은 리더가 '팀 상황에 맞춘다'는 것이다. 즉, 팀 자체의 변화에 따라 자신의 리더십을 적응시킬 필요성이 있음을 의미한다. 따라서 그것에 기초한 리더십 이론은 상황부합이론이라고 부른다.

팀 상황은 구성원 자신이 어떻게 의욕을 가지고 도전에 대처하고, 또한 그 지식과 기술을 획득하려고 하는지에 크게 의존한다. 그러므로 다음에는 팀워크의 구조, 팀원과 팀의 관계 그리고 구성원 간의 관계에 대해 언급하기로 한다.

3) 팀워크

가정, 학교, 직장, 놀이 친구 등, 우리는 다양한 집단에 속하고 그 속에서 다양한 상호작용을 일으키면서 보내고 있다. 그러나 팀은 단순한 집단과는 의미가 다르다. 팀이란, 첫째, 적어도 2명 이상의 구성원이 있고, 둘째, 서로 영향을 주고받으며, 셋째, 팀으로서 공통의 목표와 사고방식을 갖고, 넷째, 어느 정도의 유대감이 존재하며, 다섯째, 구성원마다 역할이 있고, 여섯째, 목표를 달성하기 위한 문제해결·과제수행집단이다. 여기에서는 과제 수행에 대한 팀 내 상호작용의 관점에서 '팀워크'를 생각해 보자.

개인으로는 문제를 해결할 수 없지만 팀으로는 해결할 수 있다. 그 이유 중 하나는 장소를 공유하면서도 관점은 공유하지 않는다는 점에 있다고 할 수 있다.

팀 구성원이 장소를 공유하고 동일한 문제상황을 해결하려고 해도 현실적으로는 해당 문제해결을 위한 역할은 각 구성원마다 다르다. 즉, 문제의 양상, 문제를 풀어가는 과정, 거기다 도달한 해결의 결과도 각각의 문제에 따라 개별적이다. 그럼에도 불구하고, 팀 구성원이 장소를 공유하는 것에 의의가 있는 것은 개인에 따라 일정 수준의 해석이 나왔을 때, 그 해석의 타당성을 살펴볼 수 있기 때문이다.

해결과정 도중에 무언가를 '알았다'고 느끼기 위해서는 어느 정도 고정된 관점에서 문제를 바라볼 필요가 있다. 하지만 관점이 고정되면 그 관점에서 찾아낸 해결의 양상이 다른 관점에서 볼 때 충분한지 알기 어렵다. 따라서 '알았다'고 느끼면 그 앞에 존재하는 아직 해결되지 않은 부분을 보기 힘들어진다. 그러므로 '장소는 공유하고 있어도 관점은 공유하지 않는 사람이 존재하고, 개인의 해결이 팀의 해결에 직접 연결되지 않는다는 것을 일깨워 그 인식하에 해당하는 본인의 해결을 더 깊게 살펴볼 수 있다'는 관계성이 중요하다.

팀에 의한 문제해결의 장점은 구성원 모두가 관점을 공유하는 데서 생기는 것이 아니라 오히려 완전히 공유하지 않는 곳에서 생겨날 가능성이 높다. 또한, 이러한 여러 관점의 상호작용이 잘 작동하기 위해서는 그런 관점의 수평적인 차이뿐만 아니라 계층적 차이, 즉 과제를 수행하는 과정을 모니터하는 시점도 중요하다. 이런 식으로 장소를 공유하고 있어도 관점은 공유하지 않는 팀이 구성되어 있는지의 여부가 팀워크 존립의 핵심이라고 할 수 있다.

팀에서 과제를 수행하는 데 있어서 구성원이 서로 '누가 어떤 역할을 맡고, 이를 위해 어디에 위치하는지'를 알고 있는 것은 협동행동의 기본이다. 누가 어디에서 무엇을 하고 있는 것인가, 그것을 구성원이 직접 인지할 수 있는 범위를 그 구성원의 '관찰시야'라고 부른다(Hutchins, 1990).

관찰시야에 따라 팀 구성원은 각자의 공간 영역을 의사소통할 수 있는 범위로 규정한다. 공식적이든 비공식적이든 다른 구성원들과 정보를 송수신할 수 있는 것은 '장場의 공유'의 요구사항이다. 또한, 관찰시야는 기능과 지식을 교수·획득하는 과정에 영향을 미친다. 즉, 활동 환경을 공유함으로써 구성원이 학습하기 위한 상황과 전제 조건이 이미 주어져 있음을 의미한다. 그리고 다른 구성원의 활동상황이 시야에 들어옴으로써 도움을 줄 수 있다. 돕기 위해서는 도움의 필요를 알아야 하며, 그것을 관찰시야는 허용하게 한다.

지금까지 팀의 힘은 개인 힘의 합 이상이 될 수 있다는 사회적 촉진의 관점에서 말해 왔다. 그러나 팀으로 인한 위험도 있다.

먼저, '모두가 건너면 무섭지 않다'는 식의 위험이 존재한다. 개인이라면 위험하다고 느끼는 것도 집단일 때는 괜찮다고 생각할 수 있다. 집단의 분위기에 휩쓸려 위험한 방향으로 결정하는 것은 집단사고의 위험편파라고 부른다. 이것은 결정책임이 구성원 전원에게 분산되기 때문이라고 볼 수 있다.

분산된 책임감 속에서는 강한 의견을 제시하는 강경파가 전체를 통제하는 경향이 강해진다. 본심은 반대인데도 따돌림당하기 싫어서 대세에 맞추어 동조행동을 하는 경우도 있다. 반면, 자신이 제시한 의견에 반대의견이 나올 경우 감정적 대립으로 발전할 수도 있다.

또한 구성원 각자가 팀 전체의 과제수행에 어떻게 관여했는지를 알기 어려우며, 팀에 대한 공헌도가 서로에게 보이지 않는 상황에 있으면 사회적 태만이라는 현상이 일어난다. 이것은 구성원 1명으로 과제를 수행할 때보다 팀에서 진행할 때 구성원이 수행하는 수행력이 줄어드는 현상이다.

이러한 팀의 잠재적인 위험에 대해 숙지하고 그것에 대처하고 방지하는 방안이 팀 내에 확립되어 있는지가 팀 관리의 포인트가 된다.

2. 비상시 행동

1) 비상사태 시 행동특성

비상시에 사람들은 어떤 행동을 취할 것인가? 이에 대해 지진이나 해일 등의 자연재해나 항공기사고, 공장사고 등 산업사고에 관한 조사 결과가 보고되고 있다. 그러나 '비상사태'의 정의가 각 보고서에서 반드시 일치하지는 않는다. 그래서 여기서는 비상사태를 "사건의 중대성을 충분히 예측할 수 있고 이를 해결하기 위한 시간이 임박하였다고 당사자가 인지한 상황에서, 그 당사자가 대처가 필요하다고 느끼는 것과 동시에 '공포' '불안' '초조'라는 감정이 수반되는 사태이다."라며 논의를 진행하기로 한다(細田, 井上, 2000).

비상사태에서의 인간행동의 특징은 개인정보처리 단계에 따라 정리하면 다음 사항이 공통항목으로 도출된다.

외부로부터 정보를 획득하는 단계에서는 다양한 정보 중에서 특정 정보에만 집중하고 현재의 상태를 다각도로 파악할 수 없는 시각협소화가 발생하기 쉽다. 또한 그 당시의 심리상태에 따라 청각이나 시각 등의 기능이 평상시와는 다른 인식 변화가 발생하는 현상이 나타난다. 예를 들어, 건물 화재에 견딜 수 없어 뛰어내린 사람의 증언으로 '힘들어지면서 아래의 땅이 솟아오르는 것처럼 느껴지며 점차 뛰어 내린 것 같은 느낌이 든다.'라는 보고도 있다. 이처럼 비상시에는 감각·지각의 변용, 입력 정보의 질 저하가 확인된다.

비상사태가 발생했을 때는 얻은 정보를 처리하는 단계에서도 통상적으로는 처리할 때와는 달리 처리할 수도 있다. 예를 들어, 어떤 정보를 채택하고, 어떤 것을 기각하는가와 같은 정보선택 능력이 저하된다. 또한 지식으로는 대처방법을 이해하면서도 그 시점에서는 떠오르지 않는 등 기억·지식의 활성력이 저하되는 경우도 있다. 또한 의사결정을 할 때 자신이 선택한 대안을 기각한 대안보다 유효하다고 확신하고 자기의 결정을 정당화하는 경향도 있다.

정보를 처리해서 행동에 옮기는 경우에도 보통 때와는 다른 행동이 나타난다. 예를 들어, 평소 습관적인 행동이 나타나거나 과대하고 불필요한 힘이 발휘되기도 하며, 원활함이 결여된 행동이 나타나기도 한다. 또한 목적 달성을 위한 외부 조건·규칙을 무시한 행동이나 의사 결정을 재촉하는 도피행동이 나타나기도 한다. 때로는 위험을 무시하고 어떤 희생을 치르더라도 해결을 도모하려고 하는 행동이 나타날 수도 있다고 지적되고 있다.

이와 같은 점으로 볼 때, 비상사태에 처한 인간에게는 평상시에는 별로 인정받기 어려운 정보처리와 행동이 출현한다고 할 수 있다. 다만, 이러한 특징에 있어서는 다음과 같은 점을 유의해야 한다. 그것은 평상시와 비교해서 그 특징이 나타나는 경향이 강한 것이라고 해도 반드시 그러한 행동을 한다고는 할 수 없다는 점이다. 또한 시간적으로 절박한 상황에 처해도 평상시와 크게 다르지 않은 정보처리와 행동을 보여 주는 예도 있다. 그리고 더 중요한 점은 그러한 사태가 발생했을 때 나타나는 이러한 행동경향은 위기상황에 맞추어 생존과 동시에 자신이 불이익을 입지 않도록 정보를 처리하는 일종의 대처행동이라고 해석할 수 있다. 즉, 인간에게 공통된 적응 기제의 발현이라는 것이다. 이처럼 비상사태란 인간이 보유하고 있는 생물로서의 적응기능이 출현하기 쉬워지는 상황이라고 파악할 필요가 있다.

여기까지 비상사태에 있는 인간의 정보처리 측면에서 그 특징을 정리했다. 다음으로 비상사태에서 인간에게는 더 특징적인 측면이 나타난다. 그것은 비상사태에는 거의 반드시 발생하는 불안과 공포와 같은 '감정'이다. 이들은 급격히 발생하여 단시간에 끝나는 비교적 강력한 정서라고 알려져 있다.

정서에 대한 연구가 최근에는 많이 인정되고 있으나 이것과 정보처리이론을 통합한 연구는 적다. 그런 가운데 도다(戶田, 1992)는 자신의 입장에서 감정을 포함한 심적 활동의 포괄적인 통일을 목표로 하는 '아지이론'을 제창하였다. 이는 감정과 정보처리에 대한 통합적인 해석의 시도로 이 분야에서 몇 안 되는 연구라고 할 수 있다.

일반적으로 '감정적인' 혹은 '감정에 휩쓸렸다'와 같이 정서는 이지적이거나 합리적이지 않은 것으로, 말하자면 적절한 정보처리를 할 때의 잡음으로 인식되고 있다. 그러나 도다는 이에 이의를 제기하며 수백만 년 전 인류가 출현한 환경(야생환경)에서는 이러한 정서가 합리적이었다는 관점에서 정서를 파악한다.

야생환경의 가장 큰 특징은 인위적으로 제어되지 않는 비제어계이기 때문에 비상사태가 빈발한다는 점이다. 이 경우에서 비상사태라는 것은 살아남기 위해 어떤 대처행동이 필요한 상황이고, 그 행동을 하기 위한 시간이 필요한 상황이다. 즉, 시간압력이 가해지는 상황이라고 할 수 있다. 그러므로 야생환경에서 인간에게 '공포'라는 정서가 생기면 무엇보다 먼저 '도망치다'라는 반응을 하는 것이 생존의 기술이었다. 즉, '무서우니까 도망친다'라는 행동패턴이 적응행동이다.

이렇게 생각한다면, 비상사태에 정서가 생기는 것은 적응을 위한 인간 특성이다. 정서에 의해 현재의 행동 프로그램에 '끼어들어' 상황에 빨리 적응한 행동을 취할 수 있다. 즉, 정서는 상황변화의 센서로서 중요한 역할을 담당하고 있는 것이다.

2) 항공기사고

항공 분야에서의 비상사태는 지상에서 발생하는 상황과 상당한 차이가 있다. 기기의 고장뿐만 아니라 날씨 상황이나 다른 항공기의 움직임에 따라 비상사태가 발생할 수 있다. 지금까지의 연구를 통해 정리한 승무원에게 영향을 미치는 특징적인 요소는 다음과 같다.

- 확실히 생명의 위기가 임박하고 있다.
- 순간적인 시간 경과로 진정되기도 있지만, 대부분은 일정시간 강한 스트레스에 노출된다.
- 특히 민간항공기의 경우 최종 조치로서 조종사는 비상탈출하는 대처를 취할 수 없으며, 반드시 비행기를 착륙시켜야 하는 책임을 지고 있다.
- 생리적 변화로 저산소증, 과호흡, 감압증, 공간인식실조 등이 일어난다.
- 비행 속도, 고도, 기상 조건 등에 따라 같은 장비 결함에도 전혀 다른 비행 상황이 될 수 있다.
- 3차원 공간에서의 자기위치 확인이 어려울 수도 있다.
- 경보 등 비상사태를 말하는 기기 정보가 복잡하고, 또한 이러한 정보 상호 간의 중요성을 비교하기 어렵다.
- 비행기에 대한 불안, 위기감 등의 준비자세가 개인의 특성, 그때의 상태, 경험 등에 따라 크게 다르다.

이 중에서 항공기 승무원에게 가장 큰 영향을 미치는 요인은 자기와 타인(승객)의 생명 위기를 충분히 예측할 수 있는 사태의 심각성이다. 이 위기를 피하는 것이 승무원에게 가장 큰 과제가 된다.

그러면서도 이 과제를 해결하는 것은 쉽지 않다. 예를 들어, 기체의 부진을 나타내는 장치에서 경보를 수신해도 대부분 스스로 점검할 수 없다. 거기다 위기 회피를 위한 시간적 여유도 없다. 또한 민간항공기의 경우, 승무원만 낙하산 등으로 탈출하는 최후의 수단을 취하는 것은 승무원으로서의 의무와 어긋난다. 관제사로부터 조언을 받는 경우에도 직접적인 도움을 받을 수 있는 가능성이 거의 없다. 결국 조종사 스스로가 상황판단, 의사결정, 조작을 해 나가지 않으면 안 되는 상황이다. 이 같은 위기상황에서는 원인을 추구할 시간적 여유가 없으므로 생명을 지키는 것이 최우선이 되고, 경제적 자산과 사회적 입장은 2차적인 문제가 된다. 즉, 항공기 승무원은 상황대응형 문제해결행동을 취하게 된다.

3) 플랜트[2] 사고

현재 전력·화학 플랜트는 고도로 자동화가 진행되고 있다. 일반적으로 플랜트 운영자는 컴퓨터로 제어되는 플랜트 상태를 확인하는 감시원으로서의 기능을 담당하고 있다. 그러나 일단 기기에서 경고신호가 나오는 경우, 운영자는 그 원인을 찾아서 처리하는 문제해결자가 된다.

플랜트 운영자의 문제해결에 영향을 미치는 요인은 다음과 같다.

- 다수의 기기·설비의 기능과 그 상호 간의 기능적 관련성이 고도로 복잡하다.
- 플랜트 상태와 그 변화에 관한 표시가 실제 상태를 보이지 않는 경우

---

2 전력, 석유, 가스, 담수 등의 제품을 생산할 수 있는 설비를 공급하거나 공장을 지어 주는 산업이나 시설을 말한다.

가 있다.

- 고도로 자동화되어 있기 때문에, 상태의 변화가 하드(구조물) 측의 변화에 의한 것인가, 스스로 조작한 결과에 의한 것인지의 구별이 어려운 경우가 있다.
- 대규모 플랜트에서는 사태의 진행이 비교적 완만하다.
- 조작에 대한 결과가 나타나기까지 시간이 걸린다.
- 제어실의 경고신호가 일제히 발령되면, 정보에 대한 우선순위를 매기지 못한다.
- 사태해결을 위해 복잡한 계획의 수립이 필요하다.
- 모니터링과 제어를 계속하면서 그 평가와 계획의 재검토를 다단계로 실시하는 것이 요구된다.
- 상태 변화를 어느 정도 예측하고 작업을 수행하지만, 완전하게는 예측할 수 없다.

플랜트 운영자의 경우, 사전에 다중으로 보호된 시스템이 구축되어 있으며, 거기에 대처할 시간도 어느 정도 확보되어 있다. 또한 대부분의 경우 외부의 지원도 어느 정도 기대할 수 있다. 따라서 항공 분야와는 달리 자기와 타인의 생명이 위험할 수도 있다고 인식하는 일은 적다. 따라서 시스템 손실을 최대한 줄이고 피해를 최소화하는 것과 같이 사태를 제어하는 행동이 된다. 즉, 어디에 이상 원인이 있는지 진단하고 그에 대처하는 식의 원인추구형 문제해결조치를 취할 수 있다.

4) 자연재난

자연재난에서의 인간행동은 항공기와 플랜트의 비상사태 이상으로 다양한 조건이 더해진다.

물리적 조건으로는 피해규모, 군중규모, 발생시간, 폐쇄공간·높은 장소·불안한 장소 등의 발생 장소와 지인 또는 미디어와 같은 정보 출처, 가족이나 지인 등 다른 사람의 존재 등이다.

사회적 조건으로는 정치적·경제적·문화적인 안정성 등의 사회적 상황, 도시나 마을 등의 지역 특성, 집단의 응집성과 리더의 존재 등의 집단 역학, 방재설비 및 인원체제 등의 방재체제, 피난(유도)훈련체제, 집중형인지 분산형인지의 정보전달경로 등이 해당한다.

또한 개인적 조건도 이에 더해진다. 성별·연령·체력과 같은 개인특성, 의존형인가 자율형인가, 또는 비관형인가 낙관형인가와 같은 질적 특성, 공포·불안·절박감과 같은 정서 수준, 과거 경험과 대처지식·기능과 같은 지식과 경험, 적극적으로 대응하려고 하는지 여부와 같은 대처의욕 수준, 사회적 책임감과 사명감과 같은 역할의식 등이다.

이러한 조건의 차이에 따라 개인과 군중의 행동은 크게 달라진다. 그러나 언뜻 무질서하게 보이는 인간행동이라도 개인차와 환경의 상호작용으로 대부분 설명 가능하다는 점 역시 지적되고 있다.

일반적으로 자연재난이나 화재에 휘말린 사람들은 위협에 맞서기 위한 특별한 수단을 가지고 있지는 않다. 또한 대부분 그 위협에 의한 상황은 개인이 대처할 수 있는 성질의 것이 아니다. 즉, 항공기나 플랜트의 경우와는 달리, 자연재난·화재는 비제어계가 대상이라고 할 수 있다. 따라서 자연재난의 경우, 위협이 되는 대상을 피하고 그것에서 도망치는 식의 회피도피행동을 취해야 한다.

3. 조직의 안전관리

'부상과 도시락은 자신의 것'이라고 하던 시절이 있었다. 분명히 자신의 몸을 지키는 것은 자신밖에 없다고 하듯이 개인의 안전의식은 중요하다. 그러나 많은 산업사고를 분석하다 보면 현장에서 일하는 사람들의 생각이 느슨했기 때문이거나 안전을 경시하고 있었기 때문이거나, 일부러 잘못을 하려고 한 것 같은 이유로 사고가 발생하는 경우는 거의 없다. 오히려 열심히 일에 종사하고, 때로는 요구받는 이상의 일에 신경을 쓰고 있었기 때문에 사고가 발생하는 경우가 많다. 지금은 현장의 개인만이 안전하게 조심하는 시대는 지나가고, 조직으로서 체계로서 '안전'에 임하는 시대로 옮겨 가고 있다.

1) 안전 접근의 변천

지금까지 모든 조직이 다각적으로 '안전'을 추구해 온 것은 틀림없는 사실이다. 이 안전에 대한 접근은 몇 가지 역사적 단계가 있다. 우선 안전 접근을 다음과 같이 다시 정리할 수 있다(Reason, 1997).

제1단계는 기술적·물리적 접근법이다. 이것은 시설 및 장비와 같은 기술적 구성요소의 최적화에 의해 사고방지를 실현하는 방법이다. 이에 따라 재난이나 사고가 비약적으로 감소하였으므로 이 방법이 유효했던 것은 틀림없다.

제2단계는 인간 요인 접근법이다. 1970년 이후 과학기술의 발전과 함께 기술적·물리적 접근법이 해결할 수 없는 문제가 떠올랐다. 그것은 작업장의 인간과 작업환경이 서로 어울리지 못하여 생기는 문제이다. 그래서 인간과 기계 장치의 관계를 개선하고 적절한 선발 및 교육·훈련을 통해 일하는 사람의 능력을 최적화하기 위해서 사람에 대한 투자를 도모하게 되었다. 이것이 인간 요인 접근법이다.

제3단계는 조직 요인 접근법이다. 물리적 접근과 인간 요인 방식에 의해 사고나 재난은 상당히 감소했다. 그러나 요즘 발생하는 사고를 보면 기술적인 문제가 아니고 작업에 종사하는 개인의 문제도 아닌, 조직으로서의 시스템에 문제가 있다고 지적되고 있다. 즉, 조직체의 상층부에 결함이 있다는 생각이다. 이 관점에서 조직 전체를 통한 기술적·개인적·관리적·체제적 요인의 상호관계에서 사고방지를 도모한다고 하는 조직 요인에서의 접근도 중요시되고 있다. 이 접근은 안전한 조직체의 상층부를 포함한 전체 시스템의 기술적·개인적·관리적·체제적 요소의 상호관계에 있다고 생각한다. 현재까지는 조직 요소 간의 관계가 복잡하기 때문에 그다지 해명이 진행되지 않으나 조직 내외의 관계자를 포함하는 보다 포괄적인 틀을 대상으로 하는 이 접근법은 향후 주류가 될 것이라고 기대된다.

2) 리스크 관리

조직에 내재하는 리스크 요인을 어떻게 관리하는가? 요즘 빈발하는 조직의 불상사에 대해 조직 리스크 관리의 태만이 원인이라고 지적되기도 했다.

첫째, 리스크(risk)라는 용어를 정의하고자 한다. risk라는 것은 위험으로 번역할 수 있다. 그러나 해저드(hazard), 크라이시스(crisis), 유해성(peril) 등 많은 유사한 용어가 혼란을 동반한다. 해저드와 리스크에 대해서는 일반적으로 전미연구협회(National Research Council, 1989)에 따른 정의가 일반화되고 있다. 거기에서는 해저드는 사람이나 물건에 대해 해(harm)를 줄 가능성을 만들어 내는 행위 내지는 현상으로 정의한다. 한편, 리스크는 피해가 일어날 가능성이 어느 정도인가라는 발생확률과 그 피해가 어느 정도의 영향을 가져오는가와 같은 결과의 중대성, 두 가지의 곱으로 정의되어 있다. 즉, 해저드가 얼마나 일어날 것인가 하는 기대치가 리스크라고 할 수 있다.

그러나 최근의 국제표준 ISO 31000에서는 리스크의 정의를 '사건의 발생 확률과 사건결과의 조합'에서 '목적에 대해 불확실성이 미치는 영향'으로 변경하면서 위험을 부정적인 측면뿐만 아니라 긍정적인 측면도 포함하여 평가하려는 움직임도 있다.

리스크 관리란, 향후 발생할 수 있는 위기상황을 미연에 방지하고 손실을 줄일 수 있도록 조직의 잠재적인 리스크를 관리하는 과정을 말한다. 이를 효과적으로 수행하기 위해 리스크 평가에 따른 리스크 관리방법이 제창되고 있다. 이것은 예방적이고 대책지향적인 측면을 강조한 것이며, 그 과정에는 다음과 같은 단계가 있다.

제1단계는 리스크 평가이다. 여기에는 다음의 하위 단계가 있다.
① 조직에 어떤 해저드가 있는지를 밝혀내서 이를 파악한다.
② 특정한 리스크가 어떤 피해를 주는지 평가한다.
③ 또한 이것이 어떤 빈도로 발생하는지 확률을 추정한다.

④ 앞의 단계를 거치며 리스크를 판정한다.

제2단계는 광의의 위험관리이다. 여기에도 하위 단계가 있다.

⑤ 리스크 판정 단계에서 판단한 리스크 수준에 따라 조치를 취한다. 이것은 협의의 리스크 관리이며, 이를 통해 조직의 리스크에 변화가 생기고 그 시점에서의 리스크를 재평가하며 다음의 조치를 생각하게 된다. 즉, 스파이럴 업spiral up 방식의 관리라고 할 수 있다.

⑥ 리스크 평가와 상기 리스크 관리의 결과를 이해관계자뿐만 아니라 널리 지역주민에 공개하여 '납득'을 얻는다(제12장 참조).

분명 현재 많은 산업조직에서는 리스크 평가를 실시하여 이를 관리하려고 시도하고 있다. 이 현상에 대해, 줄일 수 없는 리스크의 존재를 인정하지 않고 이를 외면하여, 경영의 대상으로 하기 이전에 리스크 자체를 다루는 것을 그만두거나 위기적 위험을 '예상치 못함'으로 파악해 버리는 일이 쉽게 일어난다는 지적도 있다(野口, 2011). 즉, 사고를 미연에 방지하기 위해 수행되는 리스크 평가가 현 상태에서는 오히려 리스크를 잠재화시키는 요인이 될 수도 있다는 것이다.

3) 오류관리

이제는 사고나 재난 방지를 위해 발생한 사고를 교훈으로 삼으면서 조직적인 대응을 할 때이다. 이전부터 산업현장에서는 앗차 하는 순간(히야리 핫토)을 사고로서 수집하여 사고방지에 활용하는 식으로 안전활동이 전개되고 있다.

이 활동의 기반이 되는 아이디어는 하인리히(Heinrich)의 법칙으로 알려져 있다. 이 법칙에 따르면, [그림 11-2]와 같이 하나의 조직 단위에서 같은 사람에게 유사한 사고가 330건 발생하면 그중 300건은 무상해이고, 29건은 가벼운 부상이며, 1건은 큰 부상을 입는다. 또한, 사고에 이르지 않는 불안전행동이나 불안전상태가 다수 있다고 한다(Heinrich 1959).

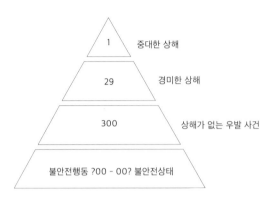

[그림 11-2] 하인리히 법칙

이 법칙이 주장하는 핵심은 비율을 나타내는 숫자에 수치가 아니다. 부상의 정도는 여러 요인의 우연한 겹침에 의존하고 있기 때문에 제어하기가 매우 어렵다. 따라서 이 법칙은 사고의 토대가 되는 다양한 불안전행동이나 불안전상태에 대책을 세우는 활동이야말로 심각한 부상의 방지로 연결된다고 촉구하고 있는 것이다.

지금까지 산업현장에서는 불안전행동이나 불안전상태에 대해 다양한 연구가 집중되어 왔다. 그러나 사고나 사건에 대한 기본적인 사상을 확고히 해 두지 않으면 임시방편에 지나지 않는다. 이러한 상황 속에서 '오류관리'라는 발상에서 포괄적인 대책을 생각하려고 하는 분위기가 생겼다.

다음은 리즌과 홉스(Reason & Hobbs, 2003)에 따른 오류관리의 기본 원리를 소개한다.

① 인간 오류는 보편적이어서 불가피하다

인간 오류는 도덕의 문제가 아니다. 물론 바람직한 것은 아니지만 오류는 인간 생활의 일부이며, 그 대부분은 선의에서 발생하고 있다. 오류 발생을 억제할 수는 있지만 근절할 수 없다. 또한 근절할 것도 없다.

② 오류는 본질적으로 나쁜 것은 아니다

성공과 실패는 같은 심리적 근원에서 발생하고 오류는 성공으로 이끄는 경로를 나타낸다고 간주되므로, 오류가 없으면 안전·효율 기술을 배울 수도 없다.

③ 인간의 상태를 바꿀 수 없지만, 인간의 행동 조건을 바꾸는 것은 가능하다

부주의나 망각과 같은 심적 상태는 피할 방법이 없다. 그러나 인간이 만들어 낸 상황은 바꿀 수 있다. 상황 내 오류의 함정을 식별하여 그 특징을 도출하는 것이 오류관리의 준비 단계이다.

④ 최선의 인간도 최악의 실수를 범할 가능성이 있다

오류라는 것도 언제 어디서나 발생할 수 있고, 최선의 인간도 피할 수는 없다. 그런 사람은 책임이 큰 입장에 있는 경우가 많기 때문에 그 사람의 오류는 시스템에 가장 큰 영향을 미칠 수 있다.

⑤ 인간은 의도하지 않고 취한 행동을 간단히 피할 수는 없다

오류를 일으킨 사람을 비난하면 감정적으로는 만족할 수 있을지도 모르지만, 시정(是正)에는 무의미하다. 하지만 누구나가 자신의 행동에 대해 설명할 책임이 있으며 오류를 인정함으로써 재발방지가 가능해진다.

⑥ 오류는 결과이지 원인은 아니다

오류를 저지른 사람을 처벌해도 무의미하다. 오류에는 과정이 있으며, 연쇄적인 사건의 결과가 오류로 나타난다. 오류를 발견하는 것은 사고 원인 조사의 시작이며, 오류를 유발한 상황의 이해만이 오류방지로 이어진다.

⑦ 오류의 대부분은 반복적으로 발생하고 있다

시스템의 약점이 방치되면 상황은 재현되고, 이에 따라 오류가 발생한다. 상황 재현형 오류는 시스템 오류이다. 반복하여 빈발하는 오류는 대부분 단계를 빼먹는 '생략오류'로 나타난다.

⑧안전상의 심각한 오류는 조직 시스템의 모든 수준에서 발생할 수 있다

현장작업자가 오류를 없애고 근절해야 한다고 관리자는 생각하기 쉽지만 그것은 착각이다. 지위가 높은 사람의 오류가 위험 수준도 더 높다. 따라서 오류관리는 조직 시스템 전체에 걸쳐 적용할 필요가 있다.

⑨오류관리는 관리 가능한 것을 관리하는 것이다

기술·과정·구조 시스템은 관리하고 개선할 수 있다. 한편, 주의산만·선입관·순간적인 부주의·건망증 등 인간의 본성을 관리하는 것은 불가능하다. 그럼에도 불구하고 이러한 특성을 나타낸 개인을 비난하는 경향(기본적 귀인 오류[3])이 강하다. 오류관리에 있어서 중요한 단계는 이것의 존재를 인식하고 그것에 대처하는 것이다.

⑩오류관리는 좋은 인재를 연마하기 위한 것이다

오류관리는 '오류 경향의 사람을 교정하는 것'이 아니다. 기술적·심적 능력을 갖춘 우수한 인재를 키우는 것이야말로 오류관리의 주요 목적이다. 오류 패턴을 이해하고 오류를 감지하는 능력을 단련하여 잠재적으로 발생할 수 있는 사태에 대비할 수 있다.

⑪유일한 최선의 방법은 없다

이것만 하면 된다는 오류관리 방법은 없다. 조직의 어느 수준에서도 다양한 문제가 있다. 효과적이고 포괄적인 오류관리에서는 개인, 팀, 작업, 작업 현장, 그리고 조직 전체에 따라 다른 대책을 실시하게 된다. 그리고 자신의 조직에 따라 가장 효과적인 대책을 취하기 위해 다양한 방법을 혼합하여 조직에 적합하게 만드는 연구가 필요하다.

---

3 fundamental attribution error를 말하는데, 어떤 현상을 보면 주변 환경의 요인보다 개인의 요인을 중시하는 경향을 말한다.

⑫ 효과적인 오류관리는 부분적인 수정이 아니라 지속적인 개선을 추구한다

최근에 발생한 사건에 초점을 맞추어 재발방지를 하는 식의 특정 대상에 대한 문제해결은 근본적인 해결이 되지 않는다. 오류관리의 목적은 시스템의 보호 강화·확장·개선이며, 오류군(誤謬群) 전체를 줄이기 위한 지속적인 노력이어야 한다.

그리고 오류관리의 가장 중요하고 어려운 과제는 그 자체를 관리하는 것이다 오류관리의 효과를 유지하려면 지속적으로 모니터링하고 변화하는 상황에 맞추어 조금씩 바꿔 나가는 것이다. 이러한 시스템의 개선을 위한 지속적으로 노력하는 과정이야말로 오류관리의 성과라고 할 수 있다.

4. 조직의 사회적 행동

인간은 조직에 속함으로써 그 조직이 가지고 있는 가치와 규범을 도입하여 적응하고자 한다. 이것이 사회화이다. 사회화에는 개인이 자신의 이익을 위해 적극적으로 조직인이 되고자 하는 과정과 조직이 스스로를 위해 개인을 순화시키고 교화하려는 과정이 있다(田尾, 1991). 이와 같이 개인은 조직을, 조직은 개인을 각각 받아들인다. 따라서 조직이 '이 정도는 어디서나 하고 있는 것이다'와 같이 법을 위반해도 상관없다는 규범을 가지고 있다면, 그 조직에 속한 개인 또한 거뜬히 위법행동을 해 버린다. 즉, 조직의 사회에 대한 태도와 행동은 조직구성원의 행동과 밀접하게 관련된다.

그러면 조직은 어떤 가치와 규범을 가지고 형성되는 것인가? 이 절에서는 조직의 안전에 대한 접근, 조직 내에서 구축되는 문화, 심지어 조직 자체의 학습방법 등의 관점에서 생각해 나가기로 한다.

1) 신뢰성이 높은 조직

지금까지 일본의 산업조직에서는, 앞서 언급한 바와 같이 다수의 안전 접근이 채택되어 있다. 특히 고급기술을 구사하는 산업에서 여러 층에 걸친 공학적·조직 관리적·인적 보호층이 우선적으로 구축되어 있다. 이 심층 방호에 대한 신뢰성이 높아, 충분히 안전이 확보되어 있다는 인식이 있었다. 그 결과 일본은 가장 안전한 문화를 자랑하는 국가 중 하나로서 자타가 인정해 왔다.

그러나 2011년 3월에 발생한 후쿠시마 제1원자력 발전소의 사고를 볼 것도 없이, 심각한 사고가 발생하지 않았던 기간조차도 독자적인 위험을 안고 있었을지도 모른다. 얄궂게도 안전성을 높게 유지하고 사고의 발생 빈도를 상당히 낮추는 데는 성공했기 때문에 현재의 안전 한계는 어디인지가 매우 애매한 상황이다. 또한 이 심층방호층 자체가 사고를 발생시키는 원인이 될 수 있다는 지적도 있다. 얼핏 보기에는 방호계층은 건강해 보인다. 그러나 현실 세계에서 그들은 모두 결함을 갖고 있다. 그 결함에서 발생하는 것이 조직사고이다(조직사고에 대해서는 Reason, 1997을 참조).

또한, 조직의 안전에 관하여 페로(Perrow, 1984)는 구성요소가 서로 강하고 복잡하게 연관된 현대의 조직구조 속에서 사소한 잠재적인 위험과 일탈이 대형사고로 이어질 가능성이 항상 존재하며 사고는 불가피하다고 주장한다. 이것이 노멀(normal)사고이론이다.

이에 대해 '조직안정성'을 제창한 고신뢰조직(High Reliability Organization: HRO) 그룹이라는 연구그룹은 복잡한 사회·기술 시스템에 포함된 미세한 결함이나 사소한 오류가 큰 사고로 이어질 위험이 있음에도 불구하고, 높은 신뢰성을 유지하고 있는 조직, 즉 고신뢰조직이 존재하는 이유는 무엇인지 그 조건에 관심을 가졌다(中西, 2007).

HRO 그룹은 항공기 조종사, 항공관제관, 원자력 발전소 운전원에 대한 광범위한 조사를 실시했다. 이에 따르면, 조직활동의 안전성을 단순히 일련의 규칙과 절차, 안전에 관한 교육과 훈련, 직원에 대한 관리능력 등으로 요소 환원적으로 분해해서 인지적·행동적으로 기술하고 파악하는 것은 있을 수 없다는 것을 발견했다. 즉, 조직구성원 간 및 회원과 설비·환경 등의 다양한 요소의 역동적인 상호작용이 조직의 안전성을 유지하고 있는 것이다. 이 상호작용에서 모두 성립하고 있다고 생각하는 구성주의에 의거하여 그 다양성을 허용할 필요성을 지적했다.

HRO의 특징에 대해 와이크와 서클리프(Weick & Sutcliffe, 2001)는 다음의 다섯 가지 요구사항을 제시하였다.

① 실패로부터 배우기

실패가 생긴다는 것은 무엇인가를 간과하고 있거나 시스템이 건전하지 않다는 것을 의미한다. HRO에서는 과실의 보고를 촉발하고 거기에서 교훈을 이끌어 냄으로써 잘된 업무처리와 같은 성공 속에서도 숨어 있을 함정에 대하여 경계를 게을리하지 않는다.

② 단순화를 허용하지 않기

시스템으로서의 활동을 잘 조정하기 위해서는 문제와 그 해결에 주력할 필요가 있으며, 그러기 위해서는 단순화하는 것이 좋다. 그러나 HRO의 경우 단순화하는 과정을 수정하여 복잡화하는 것에 의욕적이다. 왜냐하면 직면한 상황이 복잡하고 불안정하며 예측하기가 어려움을 잘 알고 있기 때문에 자신들의 맹점을 찾기 위해 다양한 관점을 중시하기 때문이다.

③ 운영을 중시하기

일반 조직에서는 예상치 못한 사태의 발생에 의한 시스템의 잠재적 실패에 주의한다. 이에 대해 HRO는 현장의 운영에 주의를 기울인다. 왜냐하면 작업 현장에서야말로 문제의 징후를 민감하게 감지할 수 있기 때문이다. 이를 중시함으로써 과실의 축적과 확대를 막기 위한 조정을 지속적으로 수행할 수 있다.

④ 복구능력을 높이기

HRO도 일반조직과 마찬가지로 예측하기 어려운 사태를 예방하고 예측하기 위해 노력하지만 과실은 불가피하다. HRO는 과실을 발견·억제하고 거기에서 재건할 수 있는 능력을 개발한다. 또한 과실을 범하고도 기능마비에 빠지지 않도록 과실의 확대 방지나 시스템의 기능 유지를 위한 즉흥적인 대응조치를 할 수 있는 경험·지식·기능을 가진 인재의 육성에 노력한다.

⑤ 전문성을 존중하기

계층구조가 강한 조직구조에서는 최고경영자의 오류가 관리자층, 현장작업자층으로 확대되어 더욱 심각한 사태를 일으킬 수 있다. 이에 대해 HRO의 경우 상부의 오류로 인해 파멸적인 상황으로 치닫지 않도록, 현장 수준에서 의사결정이 이루어져서 지위에 관계없이 전문지식이 가장 풍부한 사람에게 권한이 맡겨져 있다.

2) 조직문화

조직은 조직구성원에 의해 구성되고, 또한 조직구성원은 소속된 조직에 의해 영향을 받으며 개인과 조직의 상호관계 속에서 조직문화가 만들어져 간다.

안전문화 개념의 구축에 큰 기여를 하고, 많은 조직문화와 조직풍토 연구에 영향을 미쳤던 연구로 샤인(Schein, 1985)의 '조직문화의 3계층 모델'을 들 수 있다. 샤인에 따르면, 조직문화란, "조직이 외부 적응과 내부 통합 문제를 해결하기 위해 학습하고, 조직구성원 자신에 의해 만들어지거나 발견되며, 또한 발전된 기본 가정의 패턴이며, 구성원이 행동할 때 유효하고 올바른 것으로 간주되어 조직에서 공유되고 있는 조직의 가치관이나 사고방식, 또는 그 행동패턴이다."라고 정의되었다.

샤인은 조직문화의 요소를 다음과 같이 3층으로 구분한다.

① 제1수준 '인공물과 창조물'

이 수준에서의 문화를 가장 잘 볼 수 있으며, 구성원의 행동 패턴과 창조물을 나타내는 층이다. 이것은 창출된 물리적·사회적 환경이며, 기술적 성과, 쓰거나 말하는 언어, 조직구성원의 명백한 행동과 같이 직접 관찰 가능한 것이다.

② 제2수준 '가치와 규범'

조직이 공유하는 가치와 규범을 나타내는 수준이며, 가치와 규범에 대한 인식은 물리적 현실과의 실제적인 상호작용이나 사회적 관습을 통해 획득된다. 이 가치와 규범은 직접 관찰할 수는 없지만, 행동관찰로 추정할 수 있다.

③ 제3수준 '기본 전제'

너무 당연한 것으로 간주되기 때문에, 대부분 가치를 두지 않는다. 즉, 잠재의식 수준이며 관찰이 불가능하다. 그러나 문화의 본질적인 부분이기도 하다. 이것은 실제로 행동을 이끌고 조직구성원이 그것을 어떻게 인식하고 생각하며 느끼는지를 보여 주는 암묵적 가정이다.

제3수준의 기본 전제는 조직문화의 근간을 이루는 것으로 자리매김한다. 그것은 무의식적으로 조직에 작용하여 조직과 환경을 어떤 방법으로 어떻게 보는지를 조직이 결정짓는다. 직접 관찰할 수는 없고 통찰력과 공유화의 과정을 반복하여 처음 행동 관찰에서 추측되는 복잡한 현실의 구성체라고 할 수 있다. 이 수준은 조직문화를 형성하는 데 중요하며, 모든 관계자 간의 긴 노력을 통한 협상과 실천 과정의 결과이다.

그렇지만 이 기본 전제까지 나아가서 조직문화 전체상을 부각시킨 연구는 방법론상의 어려움도 있고 거의 눈에 띄지 않아서 향후의 과제로 남겨져 있다.

3) 조직학습

일반적으로 우수한 조직학습(organizational learning)은 우수한 조직문화에서 비롯된 것으로 생각되고 있다. 우수한 조직문화를 가진 조직에서는 조직원이 학습의 주체로서 존중되고 또한 학습하기 쉬운 환경으로 정돈되어서 모든 구성원이 지식과 기술의 습득하고자 하는 동기를 가지고 있을 가능성이 높다. 그리고 조직구성원이 학습한 내용을 조직의 일상활동에 반영시키는 것도 가능해진다.

조직학습은 1980년대 후반부터 급속히 조직론에서 중요한 연구 분야 중 하나로 대두되었다. 원래 '학습'은 심리학 분야에서 개별적인 인간과 동물이 지식과 기술 등을 획득하는 과정으로 취급하였다. 이를 원용하는 형태로, 즉 생물로서의 조직이라는 비유를 사용하여 조직학습이론은 경영학 분야로 발전했다.

조직학습 연구에는 조직 측에서 조직학습현상을 파악하려고 하는 입장도 있고, 조직구성원 측면에서 접근하는 연구도 있다. 안도(安藤, 2001)는 조직학습은 크게 세 가지 계통이 있다고 지적하였다. 제1계통은 조직 루틴(routine)의 변혁과정에 주목한 계통, 제2계통은 폐기학습(unlearning) 현상을 중시하는 계통, 제3계통은 조직개입 등을 통한 조직변혁을 추구하는 계통이다.

제1의 조직 루틴 계통은 조직 속의 루틴이 변화하거나 도태되고 또는 정착되기도 하는 동태를 그리려는 레빗과 마치(Levitt & March, 1988)의 계통이다. 이 계통의 연구에서는 조직에서 생성된 규칙이나 절차 또는 구조나 기능이 루틴으로서 조직 내에 저장되어 축적된 것, 즉 조직기억(organizational memory)을 가지는 것이 조직학습이라고 할 수 있다. 여기에서의 루틴은 '형태, 규칙, 절차, 관행, 기술, 전략' 또는 '그것을 지지하는 신념, 구조, 프레임 워크, 패러다임, 약관, 문화, 지식'을 말한다. 또한, 이 계통의 연구는 다른 조직학습 연구와는 달리 이러한 조직 루틴이 조직 내에서 어떻게 정착하고 확립하느냐에 관심이 있다.

제2의 폐기학습 계통은 조직 내외의 환경이 크게 변화한 경우, 조직에 있는 기존의 지식이나 조직 루틴의 한계를 인식하고 부적절한 것들을 버림으로써 새로운 지식이나 가치관, 발상을 얻기 위해 학습하는 폐기학습을 중시하는 입장이다. 이 배경에는 불필요한 옛 지식과 가치관에 구애되어서는 조직에 있어서 진정으로 필요한 것을 형성할 수 없다는 발상이 있다. 폐기학습 과정의 중요성을 강하게 주장했던 연구자는 헤드버그(Hedberg, 1981)이다. 그는 새로운 지식 등을 획득하는 조직학습과, 불필요하게 된 지식 등을 폐기하는 폐기학습 간에 표리일체의 관계에 있다고 생각하였다. 조직의 내외 환경이 변화하는 가운데, 어느 시기에는 뛰어난 지식과 기술도 무용지물이 될 것이다. 새로운 가치관이나 발상, 또는 조직변혁을 창출하기 위해서도 내외 환경에 비추어 부적절해진 지식이나 조직 루틴을 적극적으로 폐기학습 해야 할 필요가 있다고 생각된다.

제3의 조직변혁계통에서는 조직학습이란 조직구성원 개인을 통해 이루어지는 행동·가치관의 수정이나 재구축 과정이라고 생각한다. 이 학습은 '단일루프(roup) 학습'과 '더블(double)루프학습'의 두 가지 성질 수준으로 나뉘어 있다. 단일루프학습은 조직의 기존 가치에 근거해서 실시하는 오류나 모순의 수정 활동이다. 다만 조직이 이 단일루프학습에 머물러 있는 한, 조직의 맹목성이나 관성에 의존하는 조직행동밖에 표현할 수 없기 때문에 조직변혁에는 이르지 못한다. 이에 반해 더블루프학습은 조직의 기존 가치 자체에 대해 의문을 제기하는 변혁활동이라 할 수 있다. 그러나 기존의 조직 자체가 더블루프학습을 방해하는 시스템으로 되어 있기 때문에, 이를 실현하는 것은 곤란하다. 단일루프학습을 타파하고 더블루프학습으로 전환하기 위해서는 이전과는 다른 외부의 관점을 가진 리더나 컨설턴트 등의 개입이 필요하다고 할 수 있다.

북 가이드

개인과 조직의 행동이 사회에, 또는 해당 조직이나 사회가 개인에게 어떤 영향을 미치는가라는 관점에서 다음의 책을 추천하고자 한다.

Poundstone, W. / 松浦俊輔 외 공역(1995). 죄수딜레마-폰 노이만과 게임이론. 青土社.

→ 개인의 의사결정에서 국가 간 분쟁까지 폭넓게 게임이론을 이용하여 묘사하고 있다. 심리학뿐만 아니라 학제적으로 다양한 분야에 영향을 미쳤던 폰 노이만의 생애를 기반으로, '인간의 진정한 진화란 무엇인가'를 생각하게 해 준다. 게임이론은 '사회적 딜레마 - '환경 파괴'에서 '왕따'까지' (山岸俊男, 2000, PHP연구소)에 평이하게 해설되어 입문서로는 좋을 것이다.

Chemmers, M. M., Ayman, R. / 白怪三四郎 편역(1995). 리더십 이론과 연구. 黎明出版.

→ 리더십 연구의 제일인자인 휘들러의 수반성 모델을 비롯해 조직 행동 연구의 뛰어난 연구 성과를 정리한 책이다. 지금까지의 리더십 연구의 개념과 그 변천을 아는데 도움이 될 것으로 보인다.

Reason, J. / 塩見弘 감역, 高野研一, 佐相邦英 공역(1999). 조직사고-일어나는 까다로운 사고에서 벗어나기. 日科技連出版社.

→ 이 번역서가 출간된 1999년은 JCO 임계사고가 발생하거나 의료사고가 크게 보도되기도 했던 해였다. 일본의 안전에 대한 접근의 하나의 전환점이었다고 할 수 있다. 지금까지의 하드웨어적인 인간 요인 접근법에서 한 걸음 내딛어, 조직 요인을 주목한 이 책은 안전에 대한 계몽서라고 할 수 있다.

中西晶(2007). 고신뢰조직의 조건-예측하기 어려운 사태를 방지하는 관리. 生産性出

版.

→ 예측하기 어려운 사태에 강한 조직과 그 관리는 무엇인가? 이 책은 정보보안 및 위험 관리에 관한 연구 지식을 풍부하게 소개하고, 앞으로의 고 신뢰조직의 기본적 사고방식의 이해에서 실무응용까지 다루는 책이다.

安藤史江 (2001). **조직학습과 조직 내 지도**. 白桃書房.

→ 조직이 역동적인 존재라는 관점에서 시작된 조직학습이론을 체계적으로 정리하였다. 게다가 저자는 조직구성원이 마음에 만들어내는 조직지도를 제창하고, 이 개념에서 조직과 조직구성원의 관계를 밝혀서, 현재 산업계의 문제점을 부각시키고 있다.

참고문헌

林裕造, 関沢純 監訳(1997). リスクコミュニケーション―前進への提言. 化学工 業日報社.

梅津祐良, 横山哲夫 訳(2012). 組織文化とリーダーシップ. 白桃書房.

細田聡, 井上枝一郎(2000). 緊急事態での人間行動の特徴に関する一考察. 労働科学, 76, 519-538.

安藤史江(2001). 組織学習と組織内地図. 南山大学学術議書, 白桃書房.

野口和彦(2011). 安全におけるリスク論の適用と課題. 安全工学シンポジウム 2011講演矛稿集. pp. 32-33.

田尾雅夫(1991). 組織の心理学. 有斐閣.

中西晶(2007). 高信頼性組織の条件―不測の事態を防ぐマネジメント. 生産性出版.

戸田正直(1992). 感情－人を動かしている適応プログラム. 出版会.

Dawes, R. M. (1980). Social dilemmas. *Annual Review of Psychology, 31,* 169-193.

Fiedler, F. E. (1967). *A theory of leadership effectiveness.* McGraw-Hill. (IEHRE-FEER, 1970 新しい管理者像の探究. 産業能率短期大学出版部).

Hedberg, B. (1981). How Organizations learn and unlearn. In P. C. Nystrom & W. H. Starbuck (Eds.), *Handbook of Organizational design* (Vol. I, pp. 3-27). Oxford University Press.

Heinrich, H. W. (1959). *Industrial accident prevention: A scientific approach* (4th ed.). McGraw-Hill(総合安全工学研究所 訳. 1982. ハインリッヒ産業災害防止論. 海文堂出版).

Hutchins, E. (1990). The technology of team navigation. In J. Galegher, R. Kraut & C. Egido (Eds.), *Intellectual teamwork. Social and technical bases of cooperative work* (pp. 191-220). Lawrence Erlbaum Associates. (宮田義郎 訳, 1992. チーム航行のテクノロジー. 安西祐一郎, 石崎俊, 大津由紀雄, 波多野証余夫, 溝口文雄 編, 認知科学ハン

ドブック. 共立出版, pp. 21-35).

Levitt, B., & March, J. G. (1988). Organizational learning. *Annual Review of Sociology, 14,* 319-340.

National Research Council (1989). *Improving risk communication.* National Academy Press.

Perrow, C. (1984). *Normal accidents: Living with high-risk technologies.* Basic Books.

Reason, J. (1990). *Human error.* Cambridge University Press. (林喜男 監訳, 1994. ヒューマ ンエラー － 認知科学的アプローチ. 海文堂出版).

Reason, J. (1997). *Managing the risks of organizational accidents.* (塩見弘 監訳, 高野研一, 佐相邦 英訳. 1999. 組織事故—起こるべくして起こる事故からの脱出. 日科技連 出版社).

Reason, J., & Hobbs, A. (2003). Managing maintenance error: A practical guide. Ashgate 高 野研一 監訳, 佐相邦英, 弘津祐子, 上野彰 訳, 2005. 保守事故 － ヒューマンエ ラ ーの未然防止のマネジメント. 日科技連出版社).

Schein, E. (1985). *Organizational culture and leadership: A dynamic view.* Jossey-Bass.

Stogdill, R. M. (1948). Personal factors associated with leadership: A Survey of the literature. *Journal of Psychology, 25,* 35-71.

Vaughan, D. (1996). The challenger launch decision. Risky technology, culture and deviance at NASA. University of Chicago Press.

Weick, K. E., & Sutcliffe, K. M. (2001). *Managing the unexpected: Assuring high performance in an age of complexity.* Jossey-Bass. (西村行功 訳, 2002. 不確實性のマ ネジメント － 危機を事前に防ぐマインドとシステムを構築する. ダイヤモンド 社).

제12장 위험 의사소통과 인간 요인

우주왕복선 챌린저호 사고

(© Bettmann / CORBIS / amanaimges)

1. 표면화된 위험과 인간 요인

1) 소개

1970년대 이후 잇따른 항공기와 원자력 발전소, 우주개발 분야의 사고로 인해 인간 요인은 '위험'과의 관계에서도 주목받아 왔다. 이러한 위험을 어떻게 줄여야 하는지, 고도경제성장기에 과학기술의 장점을 최대한 누리고 발전해 온 사회가 그 부정적인 측면에 어떻게 대응해야 할지를 묻기 시작한 것이야말로, 이 위험감소를 위한 인간 요인 연구가 활발해진 배경이다.

사고를 일으킬 수 있는 과학기술은 당연히 인간사회에 어떤 혜택을 가져다 주기 위해 개발되었다. 그리고 인간 요인 연구는 그 장점을 최대한으로 살림으로써 가능한 한 안전한 제품과 서비스를 제공하는 데 기여해 왔다. 이 장에서는 한 걸음 더 나아가서 '가능한 한 안전하다고 하는 수준을 어떻게 결정하고, 어떻게 관리하는 것이 적절한 것인지, 그러기 위해서는 어떤 위험 의사소통 프로그램[1]이 필요한가?'라는 관점에서, 인간 요인에 관한 해설을 추가한다. 보다 구체적으로는 과학기술의 위험에 사회적 관심이 모이게 된 역사적 경위, 그중 도출된 '위험인식'에 관한 심리학적 연구 결과, 그리고 몇 가지 역사적 사고를 거치며 변화한 위험을 파악하는 방법과 그 관리 방법의 하나로서의 위험 의사소통이라는 관점에서 인간 요인에 대한 해설을 추가한다.

2) 위험 거버넌스 모델과 위험 의사소통

과학기술의 위험정보는 전문가들 속에 둘러싸일 것이 아니라 널리 사회에서 공유되어야 한다고 언급된 지 오래이다. 또한 후술하는 바와 같이 그 위험정보는 전문가부터 사회를 향해 한 방향으로 전달되는 것이 아니라 그 둘의 '양방향' 의사소통을 통해 위험관리를 수행해야만 한다. 그런 생각에 근거하여 위험 의사소통의 필요성이 논의되는 경우, 그 대부분은 제5절에서 지적하는 바와 같이 과학기술위험의 거버넌스(governance)라는 개념에 입각한다.

불확실성이 높고, 전문지식을 필요로 하는 과학기술의 위험에 관해서, 일반시

---

1 위험 의사소통이 다루는 문제는 다양하지만 요시카와(吉川, 2000)는, ① 과학기술, ② 환경문제, ③ 소비생활용 제품, ④ 건강·의료, ⑤ 재난의 5개 영역으로 분류할 수 있다고 기술되었다. 이 책은 특히 ①의 과학기술 중에서 인간 요인 연구 분야가 대상으로 삼아 온 항공기, 원자력 발전소, 화학공장, 철도와 같은 거대한 기술 시스템의 위험을 염두에 두고 설명을 추가하였다. 또한, 위험 의사소통에 관한 이 책의 기술은 전미연구평의회(National Research Council, 1989)에 의한 정의를 참조한다.

민[2]이 '정확하게' 판단할 수 있는가 하는 물음은 제2항에 규정된 대로 위험심리학 연구의 중심적인 과제로 다루어져 왔다. 이러한 연구는 인간의 주관적 판단에는 일종의 편파(bias)가 있다는 것이 밝혀져서 제공되는 정보의 형식이나 문맥, 비유 등의 표현을 조금 바꾸는 것만으로 판단결과가 다를 가능성이 높다고 지적되었다. 그러나 동시에 이러한 연구를 통해 전문가의 판단이 일반시민의 판단보다 반드시 올바르다고 말할 수 있는지, 애초에 전문가와 일반시민의 판단에 대해 '어느 것이 더 올바른가'라는 축으로 평가해야 하는가라는 질문도 있었다.

　　일본인은 동일본 대지진 후, 전문가의 판단이 반드시 '옳다'고 말할 수 없고, 그 지식과 판단에도 한계가 있다는 것을 목격하였다. 그리고 동일본 대지진 이후 벌어진 다양한 논의를 통해 최악의 가정이나 그 확률에 대한 전문가의 견해는 아무리 논의를 더해도 하나의 해결책으로 수렴하는 것은 아니라는 사실도 사회적으로 인식하였다.

　　이는 1980년대 이후에 위험인지와 위험 의사소통에 관한 광범위한 실제 연구에서 반복해서 지적된 것이기도 하다. 전문가가 항상 올바른 해결책을 가지고 있는 것은 아니다. 또한 전문가 집단의 위험에 관한 견해는 항상 폭이 있어서 하나의 정답이 존재하는 것도 아니다. 그렇다면 전문가만 위험 평가와 관리 방법을 결정하는 것이 아니라 사고가 발생했을 때 그 위험에 노출된 사람들(민간인)을 포함한 다양한 이해관계자가 참여하여 위험처리 방법을 결정하는 모델이 타당하다는 생각이다(Renn et al., 2005)[3]. 그리고 그 핵심 키워드 중 하나가 '위험 의사소통'이다. 위험 평가와 관리의 모든 과정, 즉 사전 평가 단계에서 위기를 파악하는 틀(framing)을 결정하고 위험을 평가 및 파악하고, 사정하여(위험을 사회로서 수용할 수 있는가, 수용한다

---

2 여기서 말하는 '일반시민'은 평가나 관리의 대상이 되는 과학기술의 위험에 대해, 이해관계나 특별한 지식(전문가로서의 지식)을 갖지 않는 '보통 사람들' 일반을 가리킨다.

3 이러한 사고방식은 규범적 의의(민주주의로서의 참여의 정통성), 도구적 의의(다양한 참여가 불필요한 대립을 줄이고, 상대적으로 합의와 신뢰를 가능하게 함), 실질적 의의(다양한 가치관이나 이해가 결정에 반영됨으로써 공익을 실현하고, 결정의 질을 더 향상시킴)라는 3점으로 설명되는 경우도 있다.

고 하면 어떤 조건이 필요한가의 판단), 관리하는 모든 장면에서 다양한 이해관계자와의 의사소통을 하는 것이 무엇보다도 중요하다.

3) 위험의 사회적 맥락 의존성과 위험 의사소통

일반적으로 위험 의사소통의 필요성은 앞서 언급한 위험 거버넌스 모델의 범주에서 설명된다. 그러나 인간 요인 연구와 관련하여 말하자면, 일반시민이 과학기술의 위험을 어떻게 파악하고 위험관리의 방식에 어떤 요구를 할 것인지가 인간 오류의 증감에 영향을 미칠 가능성이 있다고 하고, '위험의 사회적 맥락 의존성'에서도 그 필요성을 설명할 수 있다.

어느 과학기술시스템에서 사고가 발생했다고 한다. 대다수의 경우, 사고의 원인 파악을 하고 만전의 대책을 실시하기 위해 규제강화를 요구하는 여론의 풍조가 생겨난다. 물론 이것 자체는 필연적이며, 사고를 낸 조직은 재발방지를 위해 가능한 한 모든 수단을 취할 필요가 있다. 그러나 다른 한편으로 대책 수립과 규제강화가 반드시 위험감소로 이어진다고 단언하기 힘든 경우도 있다. 예를 들어, 전표 처리를 하고 있는 사람 뒤에 계속 감시자가 붙어 있는 것을 상상해 볼 수 있다. 감시자는 의심할 여지가 있는지 항상 눈을 깜박이고 있다. 그러면 계산 실수가 없을까? 오히려 뒤에 서 있는 감시자가 너무 신경 쓰여 계산실수를 범할 가능성이 있을지도 모른다. 그런 경우 '감시강화'라는 안전성 향상을 위한 대책이 인간의 오류를 일으킬 수도 있다.

홀나겔(Hollnagel, 2006)은 현장측면(sharp end)과 지원측면(blunt end)의 관계에서 위험의 사회적 맥락 의존성과 과제를 지적하고 있다. 홀나겔에 따르면, 원자력 발전과 항공시스템과 같이 고도로 복잡화한 과학기술시스템을 운용하는 조직은 국내 및 국제 규정에 의해 정해진 조건에 따라 활동하고 있다. 그리고 규제는 일반시민의 의견이나 허용할 수 있는 안전성에 관하여 널리 퍼진 규범의 영향을 받는다. 즉, 진정한 의미에서 현장의 인간 오류를 줄이기 위해서는 현장이나 조직의 관리자뿐만 아니라 일반사회 역시 포함하여 위험의 양상과 그 해결 방법을 공유해 나가야 한다는 것이다. 또한 키타무라(北村, 2009)는 원자력 분야를 대상으로 한 스스로의 실천 경험을 통해, 위험의 증감에는 사회적 맥락 의존성이 관여하는 것을 바탕으로 하여 전문가 쪽에서도 자신들의 규범에 따라 위험을 파악·관리할 뿐만 아니라 일반시민과의 의사소통을 통해서 위험을 파악하고 관리해 나가야 한다는 점을 지적하였다. 보다 실효적인 인간 오류 대책을 실시하기 위해서는 인간 오류가 발생하는 배경과 그 대책에 대해 전문가와 일반시민이 서로 관점(相場観)을 공유하고 적절한 대책이 구축될 수 있는 사회적 풍토를 만들어 가는 것이 필수적이다. 그리고 이를 위해서도 위험 의사소통이라는 관점이 중요하다.

이 장에서는 이 두 가지 관점에서 위험 의사소통의 필요성에 대해 설명하고 인간 요인과 위험 의사소통의 접점에 대해 고찰한다.

2. 위험사회와 심리학 연구

1) 위험과 위험인지

'위험'에 관한 정의는 여러 가지가 있지만, 그 대표적인 것은 결과로서 발생하는 피해(손해)의 심각성과 그 피해가 발생할 확률, 두 요소의 곱으로 표현하는 정의이다. 또 이 피해의 심각성을 '위협'이라고 부른다. 위험의 크기는 결과로서 발생하는 손해의 크기이며, 위험에 노출된 인간이나 물건의 수, 그 밖의 결과의 중대성을 포함한다. 위험이라는 개념은 위협의 피해가 실제로 생길지도 모른다는 가능성을 더해서 수량화시켰다는 것도 가능했다(National Research Council, 1989).

한편, '위험인지'는 정량적으로 표현되는 위험에 대해, 대상 위험에 관한 전문지식이 없는 일반시민이 자신의 주관에 따라 내리는 위험판단이라고 대치된다. 심리학 분야에서는 이 위험인지에 초점을 맞춘 연구가 1960년대 후반부터 주목받기 시작했다. 이 시대의 위험인지 연구는 사람들이 위험을 어떻게 느끼고, 그 위험을 느끼는 방식의 차이에 영향을 미치는 요인은 무엇인가와 같이 위험정보를 받는 측의 특성과 제공되는 정보에 관해 위험인지가 어떻게 다른지에 대한 기본적인 경향을 파악하려고 한 것이다.

위험인지 연구가 활발해진 배경에는 1960년대 후반 이후 일본 국내외를 막론하고 공해문제나 약해(藥害), 항공기사고 등이 빈발하고, 과학기술과 그 산물의 위험에 대한 사회적 관심이 높아졌기 때문이다. 이런 가운데 문제시된 것 중 하나는 불확실성이 높은 과학기술의 위험에 대해 전문가가 제시하는 위험정보와 일반대중의 위험인지가 괴리된 사례가 적지 않았다는 것이다. 이 격차의 원인을 밝히는 것이 오랫동안 위험인지 연구의 중심적인 과제 중 하나였다.

2) 위험인지를 규정하는 요인

(1) 위험인지의 '자발성 요인'

위험을 수반하는 과학기술에 대해 위험인지의 관점에서 접근을 시도했던 초기 단계의 연구로는 스타(Starr, 1969)를 들 수 있다. 스타는 비행기와 철도, 발전 등의 다양한 과학기술의 이용이나, 스키, 사냥, 흡연 등 위험을 수반하는 활동에 대해 시간당 사망률을 산출하고, 그 행위에 의한 편익을 금전적으로 환산하여 사회가 어느 정도의 편익에 어느 정도의 위험을 수용해 왔는지를 밝히려고 했다. 이 연구를 통해 얻은 지식 중 가장 중요한 것은 스키와 흡연 등 자발적인 행위에 따른 위험은 비자발적인 위험보다 수용되기 쉽다는 '자발성 요인'의 발견이다. 후쿠시마 제1원자력 발전소 사고 후 전문가가 그 방사선의 영향에 대해 설명할 때, 사고로 인한 방사선의 위험을 흡연이나 비행기 사고의 위험을 비교한 것이 사회의 강력한 반발을 초래했다(福島大学放射線副読本研究会, 2012). 이것은 만일 객관적인 위험평가의 결과가 동일하더라도 자기선택을 할 수 없는 비자발적 위험은 수용하기 어려우며, 또한 그 설명에 있어서 자발적인 위험과의 비교는 수용되기 어려운 것 등을 단적으로 보여 준 예라고 할 수 있다.

(2) '전문가'와 '비전문가'의 위험인지의 차이

슬로빅 등(Slovic et al., 1979)은 원자력 발전, 비행기 이용, 경찰업무, 수영, X선 이용 등 30항목의 과학기술과 활동을 제시하고, 각각의 위험과 편익에 따라 고려한 뒤 30개 항목의 위험인지 순위를 매겨 달라는[4] 조사를 실시했다. 조사참가자는 크게 전문가 집단(환경정책학자, 지리학자, 경제학자, 법률가, 재난담당행정관 등 환경 위험과 재난에 관한 전문가)과 일반시민 집단(여성 유권자 연맹 회원과 그 배우자, 대학, 회사원 집단 구성원 등 '위험'에 관한 비전문가)으로 분류할 수 있다. 결과는 〈표 12-1〉에서 설명한 바와 같다.

〈표 12-1〉 위험인지에 대한 퍼센트와 순위

	여성유권자 연맹 구성원	대학생	회사원 집단 구성원	전문가
원자력 발전	1	1	8	20
자동차	2	5	3	1
권총	3	2	1	4
흡연	4	3	4	2
오토바이	5	6	2	6
알코올음료	6	7	5	3
개인적인 비행기 이용	7	15	11	12
경찰업무	8	8	7	17
농약	9	4	15	8
외과수술	10	11	9	5
소방활동	11	10	6	18
대규모 건설공사	12	14	13	13
수렵	13	18	10	23
분무기통	14	13	23	26
등산	15	22	12	29
자전거	16	24	14	15
상용비행	17	16	18	16

4 실제로는 30개 항목을 위험 높이가 높은 것부터 순위 매김하고, 가장 위험이 낮은 것을 10점으로 삼아 각각에 점수를 매길 것을 요구하였다(12점이라는 점수는 가장 위험도가 낮은 과학기술과 활동에 비해 1.2배의 위험 크기라는 판단이다).

발전	18	19	19	9
수영	19	30	17	10
피임약	20	9	22	11
스키	21	25	16	30
X선	22	17	24	7
학교 축구	23	26	21	27
철도	24	23	20	19
식품보존료	25	12	28	14
식품착색료	26	20	30	21
전동 벼베기	27	28	25	28
항생물질	28	21	26	24
가정용 기구	29	27	27	22
백신접종	30	29	29	25

출처: Slovic et al. (1979)에서 수정 작성.

전문가 집단과 그 외의 집단의 차이를 보면 전문가는 외과수술, 발전, 수영, X선 등에 대해 위험인지가 높고 반대로 원자력 발전, 경찰업무에 대한 위험인지는 일반인보다 낮은 경향이 있다는 것을 알 수 있다. 특히 원자력 발전에 대해서는 전문가 집단의 위험인지는 그다지 높지 않음에도 불구하고 회사원 집단을 제외한 일반시민 집단은 가장 위험이 높다고 인지하는 등 그 차이가 확인되었다.

이러한 전문가와 일반시민의 위험인지의 차이는 왜 생기는 것일까? 슬로빅 등은 같은 조사에서 앞서 언급한 30개 항목 중 연간 사망자 수의 통계자료가 있는 항목과 과학적으로 연간 사망자 수가 추정되는 총 25개 항목에 관해, 위험인지의 크기와 연간 사망자 수와의 상관관계를 구했다. 그 결과, 전문가 집단에서는 $r=.92$의 높은 값을 보였다[5]. 즉, 전문가의 위험인지는 '연간 사망자 수'의 관계로 설명될 수 있으며, 전문가는 표면화되고 있는 위험(분명해지고 있는 위협)과 과학적인 방법을 이용하여 밝혀진 자료에 근거하여 위험을 평가하고 있다고 할 수 있다.

---

5 한편으로, 여성유권자연맹 회원은 $r=.62$, 대학생은 $r=.50$, 회사원 집단 구성원은 $r=.56$이라는 결과를 얻었다.

(3) 위험인지의 2차원 '공포성-미지성'

　그렇다면 일반시민은 어떻게 위험을 인지하고 있는 것일까? 슬로빅(Slovic, 1987)에 의하면, 일반시민의 위험인지는 실제 연간 사망자 이외에 '공포성'과 '미지성'이라는 두 가지 요인으로 설명된다. 즉, 일반시민은 '공포스럽다는 감정을 불러일으키고, 미래 세대에 미치는 영향이 우려되며, 그 위험으로 인한 재난의 발생을 제어하기 어렵고, 위험이 불평등하게 배분되어, 비자발적으로 나타나게 되는 것'과 '과학적 평가에 불확실성이 남고, 영향이 지연적이며, 그 위험이 신기한 것'이라는 두 가지 차원에서 다양한 위협을 느껴서, 그 위험의 크기를 평가한다. 이 두 가지 차원에서 각 위협을 위치시킨 것이 [그림 12-1]이다. 제1사분면은 '무섭고 알 수 있는' 위협이고, 위험인지가 높다고 여겨지는 과학기술이 자리잡고 있다. 한편 제3사분면에 위치하는 것이 '무섭지 않고, 알 수 있는 것'이며, 그만큼 위험인지가 높지 않다고 여겨지는 과학기술과 사회활동이 자리잡고 있다.

　1980년대까지의 위험인지에 관한 심리학 연구에서 전문가라고 불리는 사람들이 대상이 되는 위험에 대한 피해자 수(실측치와 추정치) 등 그 발생 확률, 피해의 심각도에 의해 위험을 예상하는 데 반해, 일반시민은 '무서움'와 '미지성'이라고 하는 전문가와 다른 축으로 위험을 파악한다는 것이 밝혀졌다. 이러한 차이는 전문가는 '피해의 크기 × 발생확률'로 위험을 파악하는 반면, 일반시민은 객관적인 수치와는 관계없이 판단함으로써 발생하는 것으로 알려져 있다. 일반시민은 단순히 정량적인 자료만을 기준으로 위험을 판단하는 것이 아니라 과거에 비슷한 사고가 없었는가, 과거에 행정기관이 어떤 규제를 해 왔는가, 안전대책은 실효적이었는가, 제공되는 정보에 치우침은 없는가, 또한 그 정보는 신뢰할 수 있는 것인가 등, 경험적 가치 판단도 중시하면서 위험을 인지하는 것이다.

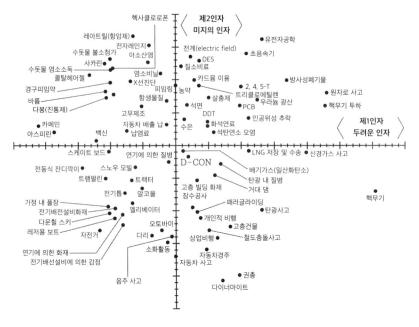

[그림 12-1] 위험인지의 2요인 모델과 위협의 관계

출처: Slovic et al. (1979)에서 수정 작성.

3) 위험인지를 둘러싼 몇 가지 과제

(1) '올바른' 위험이란 무엇인가

지금까지 말해 온 것처럼 전문가의 위험인지가 연간 사망자 수와 질병의 발생자 수와 같이 위험이 표면화된 결과로 일어나는 바람직하지 않은 상황(엔드 포인트)을 정한 추정치와 유사한 의미인 것에 반해, 일반시민의 위험인지에는 다양한 요소가 깊이 영향을 미치고 있다.

이 위험인지의 격차에 대해 두 가지 해석이 있다. 한 가지는 전문가의 위험인지가 올바른 반면, 민간인은 다양한 편파에 의해 왜곡된 위험인지를 하는 경향이 있기 때문에 과학기술의 위험을 적절히 관리하기 위해서는 일반인에게 '올바른' 지식을 주고 왜곡된 위험인지를 보정해야 한다는, 이른바 '결여 모델'(Irwin & Wynne,

1996)에 따라 이 문제를 해결하려는 방향성이다[6]. 또 다른 생각은 전문가와 일반시민의 위험인지의 차이는 지식의 양이 아니라 파악되지 않는 위험의 구성요소가 다른 것이고, 어느 위험인지가 더 '올바른'이라는 관점에서 이 격차를 파악하는 것은 적절하지 않다는 생각이다.

이 전문가와 일반시민 사이에 있는 위험을 파악하는 방법의 차이는 1970년대 이후 시도되어 왔던 위험 의사소통의 실천이 잘 되지 않았던 주요 요인이기도 했다. 전문가 측은 '위협×확률'을 염두에 두고, 얼마나 위험을 줄이면 위험을 허용할 수 있는지 물으며 위험 의사소통을 한다. 한편 일반시민들은 전문가와 같은 모델로 위험을 파악하고 있지 않기 때문에 쌍방향적인 의사소통이 성립하기 곤란했던 것이다(제5절에서 자세히 설명한다).

(2) 전문가의 위험인지 편파

일반시민의 위험인지는 '편파'가 걸려 있기 때문에 전문가 집단에서는 부정적으로 파악될 수 있는 것이 적지 않았다. 그러나 이 편파는 정말 일반시민만의 것일까? 한마디로 전문가라고 해도 본인이 처한 입장이나 성별에 따라 위험평가가 달라진다는 것은 널리 알려져 있다. 연구자라고 해도 여성의 경우 남성보다 위험을 크게 인식하기 쉽다고 보고되었다(Slovic, 1999).

또한 코스기와 츠치야(小杉, 土屋, 2000)는 '일반시민' '바이오 전문가' '원자력 전문가'를 대상으로 각각 유전자조작 식품과 원자력 발전의 안전성을 어떻게 평가하고 있는지를 조사하였다([그림 12-2]). 이에 따르면 유전자조작 식품, 원자력 발전 모두 일반시민이 가장 위험하다고 평가하여, 소위 전문가 집단과 일반시민의 위험인지의 차이가 여기에서도 확인되고 있다. 하지만 동시에 주목해야 할 점은 원자력 전문가와 바이오 전문가 모두 자신의 전문 분야의 기술을 상대적으로 안전하다고 평

---

6 '결여 모델'에 대한 비판은 그 문제해결의 방법을 대중에게 과학지식을 주입하는 것에서만 찾는다는 점이며, 과학기술의 위험을 판단할 때 일정한 과학지식이 필요하다는 것(과학교육의 필요성)을 부정하는 것은 아니다.

가한다는 것이다. 또 다른 좋은 방법을 사용한다면, 과학기술에 관한 전문 교육을 받은 '전문가'라는 사람도 스스로의 전문 영역 외의 주제는 일반시민에 가까운 위험인지를 가질 가능성이 있다.

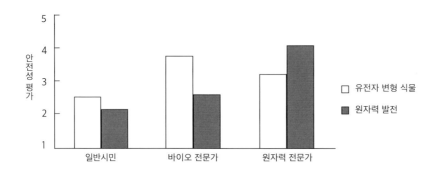

[그림 12-2] 전문가에 의한 위험인지 차이
※ 1: 매우 위험~5: 매우 안전

출처: 小杉, 土屋(2000)에서 수정 작성.

그러나 1970년대까지의 위험관리는 여전히 "위험평가는 과학적인 지식에 의해 밝혀지며, 책임 있는 전문가 집단(규제기관을 포함)이 결정하고 그 관리를 실시하는 것이 적절하다. 그런 다음에 그 정보를 어떻게 일반시민에게 알기 쉽게 전달하여 합리적인 판단을 해 달라고 하는가, 바꿔 말하자면 정보를 제대로 전달해서 지식을 보완하면 일반인도 전문가처럼 생각하여 불안이 줄어든다."라는 모델 아래 위험 의사소통을 진해해 왔던 것이 주류였다. 즉, 위험평가를 실시하는 것은 어디까지나 전문가 집단이고, 일반시민은 그 평가 결과를 가만히 전달받는 측면으로 자리매김하고 있었던 것이다.

3. 인간 요인을 파악하는 관점의 변화

1) 믿을 수 없는 초보적인 실수에서 발생하는 사고

(1) 미국의 스리마일섬(TMI) 원자력 발전소 사고

여기까지 보여 주는 바와 같이 1960년대 후반부터 표면화된 과학기술의 위험에 대해 사회 측면의 경계와 의심의 목소리가 커지고 심리학 측면에서의 접근도 활발해져 왔다. 그러나 지금까지의 위험인지(심리학) 연구는 비대칭 관계에 있는 전문가와 일반시민 사이의 위험인지 차이는 왜 발생하고, 그 격차를 전제하고 위험을 제어하기 위해 어떤 방법론이 있을 것인가라는 점에 착안한 연구가 중심이었다. 이러한 흐름 속에서 거대한 기술의 위험에 대처하기 위한 인간 요인 연구라는 관점으로의 전환점 중 하나가 된 사고가 1979년 3월 28일 발생한 미국 스리마일섬(TMI) 원자력 발전소 사고이다.

이 사고는 이른바 노심용융은 모면했지만 원자력 발전소의 사고로 인해 주변 주민이 피난한 세계 최초의 사례이다. 사고는 원자력 발전소의 증기 발생기에 물을 보내는 주 급수 펌프의 고장을 계기로 발생했다. 원래 급수 펌프 정지 시에는 백업용인 보조 급수 펌프가 작동되어야 하지만 보조 급수 펌프의 출구 밸브가 닫혀 있어서 기능하지 않았다. 또한 사고 시에 연료봉을 냉각하기 위한 비상 노심 냉각 장치가 자동으로 작동했음에도 불구하고, 운전원의 잘못된 판단에 의해 중지되어 기능하지 않았다. 그 외에도 몇 가지 결함이 겹쳐 인간의 오작동이나 시스템의 오작동이 있었다고 하더라도 항상 안전 측면에서 제어되도록 설계되었던 '페일 세이프fail safe'조차 작동하지 않아 결국에는 심각한 사고로 발전했다. 하나하나의 오류는 아무도 '믿기 힘든 초보적인 실수'이다. 그러나 이 초보적인 실수로 첨단과학기술의 정수를 모은 원자력 발전소가 심각한 사고를 일으켰다는 것, 이 가능성이 표면화된 것은 사회에 있어서도 큰 충격이었다.

(2) 우주왕복선 챌린저호 사고

1986년 1월 28일 미국 NASA의 우주왕복선 챌린저호가 발사 73초 후에 폭발·분해되어 7명의 승무원이 희생되었다(이 장의 처음 사진 참조). 이 사고는 TV 중계로 전 세계인이 지켜보는 가운데 발생한 사고로, 많은 사람의 기억에 남아 거대 기술 시스템의 안전성에 대한 의심이 뿌리내린 계기가 되었다. 사고의 직접적인 원인은 고체 로켓 부스터의 원통형 부재 사이에 장착된 O링이 설계 시 상정한 것 이상의 외부 온도 저하로 인해 그 성능을 잃었고, 그로 인해 고온가스와 화염이 누출하여 결국 기체의 폭발로 이어졌다.

또한 사고 후 조사를 통해 문제시된 것은, NASA의 간부가 1977년에서 이미 사고의 직접적인 원인이 된 O링에 치명적인 결함이 있음을 인식하고 있었다는 사실이다. 그러나 그 정보가 일부 사람들 사이에만 머물렀고, 필요한 안전조치를 취하지 않은 것이 챌린저호 사고로 이어졌다. 또한, 사고 당일 아침에는 이상한파가 불어닥쳐서 위험성이 높다는 기술자들의 경고가 무시된 채로 발사가 실시된 것이 사고 조사에 의해 밝혀졌다. 사고 조사 보고서는 개별 문제에 대해 지적하면서도, 사고의 근본 원인이 NASA의 안전에 대한 조직문화 등 그 의사결정 과정 즉 조직으로서의 문제였다고 결론을 내렸다[7].

(3) 체르노빌 원자력 발전소 사고

챌린저호 사고로부터 약 4개월 후인 4월 26일, 구 소련의 우크라이나공화국 체르노빌 원자력 발전소에서 외부 전원 상실을 상정한 비상 발전 계통의 실험을 실시하던 중이었던 제4호 원자로가 2회에 걸쳐 대폭발을 일으켜 대량의 방사성 물질이 우크라이나, 벨라루스, 러시아 등을 오염시켰다.

사고를 일으킨 제4호 원사로에서 진행되던 실험은 매우 위험성이 높은 것이있

---

7 우주왕복선 챌린저호 사고에 대해서는 대통령 직할 사고조사위원회가 설치되어, 사고 원인 해명부터 재발방지책의 제언까지 엄청난 양의 보고서가 공개되었다. Report of the Presidential Commission on the Space Shuttle Challenger Accident (http://history.nasa.gOV/rOgerSrep/genindex.htm)

음에도 불구하고 책임자의 부적절한 대응과 용광로의 특성에 의한 예기치 못한 사태의 발생에 의해 불안정한 상태에서 원자로의 폭주에 이르러 마침내 폭발했다. 이 사고의 원인은 실험을 성립시키기 위해 안전을 해치는 여러 위반 조작(비상노심 냉각계의 분리하여, 낮은 출력에서 불안정한 용광로에서의 저출력 운전의 계속, 유량을 규정 이상으로 증가)을 했을 뿐만 아니라, 비상 노심 정지 신호를 우회시켜 안전계를 완전히 비활성화하는 등 근본적인 곳에서 안전을 무시한 운용이 이루어진 곳이다.

　　그러나 이를 운전원 개개인의 문제로 생각한다면, 이러한 종류의 사고를 방지하기 어렵다는 것 역시 체르노빌 원자력 발전소 사고 후에 강조된 것 중 하나이다. 원자로가 폭주하기 쉬운 시스템이었다는 것, 만일의 사고 시 방사성 물질을 가두기 위한 중요한 기능인 원자로 압력 용기가 필요 없다고 생각하는 다중방호사상의 부족, 다음으로는 안전계를 다음에서 다음으로 인간의 손으로 무효화해 나갈 수 있는 시스템 설계 등 설계·운용·안전 규제 모두에 있어서 후술하는 조직의 '안전문화'의 사상이 부족하였다는 것이 인간 요인 분야에서도 주목되기 시작하였다.

　　그리고 이 안전문화에 착안하는 흐름은 사회 측이 이러한 사고를 대처하는 관점, 즉 이론적으로는 충분한 안전성이 확보되는 거대 기술이라고 할지라도, 기술을 운용하는 조직의 자세에 따라서는 그 건전성이 쉽게 상실될 수 있다는 우려와도 맞아떨어지는 것이었다.

2) 개인에서 팀 그리고 조직으로의 주목

(1) m-SHEL 모델이라는 하나의 답변

　　여기서 소개한 3개의 사고를 계기로 거대 기술 시스템을 대상으로 한 인간 요인 연구에는 몇 가지 경향이 나타났다. 그중 하나는 생리학, 심리학, 인지과학, 행동학, 사회학 등 다양한 분야의 지식을 바탕으로, 이전까지는 개별 인간 특성만을 대상으로 삼았던 인간 요인 연구에 '조직관리'라는 관점이 도입된 것이다.

　　거대 기술 분야에서 인간 요인을 설명하는 유명한 모델 중 하나로서, KLM네덜란드항공의 호킨스(Hawkins, 1987)에 의해 제안된 'SHEL' 모델이 있다. 이 모델의 중심은 사람(Liveware)이다. SHEL의 각각의 요소는 그 주변 부분이 파도처럼 요철로 표시되어 있는데, 이것이 이 모델에서 중요한 의미를 갖는다. 예를 들어, Liveware의 요철은 인간의 특성과 한계를 나타내고, Liveware의 요철과 그것을 둘러싼 하드웨어(Hardware)의 요철이 일치하지 않으면 거기에 문제가 있다(인간-기계 인터페이스가 잘 되지 않는다.)는 것을 보여 준다. 그리고 이 요철을 채우는 작업을 Liveware 측면(예를 들면, 교육과 훈련)과 그 주변(예를 들어, 인터페이스의 개선) 모두에 접근해 나가는 인간 요인 연구가 1980년대까지의 경향이었다.

이것에 1990년대 이후 관리요소(management)를 확장시킨 형태로 m-SHEL 모델이 제창되었다([그림 12-3]; 河野, 1999). 관리요소는 조직의 관리체제 구축과 안전에 관련되는 기업 문화 조성 등을 가리킨다. 이것은 'S'(소프트웨어), 'E'(환경)의 한 요소로 파악하는 것도 가능하지만, 굳이 관리요소를 보이는 형태로 모델을 변경한 것은 체르노빌 원자력 발전소 사고를 통해 '조직'의 요소가 중시되게 되었다는 표현이기도 하다.

[그림 12-3] m-SHEL 모델

(2) '안전문화'라는 사고방식

1986년에 발생한 챌린저호 사고나 체르노빌 원자력 발전소 사고를 거쳐 안전에 관한 인간 요인 연구의 큰 흐름은 개인에서 팀으로, 심지어 조직으로 확대되었다. 일련의 사고가 일어난 흐름 속에서 또 하나 주목받는 개념은, 넓은 의미에서의 안전에 관한 인간 요인의 사고방식을 제시한 '안전문화(safety culture)'이다. 이 말이 일반적으로 사용된 것은 체르노빌 원자력 발전소 사고 이후에 개최된 국제원자력에너지기구의 하부 조직인 국제원자력안전자문위원회(International Nuclear Safety Advisory Group: INSAG)의 회의부터였다. 이 회의에서 체르노빌 같은 사고를 방지하기 위해 어떤 안전 대책이 필요할지 논의한 결과, '안전문화의 효용'이 가장 중요하다고 결론지었다.

안전문화의 정의에는 다양한 논의가 있다. INSAG 회의에서는 '안전문화란, 조직의 안전문제가 어떤 것보다도 우선순위를 가지며, 그 중요성을 조직과 개인이 확고히 인식하고 그것을 기점으로 한 생각, 행동을 조직과 개인이 항상 자연스럽게 취할 수 있는 행동양식의 체계이다.'(黒田, 2000)라고 자리매김하였다.

또한, 리즌(Reason, 1997)은 잠재적인 위험성이 있는 조직에 발생하는 사고의 원인을 사고를 일으킨 당사자의 개인적인 문제가 아닌 그 조직에 숨어 있는 결함에서 찾고 있다. 이처럼 조직에 잠재된 결함에 의한 사고를 '조직사고'라고 정의하고, 개개인이 일으키는 사고를 방지하기 위해 전통적인 건전성·안전성 대책이 아닌 조직사고를 억제하는 것을 염두에 두었는데, 다음의 네 가지 요소에 의해 안전문화가 구성된다고 한다.

- 보고하는 문화(reporting culture): 오류 등의 앗차 사고 보고는 예방 안전을 위해 필수적인 귀중한 정보라는 사고방식에서, 사고의 배경에 존재하는 다수의 앗차 사고를 솔직하게 보고하는 조직 분위기.
- 정의하는 문화(just culture): 안전에 관련된 본질적이고 필수적인 정보를 제공하는 것을 장려하고, 때로는 보상을 받는 것과 같은 신뢰관계에 기초한 조직 분위기.
- 유연한 문화(flexible culture): 업무 과다 또는 어떤 종류의 위험에 직면했을 때, 자신의 조직 자체를 재구성하는 능력(대부분의 경우, 기존의 계층형에서 수평형의 전문직 구조로의 전환이 필요하다).
- 학습하는 문화(learning culture): 필요성이 제안되었을 때 안전정보시

스템에서 올바른 결론을 도출하는 의사意思와 능력, 그리고 큰 개혁을
실시하는 조직으로서의 의사.

많은 사고는 현장담당자의 문제뿐만 아니라 배후에는 광의의 인간 요인과 조직
요인, 기계, 환경 문제가 복잡하게 얽혀 있다. 과학기술 시스템이 거대화·복잡화
됨에 따라 시스템의 안전은 종래와 같이 '현장'에 한정된 문제뿐만 아니라 관리방
식을 포함한 조직 전체에 의한 안전관리 시스템적인 발상, 즉 '조직'의 모습에 관심
이 쏠리는 시대로 돌입한 것이다(조직문제에 대해서는 제11장 참조).

4. '신뢰'가 주목받는 시대에

1) 전환점으로서의 1995년

(1) 과학기술에 대한 더욱더 큰 우려

일본 내 또 하나의 큰 전환점은 1995년이다. 그 해 1월 17일 한신·아와지 대지
진이 발생하여 643명의 희생자[8]가 발생했다. 1월 17일은 정확히 1년 전에 미국의
LA에서 발생한 대지진에 의해 고속도로가 붕괴되는 등 큰 피해가 발생한 날짜이
기도 하다. LA지진 때 일본 정부 조사단과 토목공학 전문가는 '일본에서는 유사한
피해가 발생하지 않는다'고 진술하였으나 바로 그 1년 후 유사한 형태로 고속도로
붕괴를 일으킨 대형 지진이 일본에서도 발생한 것이다.

또한 3월 20일에는 지하철 카스미가세키역을 중심으로 사린가스를 사용한 무
차별 테러 사건이 발생했고, 12월 8일에는 구동연(旧動燃)의 고속증식로 '몬주' 나트
륨 누출사고가 발생했다. 12월 27일에 개관한 이래 무사고를 계속하고 있던 도카
이도 신칸센의 미시마역에서 고교생이 문에 끼어 처음으로 사망자가 발생하였다.

---

8 총무성 소방방재청 '한신·아와지 대지진에 관해(확정보)' (2006. 5. 19.).

과학기술이 발전하여 사회가 풍요로워지고, 또한 그 과학기술의 안전이 보장되어 있다고 생각했으나 다수의 희생자와 믿을 수 없는 사건이 발생하고 있다는 사실을 목격하고, 사람들이 과학기술에 대해 더욱 의심을 품기 시작했던 것이 1995년이라고 할 수 있다.

(2) 동연(動燃) 몬주 사고와 '신뢰'

특히 이 1995년에 발생한 어떤 사고나 재난 중에서도 이후의 인간 요인 연구에 큰 영향을 미친 것은 동연 몬주 사고이다. 이 사고는 시험 운전 중인 고속 증식로의 제2차 계통(방사성 물질은 포함되지 않는) 배관에서 냉각제로 사용된 금속 나트륨이 누출된 사건이다[9]. 누출된 나트륨의 양이 약 640kg으로 대량이었고, 단순한 설계 실수가 사고의 원인이 된 등 경미한 피해는 어쩔 수 없지만, 제2차 계통의 사고였기 때문에 방사성 물질의 환경 방출이 아니어서 그나마 직접적인 피해는 크지는 않았다. 그러나 나트륨 누출의 보고 지연, 현장 촬영 비디오 은폐하기(사고 직후에 공개된 동영상이 삭제 편집된 것일 뿐만 아니라, 언론사 등의 요청에 따라 다시 제출한 비디오도 누출 양의 크기를 나타내는 강렬한 영상을 비공개로 했다.) 등이 발각되면서 사고 자체보다는 사고 후 대응에 '정보은폐'의 측면이 있었다는 것을 강력히 규탄하여 사회 사건으로 발전해 갔다. 이 사건을 계기로 그 실시 주체인 '동력로 · 핵연료 개발 사업단(動燃)'은 해체되고 '핵연료 사이클 개발기구'[10]로 개편되었다.

---

9 몬주에서는 원자로에서 발생한 열을 빼내는 역할을 하는 '냉각제'로 금속 나트륨을 사용하고 있었다. 금속 나트륨(액체 나트륨)은, ① 따뜻하고 식기 쉬워서 열을 잘 전달한다. ② 중성자의 속도를 감속시키지 않고 흡수도 적기 때문에 효율이 좋다. ③ 고온(약 880도)까지 끓지 않기 때문에 가압할 필요가 없다 등의 이유로 고속증식로의 냉각제로 적합하다는 주장이 있다. 한편, 공기 중에 함유된 산소, 탄산가스, 수분과 반응하기 쉬운 성질을 가지고 있으며, 온도가 높은 액체 나트륨이 공기에 닿으면 산소와 반응하여 연소된다는 주장이 있고, 물에 닿으면 격렬하게 반응해 수소를 발생시키고, 수소가 공기 중의 산소와 반응해 폭발할 수 있다는 점에서 그 위험성도 지적되고 있어 물이나 증기, 공기에 닿지 않도록 엄중하게 관리해야 한다(독립 행정법인 일본원자력연구개발기구 고속증식로 연구개발센터 http://www.jaea.go.jp/O4/monjuJ/CategOryO5/mj_CauSe/CauSe.html).
10 나아가 2005년 10월에는 일본원자력연구소와 통합해 일본원자력 연구개발기구로 재편됐다.

현대과학기술의 정수를 모아 외국의 철수에도 불구하고 추진해 왔던 고속 증식로 몬주 사고는 기술적인 문제뿐만 아니라 그 조직의 안전관리의 관점, 또한 그에 대한 여론의 우려라는 요소는 과감한 방향성에 대한 재검토를 재촉받았다. 여기에는 1995년의 비정상적인 사고, 재난의 연속발생에 의한 사회 안전감도의 증가도 어느 정도 영향을 주었을 것으로 생각된다. 그리고 다음으로 중요한 키워드가 되는 것은 '신뢰'이다.

2) 과학기술과 신뢰

(1) 능력에 대한 신뢰와 의도에 대한 신뢰

신뢰의 정의에는 여러 가지가 있지만, 사회가 전문가라고 불리는 사람들에 대해 갖는 신뢰는 하나의 요소에 의해 결정되는 것은 아니다. 야마기시(山岸, 1998)에 의하면, 신뢰를 도덕적 사회질서의 존재에 대한 기대로 정의하면 '능력에 대한 기대로서의 신뢰'와 '의도에 대한 기대로서의 신뢰'의 두 가지가 있다고 말했다. 이를 일반시민에서 전문가에 대한 기대로 바꾸어 보면, 전문가가 어떤 과학기술을 안전하게 운용할 수 있는 능력을 가지고 있다는 믿음과 그 능력을 사회를 위해 충분히 활용하려는 자세에 대한 신뢰라고 바꿔 말할 수 있다. 과학기술전문가라는 사람은 대부분 '과학기술을 운용하는 전문가의 능력'의 높낮이에 따라 일반시민이 전문가에 대한 신뢰를 결정한다고 느끼는 경우가 적지 않다. 그러나 사람들은 그 외에도 전문가의 능력을 사회를 위해 바치려는 의도를 가지고 있는지 여부로 전문가의 신뢰성을 확인한다. 또한 야마기시(山岸)는 설득 의사소통 연구에서 설득의 효과를 올리는 요인으로서 설득자의 전문성에 기반한 능력(competence)과 설득자의 의도에 의한 신뢰성(trustworthiness) 등이 구별되는 것을 인용하면서 지적했던 2개의 신뢰의 구별이 설득 의사소통 연구의 능력과 신뢰성의 개념과도 들어맞는다고 하였다.

(2) 불신을 구성하는 요소

당연히 전문지식이 신뢰받기 위해서는 오랜 기간에 걸쳐 계속된 안전 실적이 필요하며, 이를 위해서는 일상 속에서 충실한 안전활동의 축적이 요구된다. 한편, 지금까지 예시로 제시한 사례에서 알 수 있듯이, 신뢰의 붕괴는 단 한 번의 사고나 불상사에 의해 쉽게 발생한다. 그리고 한번 잃은 신뢰를 회복하는 것은 신뢰를 잃기 이전과 비교하면 더욱 어렵다. 슬로빅(Slovic, 1993)은 신뢰 획득에 있어서 이러한 경향을 '비대칭 원리'라고 정리하였다.

비대칭 원리는 다음의 네 가지로 설명할 수 있다.

- 신뢰를 무너뜨리는 사건은 눈에 띄기 쉽다. 또한 정형적인 표현이 있다.
- 신뢰를 무너뜨리는 사건은 눈에 띄기 쉬울 뿐만 아니라, 그것이 인식되었을 경우 긍정적인 사건보다 신뢰에 영향을 미치는 정도가 크다.
- 부정적인 정보는 일반성이 높은 것으로 간주되기 쉽다.
- 일단 불신을 안겨 준 대상(정보원)은 더 불신을 주기 쉽다.

그런 의미에서 몬주 사고는 사고 자체의 충격과 함께, 전문가 집단이 자신에게 불리한 정보를 은폐하는 등의 그 '의도에 대한 기대로서의 신뢰'를 잃어버린 상징적인 사례라고 할 수 있다. 그리고 1995년 이후 신뢰의 비대칭성 원리가 강고하게 작용하여, 불안을 불러일으키는 사건이 강조되면서 사람들의 인상에 남게 되었고, 그 의미가 더욱 확장하여 부여되고 있다.

5. 위험 의사소통과 인간 요인

1) 결여 모델의 한계

일본 국내외를 막론하고 과학기술의 위험이 표면화되었던 1970년대의 위험문제를 둘러싸고 일어난 전문가와 일반인의 다양한 상호작용에서, 전문가들은 자신들의 정량적 위험평가만을 '올바른' 지식이라고 취급하여, 일반인이 위험을 파악하는 방법(많은 경우는 전문가 입장에서 보면 위험을 지나치게 강조하는 것처럼 보인다.)을 오해에 근거한 비이성적인 것이라고 간주했다. 한편 일반인 측은 전문가가 자신들에게 불리한 위험의 특성을 숨기고 일반인에게 위험을 부담시키고 있다는 불신의 눈으로 바라보아서 두 집단은 상호불신의 관계에 있었다.

그리고 이 시대의 위험 의사소통은 전문가가 위험에 관한 정량적 정보를 일반인에게 제공하고 '올바로' 위험을 인지하라고 하는 구조로 시도되었다. 그러나 이러한 시도가 잘 통하지 않는다는 것은 다양한 사례를 통해 밝혀졌을 뿐만 아니라, 오히려 일반인의 저항이 강해서 대립상태가 격화하는 사태를 불러왔다. 또한 이러한 배경에는 앞서 언급한 스리마일섬 원자력 발전소 사고나 체르노빌 원자력 발전소 사고 외에도 이탈리아 세베소에서의 다이옥신 유출이나 인도 보팔에서의 화학물질 누출에 의한 주민 피해와 같이 전문가 집단의 신뢰성을 저하시키는 심각한 사고가 이어진 것과도 무관하지 않다.

그리고 현재 일본 국내로 눈을 돌려 보면, 동일본 대지진 이후의 '방사선 위험'을 둘러싼 여러 가지 혼란도 이 전문가와 일반시민의 위험인지 차이, 그에 대한 대처방법의 차이에 기인하고 있는 것이 적지 않다고 해석할 수가 있다. 필자가 동일본 대지진 이전부터 반복해서 주장하고 있는 것이지만, 방사선에 대해 일정한 지식이 필요하지만, '올바른(올바르다고 여겨지는)' 지식을 주입하는 것만으로는 방사선에 대한 불안은 불식되지 않는다. 하물며 지금처럼 인류가 경험한 적이 없는 수준의 원자력 발전소 사고가 현실화되고 신뢰의 비대칭성 원리가 강고하게 기능하는 사회에서는 어느 전문가가 일방적으로 전하려는 '올바른' 지식을 맹목적으로 신뢰하기는 매우 어려울 것이다. 누구든지 공적인 발표뿐만 아니라 그 경쟁적인 위치에 있는 정보(위험을 경종하는 정보)를 포함하여 종합적으로 판단하려고 하는 상황에서 유일무이하고 정확한 정보제공이 아니라, 무엇이 정확한가라는 판단하기 위한 자료로서 상세한 근거에 대한 정보를 제공하는 것이야말로 전문가 집단에게 요구된다. 그리고 이것은 위험 의사소통의 연구·실천 분야에서 거듭 강조되어 온 것이었다.

2) 새로운 위험 의사소통의 시대

여기까지 보여 준 사회적 배경 속에서 '위험 의사소통'은 기존의 교육과 설득이라는 틀이 아니라 오히려 '개인, 조직, 집단에서의 정보나 의견을 나누는 상호작용 과정'(National Research Council, 1989)의 위치로서 그 과정이 중요하다는 점을 강조해왔다. 이 새로운 위험 의사소통의 개념에서 무엇보다 중요한 것은 위험정보의 상호작용을 중시하고 있다는 점이다. 또한 결여 모델만을 염두에 두고 위험에 대한 정보를 송신자(대부분 행정이나 전문가)로부터 수신자(대부분 일반시민)에게 일방향으로 제공하는 것이 아니라 위험관리 방법에 영향을 주는 형태로 송신자와 수신자가 상호작용하는 것을 기본 개념으로 하고 있다.

또한, 위험 의사소통은 소위 과학적인 '위험'에 한정된 내용뿐만 아니라 사회적 측면에 초점을 맞춘 정보를 포함하여 모든 메시지를 포함하는 것을 중요시한다. 여기서 말하는 사회적 측면과 위험 관리, 그 정책 방향, 판단의 근거, 그리고 그들에 대한 사회의 반응과 개개인의 의견이나 가치에 관한 메시지와 같은 모든 것을 포함한 것이다.

또한 최근 위험 의사소통은 사고 이후에서 사고 이전에 진행하려는 추세이다. 즉, 위험이 눈앞에 다가온 후 당황해서 의사소통을 할 것이 아니라 어떤 과학기술이 실용화되기 전에, 경우에 따라서는 연구개발의 초기단계라도 의사소통의 기회를 설정하는 '사전대응'으로 전환하고 있다. 위험관리의 방향도 포함해서 사전에 다양한 이해관계자에 의한 의사소통과 그에 따른 위험관리를 하려는 발상이다.

3) PUS로부터 PEST로

위험 의사소통은 단순한 위험에 대한 이해와 정보공유뿐만 아니라, 위험관리에 관한 민주적인 정책결정을 위해서도 중요하다는 지적이 나오고 있다. 요시카와(吉川, 2012)가 주장하는 것처럼 위험 의사소통과 위험을 어떻게 알 것인가 하는 '의사소통 기술'의 문제에 한정되는 것이 아니라 위험에 대해 비전문가인 일반시민을 포함한 사회 전체로 의사결정해 나가려고 하는 민주적인 사고방식이다.

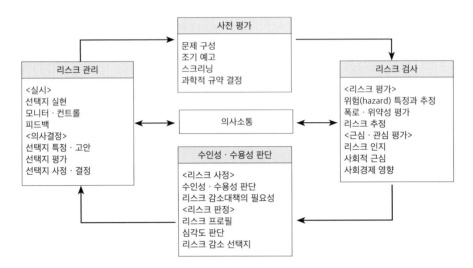

[그림 12-4] 국제위험거버넌스협의회의 위험 거버넌스 모델

출처: Renn (2005).

제1절에서도 소개한 대로 이른바 양적(과학적인) 위험평가뿐만 아니라 일반시민의 관심과 우려는 같은 사회적 · 심리적 측면도 평가한 뒤, 위험 평가 및 관리를 실시하는 것이 현대의 세계적인 조류이다([그림 12-4]).

이 흐름은 BSE 문제의 교훈을 바탕으로 유럽이 비전문가에 대한 지식 주입을 목적으로 했던 「과학의 공적 이해(Public Understanding of Science: PUS)」에서 대화를 통해 과학기술이 가지는 불확실성까지 포함하여 위험요소를 공유하여, 과학기술사회로의 도입과 규제 방법에 관한 사회적 의사결정에 시민 참여를 중시하는 과학기술에 공적 참여(public engagement in science and technology: PEST)로 변모해 갔던 것과도 일치한다. 많은 선진국에서 잃어버린 과학기술(전문가)에 대한 신뢰를 회복하기 위해 전문가가 시민을 계몽하는 모델에서 일반 사람들의 양식에서 유도된 결론을 중시하는 '전문성의 민주화 모델'을 지향하는 것이다.

그리고 그것은 일반시민들의 과학기술에 대한 신뢰(또는 안심)라는 측면뿐만 아니라 실효적인 과학기술의 위험관리, 바꾸어 말한다면 실효적인 인간 오류 대책의 입안으로 이어진다. 인간 오류가 발생하는 배경과 그 대책에 대해서도 전문가와 일반시민 사이에서 서로의 관점을 공유하고 적절한 대응이 유지될 수 있는 사회를 만들어 나가야 한다.

북 가이드 ────────── ●

中谷内一也 편(2012). 위험의 사회심리학-인간의 이해와 신뢰구축을 향해. 有斐閣.

   → 위험에 대한 사회심리학적 지식을 다양한 단면에서 정리하고 있다. 각 장에
는 장의 내용과 관련된 사회적 이슈나 사고, 재난에 관한 칼럼이 배치되어 있으며,
위험에 대한 사회심리학적 연구의 오늘날의 의의가 알기 쉽게 설명되어 있다.

Reason, J. / 塩見弘 監訳, 高野硏一, 佐相邦 공역(1999). 조직사고-일어나는 까다로
운 사고에서 벗어나기. 日科技連出版社.

   → 조직사고의 개념, 또한 그것을 방지하기 위해 필요한 4개의 안전문화(보고하
는 문화, 정의하는 문화, 유연한 문화, 학습하는 문화)에 대한 실용적인 방법과 개선 사례가
소개되어 있다.

小林偉司(2007). 트랜스 과학의 시대-과학기술과 사회를 잇는다. NTT HAR.

   → 과학기술 위험의 문제를 풀기 위해 전문가와 일반시민의 상호작용이 필요했
던 배경에 대해 1970년대까지 거슬러서 역사적 경위를 바탕으로 설명하고 있다.
합의회의 등의 사례를 소개하고, 과학기술의 문제에 대해 전문가와 일반시민이 협
동을 위한 팁이 몇 개 제시되고 있다.

참고문헌 ●

吉川警子(2000). リスクとつきあう一危険な時代のコミュニケーション. 有斐閣.

吉川蜜子(2012). リスク・コミュニケーションのあり方. 科学, 82, 48-55.

福島大学放射線副読本研究会(2012). 放射線と被ばくの問題を考えるための副読本 ―"減思力"を防ぎ, 判断力・批判力を育むために (改訂版). https://www.adipc. fukushima-u.ac.jp/a067/SRR/FukushimaUniv Radiation Text 2nd version.pdf.

北村正晴(2009). 原子力防災と市民の心理.. 仁平義明 編, 防災の心理学―ほんとう の安心とは何か. シリーズ防災を考える 2, 東信堂. pp. 47-67.

小杉素子, 土屋智子(2000). 科学技術のリスク認知に及ぼす情報環境の影響 - 専 門家によ石情報提供D課題. 電力中央研究所研究調査資料, No. Y00009, 財回法 人電力中央研究所.

河野龍太郎(1999). ヒューマンエラー低減技法の発想手順 - エラープルーフの考 え方. 日本プラント・ヒューマンファクター学会誌, 4, 121-130.

黒田勲(2000). 安全文化の創造へ ‐ ヒューマンファクターから考える. 中央労働災害 防止場会.

山岸俊男(1998). 信頼の構造こころと社会の進化ゲーム. 東京大学出版会.

Hawkins, H. F. (1987). *Human factors in flight*, Gower Technical Press.(黒田勲 監修, 石川 好美 監訳, 1992. ヒューマン・ファクター ‐ 航空の分野を中心として. 成山堂書 店).

Hollnagel, E. (2006). *Barriers and accident prevention*, Ashgate.(小松原明哲 監訳, 清川 和宏, 弘津祐子, 松井裕子, 作田博, 氏田博士 訳, 2006. ヒューマンファクターと事 故防止 ‐ "当たり前"の重なりが事故を起こす. 海文堂出版).

Irwin, A., & Wynne, B. (Eds.) (1996). *Misunderstanding Science?: The public reconstruction of science and technology*, Cambridge University Press.

National Research Council (1989). *Improving risk communication*, National Academy Press.

(林裕造, 関沢純 監訳. 1997. リスクコミュニケーション―前進への提言. 化学工業
日報社).

Reason, J. (1997). *Managing the risks of Organizational accidents,* Ashgate. (塩見弘 監訳, 高
野研一, 佐相邦 英訳., 1999. 組織事故―起こるべくして起こる事故からの脱出. 日
科技連出版社).

Renn, O., et al. (2005). *Risk governance: Towards an integrative approach,* International Risk
Governance Council.

Slovic, P. (1987). Perception of risk. *Science, 236,* 280-285.

Slovic, P. (1993). Perceived risk, trust, and democracy. *Risk Analysis, 13,* 675-682.

Slovic, P. (1999). Trust, emotion, Sex, politica, and Science: Surveying the risk assessment
battle field. *Risk Analysis, 19,* 689-701.

Slovic, P., Fischhhoff, B., & Richtenstein, S. (1979). Rating the risks. *Environment, 21,* 14-39.

Starr, C. (1969). Social benefit versus technological risk. *Science, 165,* 1232-1238.

제13장 현실 장면에서의 접근

○ 사진 2

○ 사진 1

트랙터굴삭기 위험 재인식 교육

※ 과부하 하중을 걸고 선회동작을 수행하는 경우(사진 1)에는 안정적으로 보이지만
선회에 의해 기체의 자세가 변하면 선회 모멘트가 증가한다(사진 2). 지형이나 교량
상단에서 계단차가 있는 경우의 위험에 대해 유사한 작업을 논의한다[제3절 4) 참조].

과학기술의 발전과 산업의 발달이 우리에게 많은 혜택을 제공하는 반면, 부정
적인 요소도 점차 증가하고 있으며 점점 그 복잡도를 더하고 있다. 그중 가장 전형
적인 것 중 하나가 사고 · 재난일 것이다. 이 장에서는 사고 · 재난의 방지를 위해
산업장면을 비롯한 현실장면에서 어떤 도전에 직면하고 어떤 대처가 이루어지고
있는지에 대해 다룬다.

1. 인간 오류에 대한 대응

사고·재난의 미연 방지, 피해 저감을 도모하기 위해 지금까지 많은 대책이 효과를 발휘해 왔다. 그러나 우리들의 사회 전체에서는 아무리 최신 시설과 만반의 관리 체제를 가지고 있어도 무사고·무재난을 이룰 수 없다. 다양한 형식과 단계에서 인간 측의 요인이 관계하고 있는 것이 그 이유 중 하나라는 지적이 많은 원인 조사·분석의 과정에서 반복되어 왔다. 분야에 따라 차이는 있지만, 인간 오류로 인한 사고의 비율이 40~90% 이상에 이른다는 조사 결과도 있어(井上, 高見, 1988), 그 대책이 얼마나 중요한지 알 수 있다.

'안전제일'과 마찬가지로 '인간 오류 박멸'이라는 표어를 내건 직장이 많다. 이는 많은 직장에서 인간 오류에 대해 높은 관심을 가지고 있을 뿐만 아니라, 오랫동안 그 대응에 고심하고 있음을 보여 준다. 지금까지 다양한 인간 오류 대책을 실시하고 있지만 효과가 없고, 어떻게 대책을 세워야 할지 모르겠다는 산업현장의 목소리는 전혀 줄어들 기미가 없다.

인간 오류의 박멸을 목표로 하면서 그 대응에 고심하는 배경에는 '인간 오류는 사고·재난의 원인이다.'라는 전제가 있는 것은 아닐까? 즉 '장치나 시스템 단계와 규칙으로 얼마나 안전을 확보하고 있어도, 이런 수단으로 제어할 수 없는 인간의 어리석은 판단과 행위가 안전의 방어벽을 망쳐서 사고·재난을 발생시키기 때문에, 인간의 어리석은 판단과 행위'와 '……한 실수' '…… 오류' '…… 부족' '…… 하기 망각' 등등 그리고 '인간 오류라는 원인을 제거하면 사고·재난도 없어질 것이다'는 거의 유사한 의미이다. 이러한 전제에 따라 '조심해' '주의하라' '확인하라'는 '대책'을 강구할 수 있지만, 효과가 명확하지 않으면 대책을 더욱더 철저하게 강화하고자 한다.

한편, "인간 오류는 '결과'이다."라는 견해도 있다. 우스이(臼井, 1995)는 "같은 형태의 행동이 있어도 시스템이 허용하는 범위에 따라 결과적으로 인간 오류가 되거나 되지 않는 경우가 있다."라고 설명한다. 또한 '어느 행동을 그곳의 외부 환경이나 상황이 요구하는 기준과 비교하여 허용 범위를 벗어난 경우를 말하는 명칭'이 인간 오류이며, '아무것도 특별하거나 비정상적인 성질을 띄는 행동을 의미하는 것이 아니다.'라고 보충하였다(臼井, 2000). 마찬가지로 구로다(黑田, 2001)는 인간 오류는 '실수로 성취하고자 하는 목표에서 이탈하여 기대에 반하는 인간의 행동'이라고 정의하고 있다.

　여기서 주목해야 할 점은 인간 오류가 '의도하지 않게 이탈'하고, '허용 범위를 벗어나' '기대에 반하는' 내용이며, 어디까지나 '결과'를 나타내는 용어로 간주되고 있다는 것이다(인간 오류의 분류는 제3장 참조). 즉, 사고·재난으로 이어지기 쉬운 어떤 특별한 요인이 특정 개인이나 환경, 조건 등에 구비되어 있으며, 어떤 계기에 의해 재난으로 표면화하는 것이 아니라, 누구나가 당연한 듯이 행동하는 행위라 하더라도 그때그때의 환경과 상황에 따라 행위의 결과로 인간 오류가 될 가능성이 있음을 보여 준다. 인간 오류가 결과적이라 어딘가에 어떤 원인이 존재하고 있다. 그 원인을 정확하게 파악하여 대응을 마련하는 것이야말로 인간 오류 대책이라 할 수 있다.

2. 재난 사례의 활용

　인간 오류의 원인(및 관련요인, 배경요인)을 정확하게 파악하기 위해서 필요한 것은 인간 오류를 구성하는 요소들, 예를 들어 그 당시 행위자의 의도, 행위자를 둘러싸고 있던 환경과 조건의 허용 범위, 기대된 결과와 행위에 의한 결과의 차이의 정도 등을 파악하는 것이다. 가장 적합한 재료는 사고 사례·재난 사례일 것이다. 현재는 다양한 방법으로 이러한 사례를 얻어(예: 후생노동성 '직장안전측면[1]' 등) 사례에 대한 정보를 사내 전체적으로 혹은 업계 단체에서 공유하고 있는 경우도 있다.

---

1 후생노동성 '직장안전측면 노동재해사례' (http://anzeninfo.mhlw.go.jp/anzen_pg/SAI_FND. aspx: 2012년 9월 30일 시점)

1) 사례의 활용에 관한 과제

이러한 사고사례·재난사례는 기존의 안전교육, 특히 위험예방훈련 등으로도 자주 이용되어 왔다. 일반적으로 일종의 훈련으로 재난발생 경위에 관한 설명에 따라 원인 파악과 대책 수립을 실시한다. 이 과정 자체가 의미 있는 일이지만, 원인 파악이 피상적인 지적에 그쳐 배경요인이나 관련요인에 이르기까지 심도 있게 다루어지지 않으면 인간 오류에 대한 대응으로 이어질 재료를 획득하기는 어렵다. 예를 들어, 제시된 사례에 대한 원인 파악이나 대책 수립이 이루어지고, 또한 이들이 대상이 된 사례로 제한하는 범위 내에서 성립되는 경우, 원인 파악과 대책 수립의 교육의 효과를 기대할 수 있다 하더라도 제시된 사례와 동일한 조건이지 않으면 재발방지는 어려울 것이다. 오히려 중요한 것은 사례에서 읽어 낼 수 있는 다양한 요인을 가까이 옮겨 놓은 경우에는 어떤 사태로 발전할 가능성이 있는가, 이들이 어떤 조건이나 상황이 되면 인간 오류로 발전할 것인가를 검토하는 것이다. 대상이 되는 재난사례를 자신의 것으로 바꾸어서, 인간 요인의 관점에서 공통요인과 관련요인을 찾아 검토하는 것이 인간 오류에 대한 대응으로 이어진다.

2) 구체적인 착안점

평범한 검토로부터는 평범한 결론밖에 얻을 수 없지만 '당연한 일' '아는 사실'도 그 이유와 배경을 검토 대상으로 함으로써 재발방지로 이어지는 다양한 요인을 추출할 수 있다. 예를 들어, 건설공사현장에서는 작업의 효율화·간소화의 진전에 따라 기계화가 진행되어 왔다. 이에 따라 일단 재난이 발생하면 부상 정도로는 끝나지 않는 심각한 결과로 이어지는 상황도 증가하고 있다. 예를 들어, 선회하는 크레인과 건물 등의 구조물이나 근처에 정차한 트럭 사이에 작업원이 끼어 버리는 재난은 그 전형적인 유형이다. 이러한 사례의 원인을 파악한 결과 '피해자가 크레인의 선회 범위 내에 들어선 것'이 재난발생의 원인이었다고 한다면, 가장 간단하게는 '크레인의 선회 범위 내에 들어가지 않는 것'이 대책이 된다. 그러나 위험한 장소에 들어서면 재난이 발생할 가능성이 높아진다는 것은 자명한 이치이며, 적극적으로 재난의 발생을 원하는 작업자는 없을 것이라고 생각하면, '피해자가 왜 선회 범위 내에 들어섰는가?'라는 의문이 생긴다. 여기에서 다양한 가능성을 생각해 보는 것이 재난사례를 유용하게 활용하는 첫걸음이라고 할 수 있다.

피해자는 크레인의 선회 범위 내에 들어갈 위험을 이해하지 못했던 것일지도 모른다. 또는 위험을 이해하고 있으면서도 과소평가하고 있거나 또는 그 위험을 깜박 잊게 만든 다른 사건이 일어났을지도 모른다. 위험하다고 알고 있으면서도 출입해야 하는 이유가 있었을지도 모른다. 왜 위험을 이해하지 못했는지, 왜 과소평가가 생기는지, 왜 깜박 잊는지에 대한 관점에서 다시 원인을 찾아보면 원인은 단순히 '선회 범위 내에 들어선 것'에 한정되는 것이 아니며, 또한 재발방지를 위한 대책 방안 역시 단순히 '선회 범위 내에 들어가지 않는 것'만이 아니라는 것을 알 수 있다.

사례로부터 추출되는 요인이 많을수록 다양한 유형의 오류를 대상으로 한 검토가 가능하다. 한편, 요인의 나열만으로는 단편적인 대책 수립에 그치고 주체적인 노력으로 발전하기 어렵다는 우려도 있다. '자신은 선회 범위 내에 들어가지 않기 때문에 괜찮아' 등, 아무리 많은 요인을 추출해도 '자신에게는 관계없는 남의 일'이라고 이해한다면 사례에서 얻을 수 있는 교훈을 스스로의 행동에 반영할 수 없다. 또한, 관리 측의 입장에서는 이 단계에서 '선회 범위 내에 들어가지 않도록 하라'는 규칙을 만드는 것도 중요하지만, 단순한 주의환기에 머물러 있으면 마찬가지로 재난사례에서 얻을 수 있는 교훈을 스스로 행동에 반영할 만한 동기로 연결시키는 것은 어렵다.

사례와 같은 사태가 가까이에 일어날 수 있다는 것을 인식하고 대책의 내용을 보다 구체적이고 실천적인 것으로 하기 위해서는 이러한 요인을 스스로의 작업환경·작업내용에 옮겨 구체적인 재난발생의 이야기를 이미지화해 보는 것이 중요하다.

피해자가 크레인의 선회 범위 내에 들어선 이유는 몇 가지 생각할 수 있지만, 그 중에서 '위험을 깜박 잊고 있었을지도 모른다'는 가정을 좀 더 파고 들어가 보자. 여기서 쉽게 빠져 나가는 것은 '나는 깜박 잊지 않도록 조심해서 괜찮아.'라고 결론짓거나, 또는 '깜박 잊지 않도록 해라!'라고 주의환기에 그쳐 버리는 것이다. 이것으로는 사례에서 교훈을 얻을 수 없다. 오히려 '왜 깜박 잊은 사태가 된 것인가' 등, 깜박 잊는 배경요인 또는 관련요인을 찾아내려는 것이다. 물론 피해자 본인이 아니면 주관적인 사실 관계를 정확하게 지적할 수는 없고 제3자가 다른 사실을 상세하게 파악하는 것도 불가능하지만, 여기서 사례의 사실 관계를 충실하게 추적할 필요는 없다. 오히려 자신의 평소의 작업내용, 작업환경에 옮겨 놓은 '들어가서는 안 된다고 알고 있어도 들어가 버리는 경우는 어떤 경우인가'를 생각해 보는 것이다.

예를 들어, '위험 범위에 출입금지 조치가 되어 있지 않다' '유도자가 배치되어 있지 않다' '위험 범위임을 표시 등이 이루어지고 있지 않다' '중대한 결함을 발견하고 무심코 손이 나가 버린다' '문제 처리 등을 위해 시급한 대응이 필요' '걱정거리를 안고 그 자리의 작업에 집중하지 못하고 있다' '납기가 다가오고 있어서 시간에 쫓기고 있다' '어려움을 겪고 있는 사람을 엉뚱하게 도와주려고 했다' 등, 다양한 사례를 예상할 수 있다. 게다가 이들은 '재앙으로 이어질 특수한 상황'이라기보다는 오히려 많은 사람이 적지 않게 경험해 본 상황일 것이다. 이런 흔한 경험이기 때문에 오히려 이러한 행동이나 행위·상황이 인간 오류로 발전할 가능성을 포함하는 것이다.

이 단계에서 '출입금지 조치를 실시' '위험범위를 표시하는' '곧 손을 대지 않도록 한다' '침착하게 대응할 것' '작업에 집중한다'는 대책안을 제시하는 것도 하나의 방법이지만, 이러한 대책의 효과에 의문이 남는다. 그리고 무엇보다도 결론을 서둘러서는 인간 오류에 의한 사고·재난을 방지하기 위한 또 하나의 중요한 관점을 간과하기 쉽다.

3) 간접 주변요인에 주목할 필요성

인간 오류로 발전하는지 여부의 열쇠를 쥔 다른 구성 요소는 '그때그때의 외부환경이나 상황의 허용범위'이다. 허용범위를 벗어나지 않고 재난에도 이어지지 않았다면 아무런 문제가 없지만, 다른 한편으로는 '달성하려고 했던 목표'가 타당한 내용이었는지 여부(규칙이나 지침 등에 위배했는지 여부)에 관계없이 행위자에게 '의도 없이 일탈하기' '기대에 반하는' 결과로 이어지면 인간 오류로 발전한다.

앞서 언급한 사례의 경우, 실제로 피해자는 짐을 모두 내린 트럭 화물칸의 걸쇠를 거는 작업을 돕기 위해 트럭 화물칸 뒤에 서 있었다. 피해자가 트럭 화물칸 뒤에 선 시기와 크레인 선회하는 타이밍이 조금이라도 어긋났다면 또는 크레인 운전자가 후방을 확인했다면, 또는 크레인과 트럭의 위치 관계가 조금이라도 달랐다면 재난으로 이어지지 않았을 것이다.

이처럼 평범한 아무렇지도 않은 행동이 '그때그때의 외부 환경이나 상황의 허용 범위'에서 어떻게 '일탈'하여 재난으로 발전하는지는 무엇보다도 사례가 보여 준다. '걸쇠를 거는 작업을 도우려고 하는 행위' 자체는 어떠한 재난의 원인에 직접 연결되는 것은 아니다. 그러나 그때 크레인과 트럭의 위치 관계, 피해자가 들어선 시기와 크레인 선회하는 타이밍과 크레인 작업자의 확인행동, 출입금지 조치가 되어 있지 않고 감시원도 배치되지 않은 상황 등의 조건이 겹쳐서 피해자나 크레인 운영자가 '달성하려고 했던 목표'에서 '의도하지 않게 이탈'하여 '기대에 반하는' 결과로 이어진 것이다.

이와 같이 재난의 대부분은 단일 요인에 의해 발생하는 경우보다 여러 요인이 복잡하게 관련되어 있는 경우가 많다. 게다가 개별 요인 단독으로는 별 문제가 없는 것이라고 해도 각각 연쇄적으로 관계하고 그때그때의 외부 환경이나 상황과 맞물려 재난으로 발전하는 것이다. 즉, 평상시의 아무렇지도 않은 행동이나 매뉴얼대로 진행한 작업, 혹은 지금까지는 한 번도 위험을 느낀 적이 없는 상황에서도 '그때그때의 외부 환경이나 상황 허용 범위'에서 이탈하면 재난으로 발전할 위험성을 내포하고 있다.

사례에서 오류가 발생하는 배경요인·관련요인을 추출하여, 자신의 평소 작업 내용·작업환경에 대체하고 공통된 행위·행동을 캐낸 다음에는 이러한 외부 환경이나 상황허용 범위가 어떤 상태에서 같은 재앙으로 이어질 수 있는지, 혹은 어떤 상태라면 재난을 방지할 수 있는지 검토해 보아야 한다. 재난 사례와 동일하지는 않지만 유사한 요인(예를 들어, 어려운 이웃을 보다 못해 도우려는 등)에서 가까운 곳에서도 재난이 발생하는 상황을 이미지화할 수 있다면, 재난 사례에서 추출된 요인과 그 요인이 재난 원인으로 발전하는 과정이 주변 현장, 자신의 일상업무 중에 공통적으로 존재함을 알 수 있다. 지금까지는 '안전하다' '위험은 없다'고 생각하고 작업방법과 환경정비·관리방법도 '그때그때의 외부 환경이나 상황의 허용범위'가 다르면 재난으로 이어지는 요인이 숨어 있을지도 모른다. 혹은 "어떻게 지금까지 안전하게 보낼 수 있었던 것인가" "안전의 '헤아림'은 어디인가"를 다시 한번 검토하는 기회가 될 수 있다.

4) 무엇을 중시해야 하나

사례를 활용하여 안전에 대한 교훈을 얻고자하는 경우, 실제 사실 관계가 어떠했는지가 궁금해진다. 분명히 세부사항을 정확하게 파악할 수 있다면 더 확실한 대책을 세우기 쉬운 측면이 있다.

그러나 다른 한편으로는 적어도 현시점에서는 재난발생 시 피해자나 관계자의 심리적 상태나 인간 오류 요인까지 알아보기 위한 조사방법은 확립되어 있지 않고, 상당한 중대재난이 아닌 한 이에 대해 상세하게 파악하려고 하지 않는다. 인간 오류의 방지대책을 강구하는 경우에는 사례가 충분히 활용되지 않고 표면적이고 형식적인 절차에 따르는 경향이 되어 버리는 이유는 이러한 현재의 조사방법에 있다고 할 수 있다.

앞서 언급한 바와 같은 하나의 사례를 심도 있게 연구하여 다양한 요인을 추출하고 재난발생에 대한 이야기를 그려 보는 경우에도 추출된 요인은 추정을 포함하고 있으며, 사실이었는지의 여부는 확인할 방법이 없다. 또한 이러한 요인으로부터 그려지는 재난발생까지의 이야기는 어디까지나 스스로의 작업환경·작업 내용으로 대체된 경우의 수이기에 사례에 나타난 것과는 다를 것이다. 분명히 현실에서 일어날 수 없는 이야기와 발생 가능성이 극히 낮은 사건을 검토하는 것은 별 의미가 없다. '만약 작업 중에 운석이 낙하해 오면······' '만약 작업 중에 우주인과 조우

하면……'이라는 가정은 그 발생 확률이 0이 아니라고 할 수도 있겠지만 일반적인 현장·정상적인 작업 상황에서는 고려할 필요는 없다. 그러나 다른 한편으로 '만약 작업 중에 큰 지진이 일어나면……' '태풍이 접근하고 있을 때 이 작업을 수행해야 한다면……'이라는 가정은 경우에 따라서는 매우 현실적인 문제를 포함하고 있고 그에 상응하는 대책·대응이 요구된다. 마찬가지로 상식적으로 생각하면 재난으로 이어지지 않는 당연하고 아무렇지도 않은 행위·행동도 앞서 언급한 바와 같이 '그때그때의 외부 환경이나 상황의 허용범위'에 따라 이탈하여 재난으로 발전할 가능성이 있다면, 이는 지진이나 태풍 등 자연 현상과 동등한 현실적인 문제를 포함하고 있으며, 그에 상응하는 대응조치가 필요할 것이다.

즉, 재난사례의 활용에 있어서 검토내용이 재난사례의 사실 관계와는 다르거나 또는 어디까지나 추정에 근거한 이야기라고 할지라도 그 자체는 그다지 중요하지 않다. 오히려 사례검토를 통해 얻을 수 있는 현실에서 인간 오류가 일어날지의 여부는 '리얼리티'(reality)를 중시해야 하며, 현실에서 발생할 수 있는 내용이라면 실질적인 대책을 검토해야만 한다.

사례의 사실 관계를 중시하는 것은 발생경위와 기제를 파악하는 데 중요하며, 재발방지대책을 강구하는 데 필수적임에는 틀림없다. 한편, 이러한 사실 관계를 중시한 나머지 자신 주변의 현장·일상 업무에서 발생할 수 있는 오류로 대체하는 것을 하지 않으면 사례에서 교훈을 얻기는커녕 사고·재난에 대한 주인의식을 흐리게 할 수도 있다.

이와 같이 재난사례의 활용은 단순히 사례 자체에서 발생 경위를 파악하고, 재난원인과 대책에 관한 지식을 습득하는 데 그치지 않는다. 재난으로 발전하는 경위의 구체적인 예를 단서로 삼아 자신의 일상적인 작업 장면에서 해결해야 할 과제가 무엇인지 '알아채도록' 유도하는 것이 중요하다.

3. 안전교육의 전개

사고·재난의 미연방지, 피해 저감을 도모하기 위해 지금까지 많은 대책이 마련되어 일정한 성과를 거두어 온 것은 확실하다. 한편, 자신 가까이에서 사고나 재난의 발생을 경험하는 기회가 감소함에 따라 위험에 대한 감수성이 저하하고 있다는 지적도 있다. 또한 환경의 개선과 정비가 주변의 위험원을 잠재화시켜, 무엇이 어떻게 되면 위험한지 직관적으로 이해하기 어려워지고 있다는 아이러니한 측면도 부정할 수 없다. 그러나 아무리 중요한 경험이라고 해도 자신의 생명과 건강에 대한 대가로 그것을 익히려는 것은 본말이 전도된 것이다. 이러한 사태를 통해 안전교육에 대해서도 기존과는 다른 요구가 커지고 있다. 최근 주목받고 있는 위험체험교육이 그 대표적인 예이다.

1) 의사적 경험을 도입한 안전교육

의사적 경험을 도입한 안전교육 방법에 대해 '위험체험교육' '위험체감' '안전체험' 등의 다양한 명칭이 있지만, 여기에서는 이들을 총칭하여 '위험체험교육'이라고 명명하고자 한다.

위험체험교육의 대부분은, 미리 준비한 일정한 조건하에서 의도적으로 재난이 발생할 수 있는 상황을 만들어서 거기서 생기는 현상을 의사적으로 체험하는 교육 방법이다. '보고, 듣고, 느끼는' 기초적인 과정을 통해 주변의 위험을 직관적으로 이해시키고, 위험감수성을 높이는 것을 목적으로 한다. 무언가를 진짜로 해 보고 체험을 통해 배우는 방법은 딱히 새로운 것이 아니라 학교 교육을 비롯한 다양한 '배움'의 기회로 오래전부터 받아들여지며 지금도 유효한 필수적 교육 방법의 하나이다. 위험체험교육의 경우도 기본적으로는 '무엇인가를 진짜로 해 보고 체험을 통해 배우는' 구도에 변화는 없지만, 가장 특징적인 것은 부상이나 질병과 같이 경우에 따라 생명을 잃을 수도 있는 위험하고 매우 부정적인 요소에서 눈을 돌리지 않고 오히려 정면으로 파악하려고 하는 점이다. '보고, 듣고, 느끼는' 기능을 통해 감성에 직접 호소하기 때문에 보다 실용적이고 실천적인 '배움'을 실현하는 것이 가능하다. 지금까지 지식으로 '알고 있'거나 이치로 '알고 있'더라도 개념적인 파악 방법에 그치면 정말 필요한 경우에 기능을 발휘하기 어렵지만, 눈앞에서 현실을 실제로 체험을 함으로써 얻는 '배움'은 말로는 표현할 수 없을 정도의 설득력이 있다. 앉아서 공부하는 것을 중심으로 한 안전교육이 지식의 획득 및 구성에 적합한 반면, 관념이 아닌 체험으로 배우는 교육방법은 현장에서 필요로 하는 경험을 보충하여 개개인의 안전의식의 향상과 더불어 안전기능의 전승(傳承)을 위한 방안으로도 기대된다.

2) 시뮬레이터를 이용한 위험 체험

안전교육에 의사적 위험체험을 도입한 방법 중에서도 시뮬레이터를 이용한 체험교육은 기술적인 참신함으로 널리 주목을 받았다.

예전에는 특수한 그래픽 스테이션 등을 이용하지 않으면 일정 수준 이상의 시뮬레이터의 구축은 불가능하였고, 장비 자체도 매우 고가였기 때문에 시뮬레이션을 통한 기술훈련과 안전교육의 대상은 항공기조종사 등 일부 특수 업무에 한정되어 있었다. 그러나 컴퓨터 기술의 발전과 확산, 개인용 컴퓨터(PC)를 기반으로 한 시뮬레이터의 구축 및 저가격화가 실현되었다. 그 결과, 복잡화된 작업환경 속에서 잠재적인 위험요인을 민감하게 감지하고 재난방지를 위한 기능을 습득시키는 수단으로서, 산업안전 분야에서도 시뮬레이터 등을 활용한 새로운 안전교육·훈련 기법이 도입되었다. 예를 들어, 컴퓨터에 의해 생성된 가상작업공간에서 안전순찰을 실시해, 현실에서는 체험할 수 없는 위험한 상태와 재난을 체험하거나 또는 현실에서 발생한 심각한 산업재난을 앗차 사고 사례로 재현하여 위험상태나 재난을 입체영상으로 체험할 수 있다(후생노동성 산업안전기술관의 3D극장. 2011년 3월에 운영 종료).

한편, 이전보다 저렴하기는 해도 복잡한 환경조건을 시뮬레이션할 경우에 물리적 현실성은 일정한 한계를 초과하면 그 이상의 효과를 기대할 수 없는 데 비해, 비용은 기하급수적으로 증가한다. 이것은 초기 투자단계뿐만 아니라 장비를 유지하기 위한 유지비용에 있어서도 마찬가지이다. 이에 더해 컴퓨터 기술은 타의 추종을 불허하는 속도로 발전하기 때문에 장비 및 부품의 적합성도 몇 년마다 갱신된다. 그 결과, 시뮬레이터 본체를 비롯한 주변 기기의 성능 유지가 기술적으로 곤란해지는 경우도 종종 있고, 굳이 유지 또는 갱신을 하려고 하면 초기 투자 이상의 비용이 필요한 경우도 드물지 않다.

이러한 배경으로 인해 시뮬레이터 등을 활용한 새로운 안전교육 · 훈련방법은 지난 몇 년 동안 큰 진전을 보이지 않았다. 그러나 앞으로도 컴퓨터 기술이 발전할 것은 확실하므로 새로운 기술이 개발되면 안전교육 시뮬레이터의 활용이 새로운 국면을 맞을 가능성도 충분하다.

3) 사내 안전교육의 발전형으로서의 위험체험교육

위험체험교육에는 넓은 의미로는 시뮬레이터와 같은 장치를 사용하는 경우도 포함되지만, 현재는 오히려 간단하고 실용적인 도구나 장치를 사용하여 현실장면에서의 실용적인 대응에 주안점을 둔 내용이 주류이다.

위험체험교육에는 일정한 기준이 마련되어 있지는 않아 그 내용과 방법은 다양하다. 젊은 직원들의 위험에 대한 반응의 둔감함을 개선하는 것을 목적으로 의사적 경험을 도입한 교육방법을 고안해서 사내교육으로 전개했다는 것이 전형적인 예이다.

한편, 종래의 집합형 교육에서는 만족스러운 결과를 얻지 못하고 그 상태에서 벗어나기 위해 문서(책)에만 의존하지 않는 교재 개발에 임하여 그 연장선상에서 '실제로 손으로 만지는' '실험을 보여 주는' 방법으로 발전한 예도 있다. 이 경우, 처음부터 '체험'을 의도한 것은 아니었으나, '어떻게 이해를 촉진하는가'를 추구한 결과, 체험형 기법에 도달하고 있는 점이 특징적이다.

현재는 사내 안전교육의 일환으로 폐쇄적으로 실시되는 것부터 교육 · 교습 기관으로 외부로 대상을 넓혀 전개하고 있는 것까지 규모가 다양하고, 또한 업종에 따라 그 내용도 다르다. 이러한 전개는 대략 다음과 같이 ①에서 ④패턴으로 분류된다(中村, 2008).

① 사내 안전교육의 일환으로 독자적으로 개발한 것. 실제로 현장에서 발생한 문제와 앗차사고 사례, 재난사례 등을 주제로 현장작업에 밀접하게 연관된 독특한 내용·방법을 전개하는 것도 많다.

② 앞의 ①을 더욱 발전시켜 그룹기업 등에 넓게 전개한 것. 기업의 직원교육 및 연수교육을 담당하는 전문부서나 교육기관이 개발·전개하고 있는 수많은 방법·내용도 충실하고 있다. 교육기관으로서 타사 또는 고객 기업에게 안전교육을 실시하기도 한다.

③ 앞의 ②의 실시 교육기관 등에 의한 교육을 사내 안전활동에 이용하는(외부 교육기관 등이 개최하는 강습을 사내 안전활동으로 수강한다.) 것. 출장 강습 등을 활용하기도 한다.

④ 앞의 ③을 기반으로 내용·방법 등을 자신의 상황과 일치하도록 조정하고 사내 안전교육을 전개하는 것. 기존의 방법을 참고하여 새롭고 독자적인 방법을 개발함으로써 앞의 ①로 발전하는 경우도 있다.

현재는 이들이 혼재하고 있으며, 각각의 중간 형태도 있다. 또한 자사 내에서만 전개하는 소규모에서 전국적인 네트워크를 가진 대규모의 형태까지 다양하다. 체험 내용이 항상 '더 나은 것'으로 갱신되고 있어서 지금의 상태를 정확하게 파악하는 것은 어렵지만, 한때의 유행으로 끝나지 않고 많은 직장에서 채택된다는 점으로 볼 때 직장의 안전교육 기법으로 정착되었다고 할 수 있다.

4) 공공기관에 의한 위험체험교육에 대한 노력

공공기관에서도 위험체험교육에 대한 노력은 이루어지고 있다.

'위험 재인식 교육'은 트럭·굴착기 등 건설차량 등의 운전작업에 따른 위험을 재인식시키고 건설기계 등으로 인한 재난의 감소를 목적으로, 당시 일본 노동부(현 후생노동성)의 지도하에 사단법인 전국지정교습기관협회(현 일반사단법인 전국등록교습기관협회)가 조직한 위원회에서 1999~2004년에 걸쳐 검토·개발이 진행된 교육

방법이다. 건설기계에 의한 재난에 관해서는 교육을 받지 않은 무자격자나 기술이 미숙한 초보자뿐만 아니라 업무에 필요한 자격을 가지고, 동시에 비교적 업무경험이 긴 운전기사라도 재난에 관여되는 경우가 많다는 특징이 있다. 자격취득 후 오랜 경험을 거치면서 익숙해짐에 따라 위험에 대한 인식이 흐려진다고 생각할 수 있어서 '위험 재인식 교육'은 자격 취득 후 일정 기간(대개 10년)을 경과한 건설차량 등의 운전자를 대상으로 실시된다. 현재는 트럭·굴삭기 운전 업무 종사자, 롤러 운전 업무 종사자 및 고소(高所)작업차(타워크레인) 운전자를 대상으로 한 프로그램이 개발되고 있어 모두 유사 체험을 도입한 실기 교육과 과학 교육을 결합하여 구성된 점이 특징이다(처음 사진 1, 2 참조). 일본 전국의 등록교습기관에서 실시되고 있으며, 강사 양성 연수를 수료한 지도원(강사)이 지도한다.

마찬가지로, 일반사단법인 일본노동안전위생컨설턴트협회에서는 후생노동성의 위탁을 받아 2008년도에 위험감수성향상교육을 전국적으로 전개하였다. 이것은 앞으로 위험체험교육을 사내 안전교육에 도입하려는 사업장 담당자를 대상으로, 실시상의 유의점과 교육방법을 교수하고 사업장에 지도원을 양성함으로써 위험체험교육 방법의 보급·촉진을 목적으로 하고 있다. 지도원의 양성은 강사양성 연수회를 수료한 강사가 수행한다. 주로 신규 근로자를 대상으로 위험체험교육을 통한 위험감수성 향상을 도모한 점이 특징이다.

5) 의사적 경험의 한계

위험체험교육은 사전에 정리된 일정한 조건하에서 의도적으로 재난이 발생할 수 있는 상황을 만들어서 거기서 생기는 현상을 경험한다. 의도적으로 상태를 일으키기 위하여 실제 재난발생 상황과 비교하면, 다소 부자연스러움이 있지만, 체험자에게는 첫 경험이며 놀라움이 드러날 만큼의 경험을 제공할 수도 있다. 그러나 아무리 박진감 있는 체험을 실현하더라도 실제로 부상 등의 상해를 입을 가능성이 있으면 안전교육기법으로서는 부적절하다. 위험을 느끼게 하는 동시에 체험자에게 위험하지 않아야 한다는 의미에서, 체험 내용에는 항상 일정한 제약이 있으며 체험 내용의 현실감도 어느 정도 희생해야 한다. 실제 위험으로 이어지지 않고, 효과적이며, 게다가 실제 작업에 도움이 될 만큼 위험경험을 실현하는 것은 매우 어려우며, 그것이야말로 안전교육기법으로서의 딜레마라고 할 수 있다.

또한, 체험 내용이 점차 확대하기 쉽다는 점에도 큰 우려가 있다. 같은 경험을 반복해서 체험하더라도 점차 '익숙함'이 생기면 교육을 실시하는 쪽에서 더 박진감 있는 체험 내용으로 상승시키는 식의 대응으로 빠지기 십상이다. 반복해서 상승된 경험은 안전상의 문제로 이어지며, 실제 작업 장면에서 발생하는 위험과는 동떨어진 비현실적인 내용이 되어 버리는 경우도 적지 않다.

게다가 참신함도 있고 '체험하는 것'만이 주목받기 쉽다는 점에 유의하지 않으면 안 된다. 아무리 좋은 경험이라고 해도 체험자는 자신의 체험이 의사적이라는 것을 쉽게 이해하고 체험이 자신에게 해를 끼치지 않는다는 것을 이미 알고 있다. 즉 '실제 위험의 실체 효험'의 실현은 사실상 불가능하며, '의사적 위험의 유사 체험' 혹은 '의사적 위험의 실제 체험' '실제 위험의 유사 체험' 중 하나에 그칠 수밖에 없다.

실용적이고 실천적인 교육을 실현하기 위해서는 위험체험교육의 이러한 한계를 이해하고서 '체험을 통해 무엇을 배울 것인가'라는 목적의식을 명확하게 유지하는 것이 필요하다. 또한 체험에서 얻은 교훈을 실제 작업장면에서 구체적으로 발전시키고, 재난방지를 위한 지식·기능의 습득과 안전태도의 형성을 촉진하는 데 중요한 역할을 담당하는 것은 체험자의 '상상력'이다. 교육실시자에게는 체험자의 상상력을 자극하고 자발적인 '주의'를 촉구함과 동시에 체험자를 보다 효과적이고 실천적인 재난방지대책으로 이끄는 교육기술과 역량이 요구된다.

6) 위험감수성과 위험감행성

위험체험교육의 대부분은 체험을 통한 '위험감수성의 향상'을 목적으로 한다. 그러나 인간의 판단이나 행동은 감수성만으로 규정되지 않으므로 감수성향상에 의해서만 안전이 달성되는 것은 아니다.

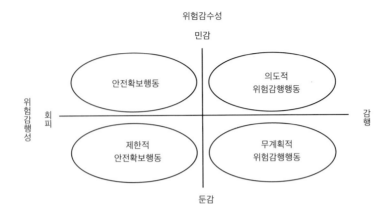

[그림 13-1] 위험감수성과 위험감행성의 차원

위험감수성과 밀접하게 관련되는 것이 위험감행성이다. 위험감수성은 '어느 정도 위험에 민감한가'라는 지표로서, 감수성이 높으면 위험에 민감하고 감수성이 낮으면 위험에 둔감하다고 할 수 있다. 이에 반해, 위험감행성은 '어느 정도 위험을 받아들이려고 하는가'의 지표이다. 감행성이 높으면 위험하다고 알고 있어도 굳이 그 위험에 뛰어드는 경향이 강하고 감행성이 낮으면 위험을 피하는 경향이 강하다. 렌게(蓮花, 1996)는 '위험감수성'과 '위험감행성' 두 지표의 조합을 통해 '안전한' 또는 '불안전한'으로 간주되는 행동을 크게 다음의 네 가지 유형으로 분류하였다([그림 13-1]).

- 안전확보행동: 위험감수성이 높고 위험감행성이 낮은 타입. 위험을 민감하게 느끼고 그 위험을 최대한 회피하려는 경향이 강하다.
- 제한적 안전확보행동: 위험감수성, 위험감행성 모두 낮은 타입. 위험에 둔감하지만, 기본석으로 위험을 회피하는 경향이 있기 때문에 결과적으로 안전이 확보될 확률이 높다. 초보자에게 많다. 일반적으로 위험을 피할 수 있으나 상황의 위험에 대응하고 회피하고 있는 것은 아니므로 특수한 위험상황이나 복잡한 상황에는 대응하기 어렵다.
- 의도적 위험감행행동: 위험감수성, 위험감행성 모두 높은 유형. 위험

을 민감하게 느끼고 있어도 굳이 그 위험을 피하려 하지 않고 위험상
황에 뛰어든다.
- 무계획적인 위험감행행동: 위험감수성이 낮고 위험감행성이 높은 타
입. 위험에 둔감하며, 위험을 피하려 하지 않는다.

즉, 위험감수성이 낮은 사람에 대해서 아무리 조심하도록 충고해도 무엇이 위험한지를 모르는 상태로는 당사자에게 있어서 조심할 만한 것이 아니다. 한편, 위험감행성이 높은 사람에 대해 안전하게 작업하도록 지시하더라도 본인이 위험을 충분히 알고도 위험을 받아들일 것이기에 단순한 구두 지시로는 효과는 기대할 수 없다.

이처럼 위험체험교육을 통해 위험감수성의 향상을 실현할 수 있어도 위험관행성에 대하여 아무런 움직임이 없는 상태에서는 실질적인 교육효과, 즉 사고나 재난의 방지로 연결되지 않을 수 있다.

7) 위험보상행동에 대한 대응

의사적 위험체험이 단순한 임시·충격적인 내용에 그칠 것 같은 교육인 경우, 실질적인 안전 태도의 향상으로 이어지지 않는 사태가 발생할 우려도 있다. 그 배경에는 교육의 부작용이라 할 '위험보상행동'이 존재한다. 다음에는 렌게(蓮花, 1996), 클레벨스베르크(Klebelsberg, 1990)를 참고로 위험보상행동에 대해 개관한다.

위험보상행동은 와일드(G. J. S. Wilde)에 의해 제창된 개념이다. 개개인은 자신만의 '수용 가능한 위험 수준'을 가지고 있어서 주위의 상황이나 환경의 변화에 따라 스스로의 행동을 변화시켜 이 위험 수준을 일정하게 유지하려고 하는(보상하려고 하는) 경향이 있다고 한다. 즉, 어떤 안전대책을 실시하여 작업환경 면에서의 안전화가 진전되더라도, 그 현장에서 작업에 종사하는 노동자가 대책 실시 전과 동일한 위험 수준을 유지하려고 하면 이전보다도 불안전한 행동을 취하는 등의 '보상'을 실시하게 된다([그림 13-2]).

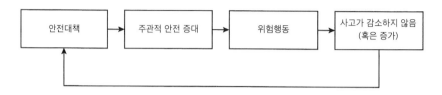

[그림 13-2] 위험보상행동에 관한 안전대책 무효화

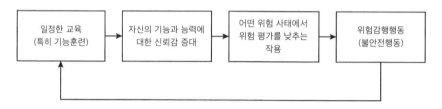

[그림 13-3] 교육에서의 위험보상행동

또한, 위험보상행동은 일정한 교육과 훈련, 특히 기능훈련에서 매우 심각한 문제로 이어질 가능성이 지적된다. 일반적으로 경험하지 않는 특별한 기술훈련을 받는 것으로 인해 수강자 스스로의 기술과 능력에 대한 신뢰감이 증가한다. 증가한 신뢰는 어느 위험상황에서의 위험을 낮게 평가하고, 그 결과 훈련을 받기 이전에는 받아들이지 않았던 위험도 받아들여서 위험감행행동을 취하게 된다. 즉, 교육이나 훈련의 효과로서 재난 감소 또는 증가는 궁극적으로 교육효과와 위험보상행동의 크기와의 힘 관계에서 결정된다([그림 13-3]). 교육효과의 유무와 위험보상행동 크기의 관계는 〈표 13-1〉에 표시된 I∼V 패턴이 상정될 수 있다.

〈표 13-1〉 교육효과 유무와 위험보상행동의 크기의 관계

패턴	교육효과	위험보상행동	사고발생율의 변화
I	있음	없음	교육효과에 부합하는 것만으로 저하
II	있음	있음	일정
III	있음	교육효과를 상회함	증대
IV	없음	없음	일정
V	없음	있음	증대

위험보상행동에 대한 대응으로서는, 최종적으로 실질적인 기능향상과 안전태도의 개선으로 이어지는 한편, 자신의 능력에 대한 주관적 평가는 떨어지는 듯한 교육내용이 되는 것이 중요하다. 구체적인 방법으로 '훨씬 더 높은 수준의 기능을 제시' 또는 '자신의 능력만으로는 회피할 수 없는 위험상황을 깊이 이해하는 것'을 들 수 있다.

전자를 구체화하기 위해서는 뛰어난 기술과 높은 지도능력을 갖춘 엄선된 강사가 필요하며, 그러한 인재양성에 충분한 시간과 노력을 기울이는 것이 필수적이다. 후자는 흔한 위험예방활동이나 재난사례의 제시에 의해 도달할 수 있는 것은 아니다. 스스로의 심리나 행동, 직장 풍토 등을 포함하여 위험으로 이어질 수 다양한 요인을 객관적으로 파악해서 요인 간의 상호관계에 천착하는 '고찰력'이 필요하다. 또한 재난 원인을 파악하려는 결과 지적된 대책을 자신의 행동에 어떻게 반영하고 실현하는가라는 '실천력'이 수반되지 않으면 안 된다. 앞으로의 안전교육에 있어서는 능력을 어떻게 개발할지에 대한 관점이 필요할 것이다.

4. 지시와 정보가 잘 전해지지 않는 이유

사고·재난의 방지를 목적으로 한 설비 등의 하드웨어적인 대책은 대책 전·대책 후 차이가 명확하게 알기 쉽고, 일정한 효과도 기대할 수 있다. 그러나 인간의 행동측면이나 심리측면으로 작용하는 대책에 대해서는 좀처럼 명시적인 효과로 표현하기 어렵다. '열심히 호소해도 현장은 움직여 주지 않는다' '시간이 지남에 따라 잊혀져 버린다' '속 빈 강정과 같다'고 한탄하는 안전관리자는 적지 않다. '반복적으로 호소하는 것 말고는 딱히 방법이 없다'고 알려진 이러한 과제에 대해 대응의 실마리는 있는 것일까?

1) 모의실험으로부터

에가와 등(江川 et al., 2000)은 어느 독특한 실험을 통해 정보전달방법의 차이가 규칙의 준수 여부에 미치는 영향을 검토하였다. 그들이 행한 실험은 특정 작업 영역에서 두 팀이 간단한 조립작업을 동시에 병행하여 실시하는 것이다. 한 팀은 2명으로 구성된다. 작업 영역은 작업대·부품선반·조립도면 두는 곳으로 구성되어 있으며, 2곳에 '특정 영역'이 설치되어 있다([그림 13-4]).

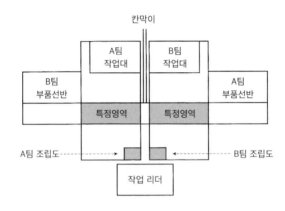

[그림 13-4] 실험상황

출처: 江川 등(2000)에서 수정.

예를 들어, A팀의 경우 무엇을 어떻게 조립하는가 하는 정보를 얻기 위해 먼저 작업대에서 조립도면 두는 곳으로 이동한다. 다음에는 부품선반으로 이동하며 필요한 부품을 선택하여 그것을 작업대로 옮겨 작업을 한다. 조립도를 두는 곳과 부품선반에는 같은 팀원이라도 동시에 들어갈 수 없다. 어느 단계까지 작업이 진행되면 다음의 조립을 위해 다시 조립도면을 확인하는 식으로 같은 과정을 반복한다. 이러한 일련의 과정이 진행되는 도중 A팀의 구성원은 B팀의 작업대 및 조립도면 두는 곳 사이에 위치하는 '특정 영역'을 통과해야 한다. 이 '특정 영역'은 B팀의 작업대 및 조립도면 두는 사이를 이동하는 B팀원들도 출입이 '2명 이상이 동시에 들어가서는 안 된다.'라는 규칙이 정해져 있다.

B팀도 A팀과 마찬가지로, B팀의 작업대 부품선반, 조립도 두는 곳을 이동하면서 작업을 실시한다. 일련의 작업 중간에는 A팀의 작업대 및 조립도면 두는 곳 사이에 위치하는 '특정 영역'을 통과해야 하지만, 마찬가지로 '2명 이상이 동시에 들어가서는 안 된다.'라는 규칙이 마련되어 있다.

즉, 2명×2팀이 각 팀에 할당된 영역에서 작업대 부품 두는 곳과 조립도 두는 곳 사이를 이동하면서 작업을 수행하지만, 영역의 일부는 다른 팀과 공유 지역으로 지정되어 있으며, 거기에는 '2명 이상이 동시에 들어가서는 안 된다.'라는 규칙이 있다.

실험에서는 세 가지 조건이 마련되어 있다. 조건1에서는 작업방법(작업대 부품 두는 곳, 조립도 두는 곳을 이동하면서 최대한 빨리 조립을 완료하는 것)과 규칙(특정 영역에 2명 이상이 동시에 들어가서는 안 된다.)만 전해졌다.

조건2에서는 조건1에 가세해 특정 영역에 들어가기 전에 상대팀에 출입 허가를 요청하여, 상대팀에서 허가를 얻어 특정 영역에 들어가는 것 역시 허용을 요구한 쪽 팀은 허가를 구한 팀에 대해 명확하게 대답한다는 규칙이 추가되었다. 즉, 팀 간의 상호연락을 규칙화한 조건이다.

조건3에서는 조건1에 추가로 미리 촬영된 영상을 이용하여 '어떻게 특정 영역에 2명이 동시에 들어가서는 상황이 발생해 버리는 것인가'가 제시ㆍ설명된다. 또한, 이들 2명 동시 출입 상황을 패턴별로 분류하는 연습문제에 대한 답변이 요구된다. 이 연습문제는 2명이 동시에 출입하는 상황에 대하여 이해를 목적으로 행해지는 것이다. 또한, 조건3에서는 조건2와 같은 실험 참가자 간의 상호연락에 관한 규칙은 없다.

2) 규칙은 지켜지고 있는가

그런네 '2명 이상이 동시에 특정 영역에 들어가서는 안 된나.'라는 규칙에 대해, 앞서 언급한 세 조건의 결과를 비교한 결과, 홍미로운 결과를 얻을 수 있었다. 2명이 동시에 특정 영역에 들어선 횟수는 조건2에서 가장 많았고, 이어서 조건1, 가장 적었던 것은 조건3이었다.

실험상황의 동영상 기록을 자세히 분석한 결과, 조건2는 정해진 규칙대로 팀 간에 '들어와요' '부디'라는 구두로 주고받는 경우가 있었지만, 상대가 특정 영역을 통과하지 못하더라도 같은 영역에 들어가는 것과 같은 사례가 많은 것으로 나타났다. 즉, '동시에 들어가서는 안 된다.'라는 규칙을 철저히 하기 위해 목소리의 규칙은 지켜지고 있지만, 정작 '동시에 들어가서는 안 된다.'라는 규칙이 지켜지지 않은 것이다.

그것에 반해서 조건3의 경우 다른 조건에 비해 사각 부분을 조종하는 상대의 동정을 주시하고, 좌우를 확인하며, 특정 영역 앞에서 일시 정지하고, 자신의 이동 속도를 저하시키는 등의 행동이 관찰되고 있으며, 결과적으로 2명 이상이 동시에 특정 영역에 들어가는 일이 적었다. 실험진행자(작업리더)는 이러한 행동에 대해 아무런 지시를 하지 않고 어디까지나 실험참가자들의 자발적인 행동이다.

관리자는 어떻게든 규칙을 준수하려고 이런 저런 방법으로 현장에 작용을 하지만 그것이 얼마나 효과적인지 실제상황에서의 상황을 감안하면 대략 짐작이 간다. 규칙을 일방적으로 강요해도 왜 이런 규칙이 있는지가 전해지지 않으면 쉽게 규칙의 내용은 모른 채 형식으로만 대하는 행동이 발생하는 반면, 필요성이 인식되어 있으면 구체적인 지시가 없어도 용도에 맞게 행동으로 자연스럽게 이어질 수 있다는 가능성을 시사하고 있다. 어떤 규칙을 정하거나 어떻게 규칙을 지키게 하는지에 대한 문제보다 더 중요한 것은 이러한 규칙을 비롯한 안전과 관련된 다양한 행동 기준이 외부 지표로서 행위자에 참조되는 것이 아니라 행위자 자신의 내부에 자발적으로 형성되어 정착하는 것이다. 즉, '안전의 내재화'이다.

5. 향후의 방향성

인류가 이 지구상에 탄생한 이래, 인간이 본래 가지고 있는 특성은 그다지 크게 변화하지 않았다. 그럼에도 불구하고, 인간 오류가 이토록 주목받고 안전에 관한 중대한 문제로 인식되는 데는 몇 가지 이유가 있다.

인류는 지금까지 다양한 지혜와 노력과 경험을 쌓아 왔고, 고도의 문명사회를 구축해 올 수 있었다. 그 과정에서 인류는 스스로 만들어 낸 과학기술과 기계, 시스템 등과 '좋은 관계'를 만드는 데 성공해 온 시대도 있다. 인간은 매우 정교한 동작을 하릴없이 쉬지 않고 장시간 계속하는 데는 적합하지 않은 성질을 가지고 있다. 이에 반해 기술에 바탕한 기계나 시스템은 살아 있는 인간으로서는 도저히 불가능한 동작이나 작업을 실현하게 해 준다. 물론 처음부터 쉽게 실현될 수 있었던 것은 아니다. 기계와 시스템이 가진 신뢰성, 정확성, 반복성 등 우수한 특성을 살리면서, 인간이 가진 다양성과 유연성, 중복성(redundancy) 같은 특성을 활용하고 서로 보완함으로써 간신히 이뤄져 왔다. 만약 우리가 양자의 균형을 잘 유지할 수 있다면, 아마도 지금처럼 인간 오류는 심각한 문제가 되지 않았을 것이다. 그러나 기술의 발전에 따라 제한적이지만 기계와 시스템은 인간이 발휘한 특성과 동등한, 혹은 인간보다 인간적인 특성을 갖게 되었다. 균형의 한쪽 끝이 진화하는 한편, 지금까지 균형을 유지하기 위해 다른 한쪽 끝을 담당하는 인간에 대해서는 그동안 상대적으로 낮았던 신뢰성과 정확성을 크게 높이는 것을 요구받았다.

태어날 때부터 그 특성이 크게 변화하지 않는 인간은 이러한 상황에 대응하기 위하여, 눈앞에 다가오는 과제를 세분화해 수비범위를 한정했다. 제한범위에 주력함으로써 일종의 분업화를 수행하고, 보다 전문적이고 고급스러운 대응을 도모해 왔다. 그러나 이러한 선택은 다른 한편으로는 사회 전체의 복잡성에 박차를 가했다. 그 결과, 전체를 높은 데서 내려다보는 식으로 파악하여 요인 간의 인과관계에서 문제의 본질을 꿰뚫어 보는 관점이 방치되어 버린 것은 아니었을까?

산업현장과 상관없이 일상생활장면에서도 다양한 측면에서 전문화, 고도화, 복잡화가 진행되고 있다. 주의를 기울여 보면, 그 흐름에 거역하기 매우 어려운 상황에 빠져버렸다. 우리를 괴롭히는 수많은 인간 오류에 관한 문제의 저편에는 스스로 쌓아 올린 '초고도 문명화 사회'라는 매우 복잡하고 강렬한 전인미답의 환경에서 살아남기 위해 필사적으로 몸부림치고 있는 우리의 모습이 있는 것은 아닐까 생각된다.

북 가이드 ────────── ●

Wilde, G. J. S. / 芳賀繁 역(2007). 교통사고는 왜 없어지지 않는가-위험행동의 심리학.
新曜社.
　　→ 위험항상성이론을 해설하고 위험보상행동의 원점으로부터 이해를 촉진하는
데 도움이 된다.

河野龍太郎 편(2006). 인간 오류를 방지하는 기술. 日本能率매니지먼트協.
　　→ 다양한 산업장면을 대상으로 전문적인 관점을 끼워 넣으면서 구체적인 설명
이 이루어지고 있다. 현실장면에서의 과제를 더 자세히 파악하는 데 업종을 불문
하고 도움이 된다.

Decker, S. / 芳賀繁 감역(2009). 인간 오류를 재판할 수 있는가?-안전으로 공정한 문화
를 구축하기. 東京大学出版会.
　　→ 개인의 책임에 씌워진 쉬운 인간의 오류이지만, 그러한 파악하는 방법이 어
떻게 불모인지 정중하게 끈을 준다.

Decker, S. / 小松原明哲, 十亀洋 감역(2010). 인간 오류를 이해하기-실무자를 위한 필
드가이드. 海文堂出版.
　　→ 기존의 인간 오류 대책이 왜 만족스러운 결과를 못했는지, 인간 오류에 대한
대응에 있어서 어떤 관점이 중요한가를 알기 쉽게 보여 준다.

참고문헌 ●

江川義之, 中村隆宏, 庄司卓郎, 深谷潔, 花安繁郎, 鈴木芳美(2000). 建設現場のコミュニ ケーションに係わる労働災害の分析とその実験的検討. 産業安全研究所研究報告. NIISRR-99, pp. 29-38.

臼井伸之介(1995). 産業安全とヒューマンファクター(1) - ヒューマンファクターとは何か. クレーン, 33, 2-7.

臼井伸之介(2000).「人間工学の設備・環境改善への適用. 労働省安全衛生部安全課監修, 中 央労働災害防止協会 編, 新·産業安全ヘンドブック. 中央労働災害防止協会, pp. 277-286.

蓮花一己(1996). 交通危険学 - 運転者教育と無事故運転のために. 啓正社.

井上統一, 高見勲(1988). ヒューマン・エラーとその定量化. システムと制御, 32(3), 152-159.

中村隆宏(2008). 安全教育としての危険体験の展開. 安全工学, 47, 383-390.

黒田勲(2001). 信じられないミス」はなぜ起こる―ヒューマン·ファクターの分析. 中央芳葡炎害防止榜会.

Klebelsberg, D. / 長山泰久 監訳, 蓮花一己 訳(1990). 交通心理学. 企業開発センター交通問題研究室.

厚生労働省. 職場のあんぜんサイト 労働災害事例. 2012年9月30日時点http://anzeninfo.mhlw.go.jp/anzen pg/SAI FND.aspx.

찾아보기

인물

내용

저자 소개 · ·

· 편저자

시노하라 카즈미츠(篠原一光) 제1, 3장 집필

현재 오사카대학교 대학원(大阪大学校大学院) 인간과학연구학과 부교수

주요 연구 성과: 『기억의 심리학과 현대사회』(有斐閣, 2006년, 공저), 『주의와 안전』(현대인지심리학 제4권, 北大路출판사, 2011년, 공동 편집)

나카무라 타카히로(中村隆宏) 제1, 13장 집필

현재 칸사이대학교(關西大學校) 사회안전학부 교수

주요 연구 성과: 「공간적 주의분산 특성과 안전성 – 굴삭기조작의 경우」(『인간과학연구』 제3권, 147–161, 2001), 『인간 오류는 왜 발생 – 재난사례의 유용한 활용과 안전 대책』(노동조사회, 2007년)

· 저자

키무라 타카히코(木村貴彦) 제2장 집필

현재 칸사이후쿠시과학대학교(闇西福社科学大学校) 건강복지학부 부교수

주요 연구 성과: 「Effects of self–motion on attention in real 3D space」(Acta Psychologica, 131, 194–201, 2009년, 공저), 『Biomedical engineering and cognitive neuroscience for healthcare: Interdisciplinary applications』(IGI Global, 2012년, 분담 집필)

시마다 히데아키(島田英昭) 제4장 집필

현재 신슈대학교(信州大学校) 교육학부 부교수

주요 연구 성과: 「삽화가 설명서의 이해를 촉진하는 인지 과정 – 동기부여 효과와 정교화 효과」(『교육 심리학 연구』 56, 474–486, 2008년, 공저), 「일상의 수의 대소 비교의 대략적인 처리의 범위」(『심리학 연구』 81, 97–104, 2010년)

난부 미사코(南部美砂) 제5장 집필

현재 공립하코다테미래대학교(公立はこだて未来大学校) 시스템정보과학부 부교수

주요 연구 성과: 「의료 현장에서의 위험 공유 의사소통 – 간호사를 중심으로 한 상호작용 데이터의 수집과 분석」(『인지과학』, 13, 62–79, 2006년, 공저), 「소아암을 앓은 사람을 위한 교육도구의 개발과 평가」(『휴먼 인터페이스 심포지엄 논문집』 2224S, 2012년, 공저)

오모리 야스코(大森慈子) 제6장 집필

현재 진아이대학교(仁爱大学校) 인문학부 교수

주요 연구 성과: 『뇌 과학에서 본 기능의 발달』(발달심리학의 기초와 임상 2, 미네르바출판사, 2003년, 분담집필), 「감동을 환기시키는 영상이 와액(唾液) 중 코르티솔에 미치는 영향 – 눈물을 흘렸던 사람과 흘리지 않은 사람 간의 비교」(『인간학 연구』 10, 69–75, 2011년, 공저)

오오하시 토모키(大橋智樹) 제7장 집필

현재 미야기학원 여자대학교(宮城学院女子大学校) 학예학부 교수

주요 연구 성과: 「안전성에 관한 정보 제공이 안정감의 변화에 미치는 영향」(『인간공학』 47, 235–243, 2011년, 공저), 「인지의 개인차」(현대 인지심리학 7, 北大路출판사, 2011년, 분담 집필)

곤도 야스유키(権藤恭之) 제8장 집필

현재 오사카대학교 대학원(大阪大学校大学院) 인간과학연구소 부교수

주요 연구 성과: 「Annual review of gerontology and geriatrics: Biopsychosocial approaches to longevity」(Springer, 2007년, 분담 집필), 『고령자심리학』(朝倉심리학강좌 15, 朝倉출판사, 2008년, 편저)

오카 코헤이(岡耕平) 제9장 집필

현재 지케이의료과학대학원대학교(滋慶医療科学大学院大学校) 의료관리학연구과 강사

주요 연구 성과: 「Allocation of attention and effect of practice of persons with and without mental retardation」(Research in Developmental Disabilities, 29, 165–175, 2008년, 공저), 『장애인 · 충동 – 경쟁하는 몸과 공생의 행방』(도쿄대학출판협회, 2012년, 공저)

닛토노 히로시(入戸野宏) 제10장 집필

현재 소쿠쇼우대학교 대학원(仄昌大学大学院) 총합과학연구과 부교수

주요 연구 성과: 「심리학을 위한 사건 관련 전위 가이드북」(北大路출판사, 2005년), 「심리학 기초 실습 설명서」(北大路출판사, 2009년, 공편)

호소다 사토시(細田聡) 제11장 집필

현재 간토학원 대학교(關東学院大学校) 문학부 교수

주요 연구 성과: 『심리학과 산업사회 간의 관계』(八天代출판사, 2004년, 공저), 『사례에서 배우는 인간 오류 – 그 메커니즘과 안전대책』(麗潭대학출판부, 2006년, 분담 집필)

야기 에코(八木絵香) 제12장 집필

현재 오사카대학교(大阪大学校) 의사소통디자인센터 부교수

주요 연구 성과: 『대화의 장을 디자인하다 – 과학기술과 사회 사이를 잇는 것』(오사카대학교 출판사, 2009년), 「포스트 3.11의 과학과 정치」(나카니시야출판사, 2013년, 분담 집필)

역자 소개 ··

채정민(Chae, Jung-Min)
고려대학교 심리학박사(문화심리학 전공)
육군사관학교 심리학과 전임강사 역임
고려대학교 연구교수 역임
제일기획 마케터 역임
한국사회문제심리학회 부회장 역임
북한이탈주민연구학회 부회장 역임
서울사이버대학교 미래사회연구소장 역임
현 서울사이버대학교 상담심리학과 교수
　　서울시 소방재난본부 정책자문위원장

〈주요 저 · 역서 및 논문〉
『심리학과 삶』(공역, 피어슨에듀케이션코리아, 2013)
『외상후스트레스장애』(하나의학사, 1996)
「한국인 우울 연구를 위한 문화심리학적 고찰과 제언」(한국심리학회지: 문화 및 사회문제, 2015)
「북한주민에 대한 효과적인 블렌디드 러닝 방안과 정책 방향」(국제문제연구, 2014)
「로샤 검사에 나타난 북한이탈주민의 대처와 방어」(한국심리학회: 사회문제, 2008)
「독일통일 후 경제적 지표와 심리적 지표 간 관계: 통일 이후 11년간의 정리」(국가안보전략연구소: 국제문
제연구, 2008) 외 다수

김현아(Kim, Hyun-Ah)
경북대학교 교육학박사(상담심리학 전공)
통일부 심리상담사 역임
노동부 전임상담사 역임
열린사이버대학교 상담심리학과 교수 역임
서울사이버대학교 상담심리학과장 역임
현 서울사이버대학교 상담심리학과 교수 겸 미래사회전략연구소장
　　통일부 자문위원

〈주요 저 · 역서 및 논문〉
『성격의 이해와 상담』(2판, 공저, 학지사, 2018)
『상담철학과 윤리』(2판, 공저, 학지사, 2018)
『트라우마 회복탄력성과 상담실제』(시그마프레스, 2011)
「Predictors of mental health of South and North Korean adolescents: A cluster analysis approach」
(International Society for Child Indicators, 5th Conference of the ISCI: from welfare to wellbeing, 2015)
「A mediation effect of ego-resiliency between stresses and mental health of North Korean Refugee
youth in South Korea」(Child and Adolescent Social work Journal, 2015)
「한국인 이민 1.5세대 청소년의 민족정체성과 문화적응스트레스가 심리적 적응에 미치는 영향 1」(한국청

소년연구, 2014)

「한 부모 북한이탈주민의 남한 내 적응 어려움과 대처방식」(한국가족관계학회지, 2014)

「탈북 1인 가구의 남한생활 경험에 관한 질적 연구」(보건사회연구, 2014) 외 다수

김요완(Kim, Yo-Wan)

연세대학교 교육학박사(상담심리학 전공)

서울가정법원 가사조사관 역임

현 서울사이버대학교 가족코칭상담학과 교수

〈주요 저 · 역서 및 논문〉

「요르단 자타리 난민캠프의 시리아 아동청소년 정신건강 실태」(상담학연구, 2016)

「풍류도(風流道)를 추구하기 위한 화랑도(花郞徒) 교육의 정신건강 증진적 요소」(교육치료연구, 2016)

「북한이탈주민 부부의 적응과정 분석: CQR과 근거이론을 중심으로」(다문화와 평화, 2016) 외 다수

재난 대비 안전심리학

心理学から考える ヒューマンファクターズ 安全で快適な新時代へ

Human Factors Psychology for a New Era of Safety and Comfort

2021년 1월 5일 1판 1쇄 인쇄
2021년 1월 15일 1판 1쇄 발행

엮은이 • 篠原一光 · 中村隆宏
옮긴이 • 채정민 · 김현아 · 김요완
펴낸이 • 김진환
펴낸곳 • (주) **학지사**

　　　　　04031 서울특별시 마포구 양화로 15길 20 마인드월드빌딩
대표전화 • 02)330-5114　　　팩스 • 02)324-2345
등록번호 • 제313-2006-000265호

홈페이지 • http://www.hakjisa.co.kr
페이스북 • https://www.facebook.com/hakjisa

ISBN 978-89-997-2260-8 93180

정가 20,000원

출판 · 교육 · 미디어기업 **학지사**

간호보건의학출판 **학지사메디컬** www.hakjisamd.co.kr
심리검사연구소 **인싸이트** www.inpsyt.co.kr
학술논문서비스 **뉴논문** www.newnonmun.com
원격교육연수원 **카운피아** www.counpia.com